第67回

青少年読書感想文全国コンクール 入賞作品集

考える読書

全国学校図書館協議会［編］

小学校の部
（低学年・中学年・高学年）
中学校の部
高等学校の部

毎日新聞出版

読解力を通して的確な表現力を培う読書感想文

公益社団法人全国学校図書館協議会理事長　設楽敬一

二〇二一年度は、ＧＩＧＡスクール構想により小中学生に一人1台の情報端末（ＰＣ端末）が配布されました。当時の萩生田光一文部科学大臣は、「ＰＣ端末は鉛筆やノートと並ぶマストアイテムです」と述べるなど情報端末（ＰＣ端末）が新たな表現手段として加わろうとしています。私たちは、伝えたい内容によって最適な表現手段を選んでいます。例えば、文字で伝える、絵画で伝える、音楽で伝える、ダンスで伝える、演劇で伝えるなど数多くの表現手段があります。そこで大切なのは、何を伝えたいのかを明確にすることです。そのためには、身の回りにある多様な情報の中から必要なものだけを収集したり、その真偽を的確に読み解いたりする能力が強く求められています。このことは、学習者が文章や図表、音声や画像の内容を正確に読み取るだけでは十分ではなく、自らの目標を達成し、自らの知識と可能性を発達させ、効果的に社会参加をするために、書かれたテキストを理解し、利用し、熟考する能力としての読解力が必要です。こうした読解力は、文章を理解するだけではなく、テキストを利用したり、自分の意見を論じたりすること、テキストの内容に加えてテキストの構造・形式や表現方法についても読み解くこと、図やグラフ、表などの「非連続型テキスト」を読み解くことなどが含まれています。

さて、自らが主体となって身近な課題を解決するには、多様な分野の資料を読み、そこから必要な知識や情報だけを引き出し、課題を解決していく批判的思考力（クリティカルシンキング）が求められます。批判的思考力は、早い段階から読み聞かせや、ブックトークなど読書に親しむ活動や発達段階に応じた読書案内などにより培われます。本の内容をそのまま読み取る受身の読書から、本と会話しながら内容を読み解き、本から答えを探すといった読書を積み重ねていくことで、本から得た情報を基にして、自らの考えを深めたり知識として活用したりすることができるようになります。このように、多様な情報の中から批判的思考力で必要な情報だけを見極める読解力により、自らの想いを適切な表現手段を使って出力できるようになります。新学習指導要領にある主体的・対話的で深い学び（いわゆるアクティブ・ラーニングの視点）の実現には、こうした批判的思考力に基づき、課題解決を目指す主体的に読み解く読書が有効な手立ての一つとなります。更に、本と主体的に会話しながら読み解く読書を繰り返すことで、本から得た知識や自らの経験が「自分のもの」となる深い学びが実現できるはずです。

青少年読書感想文全国コンクールは、読書感想文を書くことがゴールではありません。本の内容を読み解く力や要約する力、まとめて発表する力などを通して、多様な見方や考え方の育成を目指しています。読書感想文を書く過程で、著者や登場人物の考えを深く読み解いたうえで、批判的な見方や考え方を培い、自分の主張を論理的に述べることができるようになってほしいと願っています。

第六十七回コンクールは、全国の小・中・高等学校や海外の日本人学校の二万四千百四十校で学ぶ皆さんから、三百十七万千三百六十七編の応募がありました。表彰式は、新型コロナウイルス感染症予防対策によりウェブ配信となりました。しかし、秋篠宮皇嗣妃殿下からは、お祝いのお言葉を動画で頂戴することができました。

『考える読書』では、対象図書が同じでも一人ひとりが本に問いかけ、その内容を読み解き主体的に考えて、それぞれ異なる答えを文章に書き表しています。『考える読書』に掲載された作品を読むことで、視点の違いや新たな見方・考え方が書かれた感想文と出会えます。それぞれの感想文を仲間と共に読み解き、意見を交換することで、対象図書の内容をこれまでよりも深く読み解けるようになるはずです。読書感想文を書くことや読むことが、深い学びへと導くきっかけとなることを願ってやみません。

考える読書

第67回青少年読書感想文全国コンクール入賞作品集

目次

小学校中学年の部（三年・四年生）

小学校高学年の部（五年・六年生）

高等学校の部

第67回青少年読書感想文全国コンクール入賞作品集

課題読書　主催者の指定した図書。

自由読書　自由に選んだ図書。フィクション、ノンフィクションを問わない。

小学校低学年の部（一年・二年生）

内閣総理大臣賞

おねえちゃん大すき

横浜市立瀬ケ崎小学校
一年　大塩理奈

「おねえちゃんよりいもうとのほうが、たくさんがまんしてるもん。」わたしは、この本のだいめいをみたときに、おもいました。

わたしにも、三つ上のおねえちゃんがいます。おやつもごはんも、おねえちゃんのほうがたくさんもらえます。

「どうして。」

と、わたしがきくと、

「おねえちゃんのほうがからだが大きいからよ。」

と、おかあさんはいいます。わたしもたくさんたべたいのに、おねえちゃんはいいなとおもっていました。

この本にでてくるおねえちゃんのココちゃんは、いつもがまんしています。かいじゅうみたいないもうとのナッちゃんが、すぐないておこるからです。

「わたしのおねえちゃんも、がまんしているのかな。」とかんがえてみました。おねえちゃんは、おやつもわけてくれるし、なにかえらぶときも、はじめにわたしにきいてくれます。それに、わたしはとてもあまえんぼうだからいつもおとうさんのおひざにのったり、おかあさんと手をつないだりします。おねえちゃんは、にこにこみているだけです。でも、このまえ、わたしがよるに目をさましてよこをみると、となりにねているおねえちゃんが、おかあさんにぎゅっとしてもらっていました。そのとき、おねえちゃんはいつもわたしのためにがまんしてくれていたんだなとわかりました。

わたしは、やさしいおねえちゃんのことが大すきです。おねえちゃんと手をつないであるくと、とてもうれしいきもちになります。だから、こんどでかけるときは、おねえちゃん、おかあさん、わたしの三人で手をつなごうとおもいます。そうしたら、大すきなみんながつながって、あたたかいきもちになるとおもいます。そうぞうしたらドキドキしてたのしみです。

いとうみく・作　つじむらあゆこ・絵「おねえちゃんって、いっつもがまん⁉︎」（岩崎書店）自由読書

●——文部科学大臣賞

おばあちゃんとわたしのワンピース

松山市立桑原小学校

二年　弘　田　愛　子

「あなふさぎのジグモンタ」を読んで、わたしは、天国のおばあちゃんを思い出しました。わたしは、おばあちゃんに会ったことはありません。わたしが生まれる前になくなりました。でも、へやにかざってあるしゃしんのおばあちゃんは、いつもわらって、わたしをはげましてくれます。

わたしが大切にしているワンピースがあります。このワンピースは、おばあちゃんがわかいころにきていたものので、お母さんが大切にしていたそうです。わたしが生まれたときに、お母さんの友だちにたのんで、わたしようにしたてなおしてもらったそうです。このワンピースはよそいきで、とくべつな日にきます。このワンピースをきると、「おばあちゃんも、きていたんだな。」と、うれしい気もちになります。おばあちゃんがそばにいてくれるかんじがします。おばあちゃんとお母さんの思い出が、たくさんつまったワンピースなのです。

ジグモンタにもうふをなおしてもらったフクロウのお母さんも、ベールをなおしてもらったハリネズミの花よめさんも、わたしとおなじように、大切な人を思い出してうれしかったんだと思います。ジグモンタってすてきだな。

ジグモンタは、どんな気もちであなふさぎをしているのかしりたくなりました。そこで、わたしのワンピースを作ってくれたかんさんに聞いてみました。

「あいちゃんのおばあちゃんが大切にしていたふくを作りなおして、あいちゃんがきてくれることがとってもうれしかったよ。おばあちゃんの気もちをそうぞうしながら、心をこめて作ったよ。」

と、おしえてくれました。かんさんの話を聞いて、とてもうれしい気もちになりました。

天国のおばあちゃん、わたしは、わかったことがあるよ。ワンピースを大切にすることは、おばあちゃんを大切にすることなんだね。

とみながまい・作　たかおゆうこ・絵「あなふさぎのジグモンタ」（ひさかたチャイルド）課題読書

●――毎日新聞社賞

「かんしゃの気もちをこめて」

東京都足立区立栗原小学校
二年　篠田心琴

「いただきます。」

「ごちそうさまでした。」

わたしはごはんをたべるときに、わすれずに言うようにしています。「いただきます。」はつくってくれてありがとうの気もちをこめて、「ごちそうさまでした。」はおいしかったよの気もちをこめて言っています。でも、この本を読んで、かんしゃの気もちをつたえるのは、ごはんを作ってくれた人にだけではないと気づきました。

わたしが大すきなおべんとうはだれが、どこで、どのように作っているのか、わかりやすく書いてありました。わたしのおべんとうにいつも入っているふわふわでおいしいたまごやきは、たまごをうんでくれるにわとり、にわとりをそだてているようけいじょうの人、たまごをはこぶ人や売る人、たまごやきを作る人、たくさんの人のおかげでできていることをしりました。大すきなミートボールも、かわいいおべんとうばこも同じです。

わたしは本を読んでいて、お父さんとお母さんがよく言う言ばを思い出しました。生やさいをたべて、「そのままたべてもおいしいね。」と言うと、「のうかの人がよろこぶね。」と言います。にがてなものをすこしいやそうにたべていると、「一生けんめい作っている人がかなしむよ。」と言います。えがおでハンバーグをたべていると、「お肉になった牛も、おいしくたべてくれてありがとうって思っているね。」と言うのです。お父さんとお母さんは、みんなにかんしゃすることを教えてくれていたんだなと思いました。

わたしは、どうやったらかんしゃの気もちがつたえられるのかを考えました。たべものをのこさないでたべることは大切です。すべての人や生きものに、ありがとうのかんしゃの気もちをこめて「いただきます。」「ごちそうさまでした。」を元気に言います。わたしが毎日おいしいごはんをたべられるのは、みんなのおかげです。ありがとう。

鈴木まもる・作・絵「どこからきたの?おべんとう」(金の星社)課題読書

●――毎日新聞社賞

ジージーは本当のプリンセス

奈良県橿原市立耳成南小学校
二年　村上　駿太郎

ぼくはこの本を読んだ時、どうしてジージーが「プリンセス」なんだろうと思いました。

ジージーの住むアフリカは、雨がふらないので、ジージーは毎日朝早く起きて遠くの川まで水をくみに行かなくてはなりません。そうしないと、のむ水も、洗たくする水も、ごはんやお風ろに入る水もないからです。

ぼくは、ジージーの生活がそうぞうできなかったので、朝早く起きて水をくみに行こうと思いました。次の日、ぼくはがんばって五時に起きました。外は明るかったけれど一人では不安だったので、姉についてきてもらいました。ジージーと同じように空のバケツを持って、家から小学校の近くの川までのやく一キロの道のりを三おうふくしました。一おうふく目は姉とおしゃべりをして、川の水をくんでこぼさず持って帰れました。二おうふく目も少しつかれたけれどがんばれました。三おうふく目は、おしゃべりや歌なんか歌えず、あせだくで手もだるくて、バケツの水を何度かこぼしてしまいました。きっとジージーは、ぼくよりもっと重たい水を頭にのせているはずなのに、ぜったいにこぼさないだろうなと思いました。と同時に、ぼくとジージーでは、水を大切に思う気持ちがちがうのだとも思いました。ジージーにとっての水は、ぼくにとってのおもちゃ以上の宝もので、きっと命くらい大切なものなのでしょう。王女さまが大切にしている王かんを頭につけているように、ジージーも大切な大切な水を頭にのせている、その姿が本当に「プリンセス」のように見えるのだと思いました。

ジージーと同じことを今のぼくにはできないけれど、水があることに感しゃして、手あらいやお風ろの水を大切に使うことはできると思いました。川からくんできた水は家で育てているミニトマトにやりました。

暑くて長い道のりを歩いて帰ってきたぼくが、やっとのめたコップ一ぱいのお水は、とてもおいしくて忘れられない味がしました。

スーザン・ヴァーデ・文　ピーター・H・レイノルズ・絵　さくまゆみこ・訳「みずをくむプリンセス」（さ・え・ら書房）課題読書

●——毎日新聞社賞

大すきがつたわりますように

兵庫県姫路市立大津茂小学校
一年　福井陽乃

「ひなのこと、ちきゅう100しゅうまわって、そらとうみを100かいいったりきたりするぐらいすきだよ。」

これは、この本をよんで、おかあさんがわたしにいってくれたことばです。この本は、むかしから、ねるへやの本だなにあって、小さいころから、なんかいもよんでもらったわたしの大すきな本です。

この本のおもしろいところは、大すきのいいあいっこをするところです。

チビウサギがデカウサギに、

「どんなにきみがすきだかあててごらん。こんなにさ。」

と、うでをおもいきりのばすけどデカウサギは、

「でもぼくは、こーんなにだよ。」

とデカウサギもながいうでをのばします。チビウサギは、大すきなきもちをデカウサギにつたえたいけど、いつもデカウサギのほうがつたえるのがじょうずで、二ひきが大すきのきもちをつたえるためにいろいろかんがえるのがおもしろいです。この本をよむと、わたしも大すきな人たちに大すきなきもちをつたえたくなります。

きょねん、わたしはおとうとがうまれました。おかあさんのおなかに、あかちゃんがいるとしったとき、あかちゃんがうまれたらおとうさんやおかあさんはあかちゃんのことが一ばん大すきになるかもしれないとしんぱいでないてしまうこともありました。そんなときにはいつもおかあさんがこの本をよんで、

「ひなのことふじ山をつきぬけるぐらいすき

ひながおもってる100ばいすき。」

といってくれました。そういってもらえると心があたたかくなってあん心できました。

いまでは、わたしがおとうとにこの本をよんであげています。

「うまれるずーっとまえから大すきだったよ。」

というと、おとうとはニコニコわらってくれます。これからも大すきな人たちに、いろんなことばで大すきをつたえていきたいです。

サム・マクブラットニィ・ぶん　アニタ・ジェラーム・え　小川仁央・やく「どんなにきみがすきだかあててごらん」（評論社）自由読書

●——毎日新聞社賞

りっぱな大ず王子さま

津市立新町小学校
二年　西山　奈々子

「おおいなるだいずいちぞく」という本のだい名を見たとき、大ずがぼうけんをして、友だちをつくっていくお話なのかなと思い、わくわくしました。

読んでみると、なにも知らなかった大ず一ぞくの王子が、じいやから、大ずのそだち方や、いろんなすがたにかえること、せかいにはたくさんのまめのなかまがいることを教わって、りっぱにせい長していくお話でした。

大ずがはたけでそだつとき、鳥にたべられないように、じまんのかたさ、にがみ、くさみで、体をまもっているということを知ってすごいちえをもっているんだなと思いました。わたしは、じっさいに生の大ずをさわってみました。つるつるしていて、かたくて、こわれにくいゆうしゅうなまめだなと思いました。

わたしは、大ずがみそ、なっとう、とうにゅう、とうふになることは知っていましたが、その中でも、とうにゅうのでき方が気になりました。大ずを水につけ、すりつぶし、にたててしぼったら、とうにゅうができて、しぼったのこりがおからになることがわかり、おもしろいなあと思いました。

そしてわたしは、大ずがつかわれているおりょうりは、ほぼすきだということに気づきました。とくに、「あつあげ」にするたべ方がおいしくてすきです。

毎日、きゅうしょくの時間は、「今日は、大ず一ぞくがいるぞ。」「今日は、いないな。」と、大ずのことが気になるようになりました。大ずが、本当にたくさんのおりょうりにつかわれていることがわかりました。えいようがあるからなんだろうなと思いました。

大ず王子には、

「鳥たちにたべられず、がんばってよくそだち、りっぱな大ずになりましたね。おいしくすがたをかえてくれてありがとう。」

と言いたいです。

これからもごはんをたべるときは、大ず一ぞくにちゅう目し、おいしくいただきます。

はしもとえつよ・作・絵「おおいなるだいずいちぞく」（偕成社）自由読書

●――毎日新聞社賞

ちがっていいんだ

岩手県北上市立南小学校
二年　髙橋　みひろ

「わたしも、あんなふうにビュンビュンとべたらいいのにな。」なわとびがとくいな友だちが、二じゅうとびをかるがるととんでいるのを見て、いつもうらやましいなと思っていました。

この本に出てくる子ペンギンも、カモメたちが空をとんでいるのを見てうらやましかったと思います。子ペンギンは空をとぶためにいっしょうけんめいにれんしゅうをしました。でもなかなかとぶことができません。おとうさんにペンギンはとべないと言われても、

「羽があるからとべる。」

とがんばりつづけました。わたしは、ペンギンがとんだところを見たことがないのでしんぱいになりました。

ペンギンは鳥なのに、どうしてとべないんだろう。わたしはふしぎに思って、図書かんの本でしらべてみました。ペンギンは、海の中でじゆうにおよぎまわってえさをとれるように体をへんかさせたそうです。空をとぶためのつばさをうしなったかわりに、水の中をおよぐためのフリッパーを手に入れたのです。わたしは、空はとべ

なくても、鳥なのに海の中をおよぐことができるペンギンはすごいと思いました。

子ペンギンは、おとうさんといっしょにはじめて海の中をおよぎました。海の中は広くて青くてきらきら光っていて、空をとんでいるみたいだったと思います。きっとペンギンが空をとべるままだったら、こんなきれいなけしきは見られなかったと思います。

カモメは空をとぶのがとくい。ペンギンは海をとぶのがとくい。みんなとくいなことはちがいます。人とちがってもいいんだと、この本を読んで分かりました。わたしは二じゅうとびはにがてだけどてつぼうがとくいで友だちに教えています。これからとくいなことが見つかるかもしれません。友だちをうらやましいと思うより、じぶんがとくいなことをこれからもがんばっていこうと思います。

フィフィ・クオ・作・絵　まえざわあきえ・訳「ぼくだってとべるんだ」（ひさかたチャイルド）自由読書

●——全国学校図書館協議会長賞

「そのとき」がくるかな

山形県東田川郡三川町立東郷小学校
二年　中村　麻亜紗

わたしはなすがきらいです。あのにがさがどうしてもにが手です。きゅうしょくに出ると、「うわあ。いやだなあ。たべたくないなあ。」という気もちになります。だから、この本を読んだ時、たくまくんの気もちがとってもよくわかりました。「わたしとおなじ子がいるんだ。」とちょっとほっとしました。

わたしは、前までピーマンがにが手でした。でも、ある時ゆう気を出して口に入れてみたら、なんとたべることができたのです。それからは、きゅうしょくに出てもふつうにたべられるようになりました。でも、なすとはまだたたかっています。

わたしは、にが手なことをむりやりやるのはいやです。この本を読んで、「そのときがくるくる」はすごくいいことばだと思いました。あせらずマイペースでがんばっていれば、いつのまにかせいちょうしてできるようになることが今までもたくさんありました。たとえば、ようちえんの時、わたしはなわとびができませんでした。それが、いえでどう画を見たり、何かいもれんしゅうしたりしたら、ある日とつぜんできるようになったのです。この本を読んで、にが手だったこともちょうせんしてみたら、いがいとかんたんかもしれないことに気づき、どんどんちょうせんしてみたいと思うようになりました。

　この前、きゅうしょくになすが出ました。クラスのともだちの中にもなすがきらいな人がたくさんいました。

先生が、

「にが手なものからにげないで、がんばってちょうせんする人、えらいぞ。」

と言ったら、何人か口に入れ、

「やったあ。たべられた。」

という声が聞こえました。わたしも、おそるおそる口に入れてみたら、思ったよりにがくなかったです。がんばればたべられるかなと思いました。わたしの「そのとき」はきっともうすぐです。きょうのきゅうしょくはなすカレー。ついに「そのとき」がくるかな？

すずきみえ・作　くすはら順子・絵「そのときがくるくる」（文研出版）課題読書

●――全国学校図書館協議会長賞

こんどはぼくが、おうえんしたい

福島県双葉郡富岡町立富岡第二小学校
二年　佐藤　貞二郎

はじめて読んだ時、これはむかしの話なのかなと思いました。きれいな水がのめない人が今もいるなんて、知らなかったからです。

ジージーはブルキナファソにすんでいます。ジージーの家には、水が出るところがありません。なので、毎日とおくの川まではだしで歩いて、水くみにいかないといけません。家に帰るのが夕方になるので、学校にも行けません。家についたら、くんできた水をわかして、せんたくをして、ごはんをつくって、やっと水がのめます。ぼくの毎日とはぜんぜんちがいます。ぼくは、朝おきたら顔をあらって、ごはんをたべて、はをみがいて学校に行きます。水のみも手あらいも、いつでもできます。きれいな水があれば、いろいろなことができます。ぼくは、ジージーたちにも、きれいな水がつかえるようにしてあげたいです。

ぼくが通っている富岡第二小学校三春校は、もともとは工場でした。東日本大しんさいの時に、ひなんした子どもたちが通えるように工場を学校にしてくれました。もともとは工場だったけど、勉強や運どうにつかう道具もあるし、本もたくさんあります。それは、三春校に通う子どもたちのために、たくさんの人がじゅんびしてくれたからだそうです。とおい県の人も外国の人も、おうえんしてくれていると聞いた時は、ありがとうの気もちでいっぱいになりました。そのおかげでぼくは、楽しく学校に通っています。たくさんおうえんしてもらっているので、こんどはぼくが、ジージーたちをおうえんしたいです。

ジージーのように安全な水がのめない人が、せかいには十億人もいると分かってかなしくなりました。安全な水をとどける方ほうを調べたら、ぼ金をすると、井戸を作るおうえんになると分かりました。それから、ジージーのことをたくさんの人に知らせて、みんなでおうえんすれば、たくさんの人をたすけられると考えました。せかい中の人に安全な水がとどくように、ぼくはおうえんしていきます。

スーザン・ヴァーデ・文　ピーター・H・レイノルズ・絵　さくまゆみこ・訳「みずをくむプリンセス」（さ・え・ら書房）課題読書

●――全国学校図書館協議会長賞

みえない人にもかんしゃして

岩手県北上市立笠松小学校
一年　小田島　榮　万

わたしは、しょくじのときに「かんしゃして」というのは、そのりょうりをつくってくれた人に、と思っていたけれど、ほかにもふかいわけがあったんだなあと、この本をよんできづきました。

わたしのおべんとうにはいっている大すきなミニトマトは、いったいどこからかってきたのか、おかあさんにきいてみると、ちかくのおみせだったことがわかりました。そしてれいぞうこの中にあったミニトマトのパックには「いわてけんさん」とかいてありました。それは、わたしのすんでいるけんだ、とわかったけれど、わたしのいえのちかくでは、ミニトマトをたくさんつくっているところは、みたことがありません。ミニトマトを、わたしがたべるまでに、どんな人がかんけいしているのか、もういちどこの本をよみながら、かんがえてみようと思いました。

そだててとる人、パックにいれる人、トラックにつんでいちばにはこぶ人、おみせにはこぶ人、おみせにならべる人。でも、わたしはその人たちとおはなししたり、あったりしたことは、いちどもありません。ミニトマトをたべるまでに、わたしのしらない人たちがこんなにたくさん、それも、わたしがしらない、みえないところにいるなんて、思ってもみませんでした。

そして、わたしがまいにちたべているほかのものにも、いろんな人がこんなふうにかかわってくれているんだ、と思うととてもありがたいなあと思いました。だから「かんしゃして」は、わたしがしらないたくさんの人たちになんだ、とわかりました。

わたしは「かんしゃして」のわけがわかってから、たべているものがとてもおいしくなったきがします。これからも、のこさずかんしゃしながら、なんでもたべていきたいです。そして、まいにちげんきでいることで、わたしのしらない、みえない人たちに「ありがとう」のきもちをつたえたいと思います。


鈴木まもる・作・絵「どこからきたの？おべんとう」（金の星社）課題読書

●——全国学校図書館協議会長賞

みえるとかみえないとかじゃない

石川県七尾市立朝日小学校
一年　阿部奏和

なつやすみにはいって、ママにだいじなはなしがあるといわれました。ぼくは、ママといろのみえかたがちがうみたいです。ぼくは、すこしこわくなりました。

そんなとき、まえからだいすきだったこのほんをもういちどよんでみました。うちゅうひこうしのぼくがいろんなほしをちょうさするおはなしです。みえかたがちがうひとのほし、あしがなが〜いひとのほし、そらをとべるひとのほし、からだがやわらか〜いひとのほし、くちがなが〜いひとのほしなどがあります。それぞれのほしに「あたりまえ」があって、みんなじぶんにはできないことができます。そこがおもしろくて、このほんがだいすきです。

でも、こんかいはちがうところがこころにのこりました。ぼくたちはみんなちょっとずつちがって、そのひとだけのみえかたやかんじかたをもっていること。からだのとくちょうやみためは、じぶんではえらべないこと。だから、ほんとうのきもちはそのひとにしかわからないということ。ぼくのいろのみえかたは、ぼくにしかわからないんだなとおもうと、かなしいきもちになりました。でも、さいごにうれしいきもちになりました。それは、どんなひとでも、「だよねー！」っていっしょにいえること。

ぼくは、ははのひにママにないしょで、パパとはなたばをおくりました。おはなやさんで、ママがよろこびそうなはなをえらぶとき、ワクワクしました。パパのかおをみると、パパもワクワクしたかおをしていました。おはなやさんのひとがはなたばにしてくれました。それをみたとき、とってもきれいでうれしくなりました。ママにわたすと、ママは「きれい」といってとてもうれしそうにしていました。

ぼくは、いろのみえかたがちがっても、パパやママと「だよねー！」っておなじきもちになれるから、もうこわくなくなりました。

ヨシタケシンスケ・さく　伊藤亜紗・そうだん「みえるとかみえないとか」（アリス館）自由読書

●——全国学校図書館協議会長賞

まほうのえんぴつはどこにある

宮崎市立大塚小学校
二年　迫田那陸

ぼくはさいしょにこの本の表紙を見たとき、まほうつかいの女の子のお話かと思いました。けれど読んでみると、マララという本当にそんざいする外国の女の子のお話でした。

マララの生まれたパキスタンという国では、ある日とつぜん女の子たちが学校へ行けなくなりました。ぶきをもった男たちのせいで、学校もたくさんこわされました。マララはそのことをおかしいと考え、自分の言葉で世界中の人にうったえました。まだ子どもなのにとても勇気のある女の子だなと思いました。

ぼくが一番すてきだなと思ったページは、マララがいろいろな国の人たちがあつまる大きな会場でスピーチをしているところです。ぼくはお母さんにたのんで、マララがじっさいにスピーチをしたときの様子をパソコンで見せてもらいました。どうどうとスピーチをしているマララはとてもかっこよかったです。

マララのねがいごとは「男の子も女の子も学校に行けて、分けへだてなくくらせる世の中」だそうです。もうマララは大人になったけど、世界中には今もまだ、学校へ行けない小さなマララがたくさんいるそうです。

何かぼくにできることはないかなと考えてみました。そのとき、マララが学校へ行けない子どもたちのために作った「マララき金」というものがあることを知りました。ぼくはためていたお年玉の中から二十五ドルきふをしました。そして世界中にいる小さなマララのことを考えながら、まほうのえんぴつが早く見つかりますようにとおねがいしました。

ぼくは今、こうして毎日学校へ行けているけれど、それが当たり前ではないことを知りました。男の子も女の子もかんけいなく、だれでも好きなだけ学校へ行って勉強ができるなんて、日本はすてきな国だなと思いました。

世界中の子どもたちが、ぼくたちみたいに学校へ通えるようになればいいのにな。

この本を読んで、ぼくのねがいごとはマララと同じになりました。

マララ・ユスフザイ・作　キャラスクエット・絵　木坂涼・訳「マララのまほうのえんぴつ」（ポプラ社）自由読書

全国学校図書館協議会長賞

「にじいろのさかなとおおくじら」をよんで

高知県安芸郡田野町立田野小学校
一年　上　村　博　也

「おねがいだから、はなしあおうよ。」

このほんで、ぼくが一ばんすきなにじうおのことばです。これは、にじうおたちとおおくじらがけんかをしてしまって、なかなおりをするためにいったことばです。にじうおたちよりもおおきくて、おそろしいくじらのところに、たった一ぴきであいにいくにじうおは、とてもゆうきがあるとおもいました。そして、なかなおりをしてかえってきたにじうおは、ほんとうにかっこよかったです。

ぼくは、ともだちとけんかになったとき、なかなかなかなおりをすることができません。でも、にじうおは、おおくじらとなかよくなることができました。ぼくとにじうおのちがいはなにかな。ぼくもにじうおのように、なかなおりめいじんになりたいな。ほんをもう一どよみながら、そのひみつをさがしました。そして、ぼくは、いいほうほうをみつけました。それは、ともだちのきもちをさいごまできちんときくことです。ほかのなかまたちはおおくじらのわるぐちをいっていました。でも、にじうおだけは、なかよくなるためには、はなしあうことがたいせつだとひらめきました。そして、じぶんのきもちをつたえて、くじらのきもちもきちんときいていました。すると、おたがいにかんちがいをしていたことがわかって、おおわらいをしました。

ここをよんだとき、ぼくははっとしました。これまでのぼくは、つい（じぶんはわるくない。）というきもちでいっぱいになって、ともだちのきもちをきこうとしていなかったのだとおもいます。だから、あいてとうまくなかなおりができなかったんだときづくことができました。ともだちのきもちをしることは、とてもだいじなことだとわかりました。

ぼくは、にじうおからなかなおりめいじんになるためのほうほうをおしえてもらいました。これからは、いらいらするきもちをぐっとこらえて、ともだちのきもちをだいじにして、しっかりときけるひとになりたいです。

マーカス・フィスター・作　谷川俊太郎・訳「にじいろのさかなとおおくじら」（講談社）自由読書

●――サントリー奨励賞

たからもののくつした

北海道小樽市立山の手小学校
一年　佐々木　深　悠

「あ！おきにいりのくつしたがすてられてる！」

わたしがさけぶと、おかあさんはいった。

「うすくなっているし、おやゆびのところにあながあいているから、もういいのよ。」

「だめ!!」

わたしはいそいでごみばこからくつしたをとりだし、ぎゅっとだきしめた。おかあさんは、

「やすものだし、もうちいさくなったからいいのよ。あながあいていたらはずかしいでしょう？こんど、あたらしいのをかってあげるから。」

と、つづける。

「それでもだめなの!!」

わたしはなきそうになった。

あ～あ、こんなとき、いえにジグモンタがいてくれたらなあ。

わたしはクモがきらいだけれど、ジグモンタならだいかんげいだ。おさいほうがにがてなおかあさんのかわりに、おきにいりのくつしたも、木にひっかけてさけたジャンパーも、ころんでひざにあながあいたズボンも、ジグモンタにぜんぶなおしてもらいたい。

それに、わたしはヒキガエルみたいにりゅうこうおくれなコートはすてってしまってもよいなんていわないし、ハリネズミのすえっこみたいにおねえちゃんのおふるをいやがったりしない。だから、ジグモンタもかなしいおもいをしなくてよいとおもう。

わたしは、おねえちゃんのおさがりのティーシャツやワンピースをよろこんできている。ぼろくたって、わたしにとってはたからものだ。そして、ハリネズミのベールのように、ジグモンタがわたしのふくにおはなやリボンをつけてかわいくリメイクしてくれたら、もっとさいこうだとおもう。

あ〜あ、ジグモンタにあいたいなあ。

あながあいたくつしたは、おかあさんにみつからないようにかくしておいて、こんど、おばあちゃんになおしてもらおうとおもう。

とみながまい・作　たかおゆうこ・絵「あなふさぎのジグモンタ」（ひさかたチャイルド）課題読書

●――サントリー奨励賞

3つのチームへ「ありがとう」

神奈川県足柄下郡湯河原町立吉浜小学校
二年　中村友香

今年の夏休み中の学どうは楽しかった。楽しかった理ゆうはたくさんあるけれど、お母さんがいつもおべん当を作ってくれたからだ。たからばこをあけるみたいで、わくわくどきどきした。半分は、あまい玉子やきとブロッコリーのマヨネーズあえ、チーズのウインナーで、わたしのすきなおかずトップスリーだ。のこり半分は日がわりで、さい高のグラタンや、ふ通のコロッケ、がっかりなピーマンの肉づめなどが入っていて、お昼までどきどきした。すきなものも、にが手なものも入っていたけれど、心がこもっているから、やさしいあじがした。だから、食べる時には、「いただきます。」をきちんとして、家へ帰ったらすぐに、おべん当ばこをキッチンに出して、「ありがとう。」と、お母さんにつたえた。

ほいく園の時に、「いただきます。」という言ばは、『二つのチームにつたえる。』と教えてもらった。一つ目は、作ってくれた人のチームで、「作ってくれてありがとうの『いただきます。』」をつたえる。二つ目は、食ざいになってくれた、野さいや肉・魚たちのチームで、「食ざいになってくれてありがとう。そして、いのちを『いただきます。』」をつたえる。でも、この本を読んで、三つ目のチームに気がついた。それは、食ざいを大切にそだて・はこび・売っている人たちのチームだ。

この七月に、三つ目のチームのことを考えた時がある。それは、毎年買っているおたん生日ケーキを買えなかった時のことだ。店いんさんが、ゆが原町のとなりのあた海市で土石りゅうがおき、何日も通行止めで、ざいりょうをはこべず、ケーキを作れなかったからだと教えてくれた。どのチームもがんばっているから、自分のすきなものを食べられることが分かった。そして、毎日当たり前にごはんを食べられることが、しあわせだと思った。

これからは、三つのチームがわたしまでつないでくれた食ざいパワーを自分の力にかえて、べん強もうんどうももっとがんばりたい。


鈴木まもる・作・絵「どこからきたの？おべんとう」（金の星社）課題読書

●――サントリー奨励賞

ぼくにもそのときがきたかも

徳島県吉野川市立学島小学校
二年　本田千真

「千真にもそのときがきたよ。」

「ないない！そんなのぜったいにきてない。」

お母さんにわらいながら言われて、ぼくは大ごえでさけびました。お母さんのせりふは本やでどんなときがくるのかふしぎに思ってかって読んだ「そのときがくるくる」と言う本にのっていました。その本のしゅ人こうのたくまはなすがきらいでした。今、ぼくの前のおさらにはきらいな大きなトマトがどんっとのっています。もう、たべているのをそうぞうするだけでむかむかしていやな気もちになってきました。そのとき、たくまのおじいちゃんが言っていた言ばがうかんできました。たくまはその言ばでたすけられたと思います。

「いつかおいしくたべられる、そのときがくるから、むりにたべさせたらあかん。」

ぼくもおじいちゃんのまねをして言ってみました。でもお母さんはやっぱりわらいながら、

「今日がそのときかもしれんからたべて。」

と言いました。今日がその日のわけがない！とぼくは思いました。お姉ちゃんが、

「でもな千真、むりむりって言いながらもピーマンやってたべられるようになったし、なわとびもがんばってとべるようになったやろ。だからがんばったらたべれるよ。」

と言ってくれました。たしかに、おばあちゃんのピーマンはたべられるようになったし、なわとびは友だちがとべるのがいいなと思ってれんしゅうして色いろとべるようになったのを思い出しました。そのときがくるのはたべものだけじゃない。たくまもなすがたべられないりょうくんと友だちになりました。友だちとなかよくなるのも、できないことができるようになるのもなんどもがんばってチャレンジしているとできるときがくるのだと思いました。ぼくは今そろばんの4きゅうごうかくを目ざしています。まだじかん内にできないけれど、できるときがくるくると思いながらまい日れんしゅうがんばります。けれど、今日はトマトをたべれるときではありません。

すずきみえ・作　くすはら順子・絵「そのときがくるくる」（文研出版）課題読書

●――サントリー奨励賞

ジージーのみずとぼくのみず

和歌山市立三田小学校
一年　渡部稜大

ぼくは、このほんをよんで、びっくりしたことがいっぱいありました。

一つめは、あさおきたしゅんかんです。ジージーのおかあさんは、

「プリンセス・ジージー、おきるじかんよ。

みずをくみにいきましょう。」

といってジージーをおこすけど、ぼくのおかあさんは、ぼくがおきると、

「かおあらい、はみがき！」

といいます。ジージーはみずくみで、ぼくはみずをつかいます。

二つめは、みずのことです。ジージーは、あさはやくからみずをくみにいって、どろがまじったみずです。ぼくは、いえのすいどうからとうめいなみずがでます。ぼくは、みずって、くみにいくものとはぜんぜんしりませんでした。しかも、ジージーははだしであるいていました。そんなにくろうしてくんだみずなのに、ちゃいろのみずでした。

ぼくはこのほんをよんでから、みずってどこからくるのかなとおもいました。ぼくはあめからできるとおもいました。しらべてみたら、やっぱりあめからでした。あめがもりのつちにたまって、かわになって、じょうすいじょうできれいにされてからぼくのいえまですいどうかんではこばれてることがわかりました。ぼくは、さいきんぜんぜん雨がふらないからしんぱいになりました。「みずをだしっぱなしにしたらだめ」といわれるわけがわかりました。みずはきちょうだからです。

ジージーは、おとなになってから、きれいなみずがつかえないむらにいどをつくりました。もっとふやすために、ほんをよんだひとたちにもきょうりょくしてほしいといっていました。ぼくもきょうりょくしたいけど、どうやってきょうりょくしたらいいかわかりません。みずをたいせつにしながら、かんがえます。

スーザン・ヴァーデ・文　ピーター・H・レイノルズ・絵　さくまゆみこ・訳「みずをくむプリンセス」（さ・え・ら書房）課題読書

サントリー奨励賞

「そのときがくるくる」は、まほうの言ば

富山市立藤ノ木小学校
二年　中村仁美

わたしは、なすがきらいではありません。だからたくまくんがこんなになすにくるしむ気もちがよく分かりません。

だけど、わたしはいえのゆでたまごがきらいで、なんどチャレンジしても一口たべるのがせいいっぱいです。学校のゆでたまごはたべられるのに、いえのゆでたまごはきみがびちゃびちゃしていてそれいじょうはどうしてもたべられません。

人それぞれあじのかんじ方や考え方がちがうのはとてもふしぎでおもしろいと思いました。友だちにもすきなたべものやきらいなたべものをきいてみようと思いました。

わたしのおとうさんやおかあさんは、「きらいなものもがんばってたべようね。」と言います。でもたくまくんのおじいちゃんは「いつかきっと、そのときがくるから、むりにたべさせちゃいかん。」と言っていました。がんばってもできないときに「がんばれ」と言われるといやだしやる気がなくなってしまいます。でもたくまくんのおじいちゃんみたいに言われると、あせらずやってみようと思います。おじいちゃんはこどもの気もちがよく

分かると思いました。

「そのときがくるくる」はまほうの言ばだと思います。にがてなたべものだけではなく、うんどうやべんきょうなど、いろいろなにがてなことにもチャレンジしてみようと思わせてくれることばです。わたしは、ようちえんのころにてつぼうからおちて、それからてつぼうがこわくてできなくなりました。あたまからおちて、くびがいたくなったいやな思いでがのこっています。でも小学生のあいだにさか上がりができるように「そのときがくるくる」とこころの中でまほうの言ばを言いながら、じぶんのペースでがんばってみようと思います。

すずきみえ・作　くすはら順子・絵「そのときがくるくる」（文研出版）課題読書

●――サントリー奨励賞

「か」も人のやくにたっている

東京都港区　聖心女子学院初等科
二年　内海寿々

「まわりにあるもののいのちはどんな小さないのちでも大切にしましょうね。」とようち園のときからいわれてきました。それなのにゴキブリやかを見つけると、みんなまよわずパチンとつぶしてしまいます。それにスーパーには、人間ががい虫とよぶ虫を、しゅんかんてきにころしてしまうどうぐがあります。わたしはいつも、「いのちは大切じゃなかったの。」というすっきりしない気もちで、さっ虫ざいをにらみつけてしまいます。

学校の大うんどうじょうであそんでいて、かにさされたことがあります。いつさされたのかと、ふしぎな気分でした。さされた後、かゆいところをかきたいじ分とかかないじ分でがまんくらべをして、そのせいで一日中、かのことを考えてしまいました。わたしは、かの気もちを知りたくなりました。

本をよんで、かは、ふだんわたしと同じでくだものずき、ちをすうのはメスがたまごをうむ前だけ、とわかりました。でも本の中のお母さんも、かをまよわずたたきます。かはきっと、大切なたまごをまもるためにひっしにとんでいるのに、人間がかをまよわずたたくすがたはとてもざんねんにかんじます。人間がかをきらうように、かも人間のことをてきのように思っているかもしれません。

学校では友だちのよいところをさがす目ひょうがあります。わたしは、もし人間がかのよいところを知れば、かと人間もなかよくできるかもしれないと思いました。

この夏のじゆうけんきゅうで、かのよいところを一生けんめいしらべました。すると、とても小さなかが、カカオの木の花ふんをはこんでくれるからチョコレートができる、ということを知りました。かもりっぱに人間のやくに立っていたのです。

今ど、かを見たらこころの中でそっと、

「わたしの大すきなチョコレートをいつもありがとう。」

と声をかけたいと思います。

栗原毅・ぶん　長新太・え「やぶかのはなし」（福音館書店）自由読書

●――サントリー奨励賞

先生、しゅくだいわすれました

高松市立林小学校
二年　池内　伸太朗

「なんしょんな！おわるまでばんごはんなし。」もし、しゅくだいをわすれたら、すごくおかあさんにおこられてしまいます。だけど、この本のえりこ先生は、しゅくだいをわすれたりゆうを上手にたのしく話せたらゆるしてくれます。ぼくは、それでいいのかなと思いました。

みんな、いろんなりゆうを言っていたけれど、ぼくはりなちゃんのりゆうが一ばんリアルでおもしろいと思いました。赤ちゃんねずみをたすけて、おれいにねずみの家にしょうたいされるなんて、おとぎ話みたいです。シイノミのクリームにや、森のグリーンサラダなどのメニューもよく考えているなあと思いました。

もしもぼくなら、どんなりゆうにしようかな。プリントが、ふるさとにかえりたいと言って、文ぼうぐやさんにかえってしまったことにしようかな。いっしょに、えんぴつとけしゴムも文ぼうぐやさんにかえってしまったことにしよう。そうすれば、きっと先生に

「それじゃあ、しゅくだい、できなくってもしかたないわね。」

と言ってもらえそうです。

さいごに先生が、しゅくだいプリントを作るのをわすれたりゆうを話した時に、よるの学校のミステリーみたいでおもしろかったです。はじめは、しんじていたけれど、白いとかげがうでによじ上ってきて、みんながさわぎ出したところで作り話だと分かりました。かぜをひいたりゆうに、たまござけを作ってあげるところが、さすが先生だと思いました。

だけど、しゅくだいプリントを作るのをわすれるのも、しゅくだいをわすれるのも、りゆうを考えるのがたいへんだから、ふつうにした方がらくだと思いました。四年二組はとてもおもしろいクラスでいいなとわらってしまいました。しゅくだいわすれるのって、けっこうたいへんなのよねえ。言ってみたいけど、やっぱりぼくは、しゅくだいをします。

山本悦子・作　佐藤真紀子・絵「先生、しゅくだいわすれました」（童心社）自由読書

●――サントリー奨励賞

みんなのちから で

福井県越前市大虫小学校
一年　中嶋奏太

ぼくはとてもこわいほんをよみました。おばけよりもずっとこわくて、ぼくのゆめにまででてきたそれは、おせんぶっしつ、といいます。みんなはしっていますか。

ねずみのアルバートはスーパーマシーンをつくっています。これができればべんりなものがなんでもつくれるはずでした。でもこのマシーンからねばねばしたあやしいもの、おせんぶっしつがおちはじめます。「だいじょうぶさ！」とアルバートはもりのはじっこやうみのそこ、うちゅうのはてまでそれをすてにいきましたが、もりはかれて、むらさきいろのあめがふってきます。でもこれは、ぜんぶアルバートのゆめなのでした。

ゆめでよかったとほっとしていると、

「ゆめじゃないよ。ちきゅうにはおせんぶっしつがたくさんあるんだよ。」

とママがこまったかおでぼくにいいました。え？おせんぶっしつがぼくのちかくにもあるの？ぼくはむねがドキドキしました。

どうしよう。おせんぶっしつをなくすためのスーパーマシーンをつくれないかな。パパといっしょにとしょかんにいってしらべてみると、くるまのガス、こうじょうのけむり、ぼくたちがだすゴミもおせんのげんいんだとわかりました。そしてちきゅうにすむいきものたちもこまっていることがわかりました。

いまぼくにできることはなんだろう。パパといっしょにかんがえました。テレビやでんきをつけっぱなしにしない。ゴミのぶんべつをする。ごはんをのこさずたべる。れいぼうのおんどをさげすぎない。ものをだいじにつかうこと。たくさんみつかりました。さっそくきをつけてぼくがやっていると、いもうともまねしてやるようになりました。

こんなふうにかぞくやともだち、みんなでやればきっとおせんぶっしつはなくなるはずです。みんなはどうおもいますか。みんながげんきでくらせるちきゅうになるように、ぼくといっしょにがんばりましょう！

ダビッド・モリション・作　小宮悦子・訳「だいじょうぶ？だいじょうぶさ！」（小学館）自由読書

●――サントリー奨励賞

うんこダスマンのじゅつ

青森市立佃小学校
一年　荒木直太

ぼくは、ときどき、うんこがでません。やっとうんこがでそうになっても、トイレがちかくにないとがまんしてしまいます。学校にいるときは、はずかしくていけません。

だから、この本を見たとき、うんこがでるかもしれないとおもってわくわくしました。

ぼくは、まえよりうんこがでるようになりました。なぜなら、うんこダスマンからじゅつをおしえてもらったからです。それで、なつやすみのうちに、五つのじゅつのうち三つをつかえるようになりました。

一つ目のじゅつは、「おみずゴックン」のじゅつです。なつやすみちゅうは、あつくてみずやおちゃをがぶがぶのみました。

二つ目のじゅつは、「からだのびのび」のじゅつです。ぼくは、まいにち、あせをかくまでサッカーをしました。

この二つは、だれでもできるので、ともだちにすすめたいです。

三つ目のじゅつは、「うんこタイム」のじゅつです。うんこをがまんすると、うんこはおこってでなくなっちゃうので、うんこがしたくなったらすぐトイレへいくというじゅつです。

このまえ、しんせきのいえにいっておひるごはんをたべていたら、きゅうにうんこがでそうになりトイレにはしりました。うんこダスマンにあうまえのぼくだったら、

「いやだなあ。なんでこんなときにでるんだろう。」

と、おもったとおもいます。うんこダスマンにあって、うんこのたいせつさがわかったので、もうがまんしません。うんこがでるとすごくすっきりするからです。おなかがいたいのもなおるからです。

なつやすみがおわってもぼくは、まい日すごくげんきです。うんこダスマンは、ぼくのからだのせんせいです。うんこは、ぼくのともだちです。これからもずっとともだちでいたいです。

村上八千世・文　せべまさゆき・絵「うんこダスマン：うんこのえほん」（ほるぷ出版）自由読書

●――サントリー奨励賞

だんごむしのだんちゃんへ

福島市立瀬上小学校
一年　長澤杏奈

「だんちゃんは、なにをたべるのかな。」

「いしも、たべるんじゃないかな。」

ともだちと、ほいくしょのにわでみつけただんごむしに「だんちゃん」と、なまえをつけて、えさのはっぱやいしをあげたよ。でも、ほんとうは、だんちゃんは、なにをたべるのかなとおもっていたよ。

一ねんせいになって、このほんをよんでみたら、だんちゃんのたべものがよくわかったよ。やっぱり、いしもたべるんだね。にんげんだったら、はがおれちゃうよ。かたいこんくりいともたべないと、うまくそだたないなんて、びっくりしたよ。だから、こんくりいとがある、せのうえまちにすんでいるんだね。

でも一ばんおどろいたのは、よる、かれはや、しんぶんしや、にんげんがだしたごみなどをいっしょうけんめいたべて、「しぜんのそうじや」といわれていること。はじめてしったたよ。だんちゃんとなかまたちが、かれはやごみをもりもりたべて、うんちをしているから、かれはもごみもすぐになくなるし、ふんころがしもうれしくおもっているね。だんちゃんのおなかもふくらんで、ゆっくりつきをみながら、きれいだなあとおもっているかな。にんげんのだしたごみもたべて、そうじしてくれて、だんちゃん、ありがとう。

だんちゃんは、「だんごむし」だけど、むしじゃないこともはじめてしったよ。こんちゅうのあしは六ぽんで、だんちゃんは十四ほん。かにやえびのなかまだから、みずのなかでいきられるなんて、すごいよ。ありにおそわれたら、からだをまるめてみをまもるだけじゃなくて、みずのちかくだったら、そのなかににげるといいよ。

ほいくしょのときからすきな、だんちゃん。かたいいしをあげたことがまちがいじゃなくて、あんしんしたよ。それに、しぜんのそうじやさんをしたり、みずのなかでもいきられたり、すごいひみつがいっぱい。わたしは、だんちゃんのことがますますすきになったよ。

得田之久・ぶん　たかはしきよし・え「ぼく、だんごむし」（福音館書店）自由読書

小学校中学年の部（三年・四年生）

●――内閣総理大臣賞

オーバーテーブルでつながる気持ち

岡山県倉敷市立倉敷東小学校
四年　西﨑千青

『年に数回入院』という言葉を目にして、読まずにはいられなかった。私は筋肉が壊されていく病気だ。五歳の時に私の生活は一変した。年に数回の入院、九種類の苦い薬、運動制限、しかも中国地方で初の症例のため、手探りの治療だ。みんなと同じように学校に通ってはいるが、みんなとの間にはいくつものかべがある。この本の海音ちゃんは、神経の病気で年に数回入院、辛い治療をしている。一言一言が身に染みた。

入院生活はカプセルみたいな空間で、時間の流れが普段とは全然違う。私が入院する病院も親が必ず付き添いだ。看護師さん達は、よく声をかけてくれる。院内学級にも行く。でも、孤独なのだ。海音ちゃんはすごい。孤独感や辛い治療の中でも家族を思いやっていた。親が病院に付き添うため、兄は一人ですごさなければならない。親も仕事を休まなければならない。海音ちゃんは、申し訳ないって思っていた。けれど私は「私も頑張っているんだから、みんなも我慢してよ。」と思ってしまう。海音ちゃんは優しくて、強い。今の私はこんな風に思えないし、こんなに強くない。でも、自分がしんどいときこそ、周りの人を思いやれる優しくて強い私に変わりたい。

入院中、友達は何をしているのかなと思う時がある。会いたいなとも思う。心は学校に行きたいけど、入院すると体は楽だ。その度にやっぱり病気なのだと感じる。治療や注射が痛くても、採血を何度失敗されても、私は泣かないし、文句も言わない。友達と歩いて登下校や校外学習に行くことも、自由に遊び回ることも、運動も、みんなが当たり前に経験することが私にはできない。「病気を乗り越えられるから選ばれたんだよ。」と私も言われた。でも、選ばないで下さいと私も思った。悪いことをしていないのになぜ私がと何度思ったことか。薬の副作用でむくんだ私の姿をからかわれてどんなに悲しかったか。たくさんの言葉を、真っ黒な気持ちを、私も何度も飲み込んできた。海音ちゃんのように諦めることを静かに受け入れてきた。海音ちゃんが見つけたオーバーテーブルの裏にあった入院した人達の本当の気持ち。涙が出た。一人じゃないとやっと思えた。迷惑をかけたくなくて飲み込んできた本当の気持ち。病気じゃない人には分からないとどこかで思って言えなかった本当の気持ち。同じだった。みんなも病気と闘っていると感じたら、安心して、少し前向きになれた。私らしく生きよう。

海音ちゃんが言うように、病気があると将来の夢を見付けるのは難しいのかもしれない。でも、私は今の自分にできる勉強や人に優しくすることを一生懸命しよう。もし病気で悩む子に会ったら話し相手になりたい。そしていつか、病気に向き合いながら精一杯生きている人がいることを世界中に広めたい。当たり前のことができる幸せを、生きる素晴らしさを伝えていけたらうれしい。みんなが笑顔ですごせる未来をつくる力になりたい。

前田海音・文　はたこうしろう・絵「二平方メートルの世界で」(小学館)自由読書

●――文部科学大臣賞

カメムシが教えてくれたこと

鳥取市立賀露小学校
四年　河﨑美空

冬、岩手は雪と氷に包まれる。私の祖母はこの本に出てくる葛巻町のとなりの町に住んでいる。寒い冬、小さな虫や、くまなどの動物達も冬眠する。冬に祖母の家を訪ねると、押し入れの中や、古い本だなにかくれんぼしている虫がいる。その虫こそ、越冬中のカメムシだ。上手に、家の中のあたたかくて、人に見つかりにくい場所にかくれている。

でも、時々見つかってしまう。そんな時、祖母は、何かにのせたり、割りばしでそっとつかんだりして他の場所に連れていく。不思議な事に、カメムシのあのいやなにおいがしない。なんとなくそんなふうに感じていた。

この本の中で、カメムシと上手につきあうコツは「やさしく、そっと」あつかうこと、カメムシに危険を感じさせないようにすればほとんどにおいをださないと、紹介されていた。祖母は、昔からのカメムシとの関わりの中で、共存すること、上手につき合うコツを自然に知っていたのだと思った。

カメムシは、たしかにいやなにおいを出すこともある。だから、私はカメムシがあまり好きではなかった。でも、この本を読んで、他の虫達と同じで、色々な種類のカメムシがいて、私達と同じで名前があること、そして、カメムシも一生懸命生きていることを知った。みんなが苦手なカメムシのにおいも、生きるための一つの方法なのだ。今度出会ったら、仲良く同じ場所にいることが出来るような気がしてきた。同じ命のある生き物として愛おしく思える。きっと、そんな気持ちで、葛巻の小学校のお友達も「宝もの」と思えるようになったのだと思う。

でもなぜ、校長先生は、他の虫ではなく、やっかいものである「カメムシ」を調べようと提案したのだろうか。私は、そこにこの本の本当の意味があるのではないかと考えた。

そこで、まず気付いたことは、今の私の目線が全て、人間目線だということだ。カメムシから見ると、人間は大きくて力のあるこわい生き物かもしれない。カメムシにとっては、人間のにおいは、いやなにおいだと思っているかもしれない。そんなふうに考えていたら、楽しく思えてきた。カメムシに、人間は危険ではないよ、と伝えることができたら、カメムシもにおいを出さず、カブトムシのような人気者になれるかもしれない。

私達は、カメムシというと、いやなにおいを出したり、作物についたりするというイメージが真っ先にうかぶ。でも、それはカメムシの一部しか知らず、見ていないからだ。

校長先生はカメムシを通して、知ること、知ろうとすることの大切さ、様々な見方で物事を見たり考えたりすることの大切さ、そして、多くの個性を持った人や生き物と共に生きることの素晴らしさを伝えたかったのだと感じた。そのことを心にとめ、周囲をぐるっと見回した。あれっ、いつもと何かちがう気がしてきた。自分の心が変わると、いつもの世界もちがう世界に見えてくるのだ。

課題読書

鈴木海花・文　はたこうしろう・絵「わたしたちのカメムシずかん：やっかいものが宝ものになった話」（福音館書店）

毎日新聞社賞

カラスとくらす

東京都杉並区立天沼小学校
三年　渡辺朱宇

ぼくが家の前で遊んでいたある日、近所のお姉ちゃんがなきながら帰ってきた。理由はカラス。道を歩いていたら、もうスピードでとんできて頭をけられたそうだ。ぼくはこわくなった。おとなもみんなおこっていた。

母と公園のベンチにすわっていた時、目の前にぼとりとフンを落とされたこともあった。ネトネトした気持ち悪いフンだ。ぼくにとって、そんなカラスはイヤなやつだった。だから、同じようにフンをされた作者がつぎつぎと見つけた「カラスのいいぶん」に、ぼくはワクワクしながらページをめくった。

本を読んでおどろいたのは、ぼくと同じ八才ぐらいのちのうをもっていること。水道のじゃぐちをひねって水をのんだり、道具を使って木のあなにいる虫をつかまえたりするという。ぼくなら手でつかまえようとするだろう。ひょっとして、ぼくのにが手な漢字も読めたりして。すっかり感心してしまった。

そしてわかった。カラスが人をおそうのは、ヒナがきけんな時だけだ。人がすに近づくと、ヒナをまもるために頭をけっておいはらうらしい。近所のお姉ちゃんは、知らないうちにすに近づいたのかもしれない。たしかにあれは、ヒナを育てる5月ごろのことだった。

作者も最後は、『親友とのわかれ』というほど好きになっている。それは、カラスについて本でしらべ、じっくりかんさつしたからだ。ぼくもカラスの都合を知るうちに、かわいいと思うようになってきた。カラスは楽しそうに遊ぶし、人見知りだ。けれど、なつくとじゃれてくる。まるでぼくの妹みたいだ。

そんなカラスに対して、かわいそうに感じたことがある。人間が木を切りつづけたせいで、たよりにする森がなくなった。それで人が住む都会にやってきたのに、「こわい、じゃまだ」とたいじされている。なんだか人間の方がいじめているように思えてくる。

カラスと人間がなかよくくらす方法はないのだろうか。祖父の家の近くでは、カラスのすができた時、さくとかん板が立てられるそうだ。カラスが安心してヒナを育てるためだろう。うちの前のゴミすて場では、緑色のあみをかける。毎回面どうだと思っていたけれど、カラスがふくろを食いやぶらないための工夫だと知った。ぼくが生まれた新がた県佐渡市では、トキと人がなかよくくらしている。トキは田んぼをあらすので、昔はきらわれていたらしい。けれど、それは農やくが少ないきれいな田んぼのあかしだ。ぼくの家では、そこでとれた米を毎日食べている。佐渡では今、トキを見るとみんながうれしそうだ。

カラスと人も、そんな関係になれるといい。ぼくも、カラスのすの近くで遊ばないようにしたり、ゴミをあみに入れたり、まずはできることをやっていきたい。カラスをこわがる友だちがいたら、カラスについて教えてあげたい。カラスが言いたいことにもしっかりと耳をかたむけ、おたがいに気持ちよく生活していけることを、ぼくはねがっている。

嶋田泰子・著　岡本順・絵「カラスのいいぶん：人と生きることをえらんだ鳥」（童心社）課題読書

毎日新聞社賞

カラスの言い分とぼくの言い分

栃木県那須塩原市立埼玉小学校
四年　濵田慈恩

「カラスの知能がぼくと同じだなんて。」

鳥のくせに。頭だって小さいくせに。信じたくない。ぼくはとてもくやしかった。本を読んでがっかりしていたら、今年も庭の畑から「食べようと思っていたのにまたやられた。」というお母さんの声が聞こえた。収かくしようとしていたトウモロコシをカラスに食べられてしまったのだ。楽しみにしていたのに。またまたくやしい。でも、知能が同じなら、ぼくだって負けてはいられない。本を読んでカラスについて勉強しよう、分からないことは調べようと何回も読み直すことにした。

ぼくがよく見かけるカラスは、主にハシブトガラスとハシボソガラスだ。水たまりやすべり台で遊んだり、食べ物をかくしてためておく貯食をしたり、とてもかしこい鳥だ。カラスは、三才ぐらいになると結こんし、なわばりを持つ。そして春になると巣を作り、子育てをする。その間、親鳥はせっせとえさを運び、ひなを育てる。夏の終わりごろひなは巣立ち、新しい群れでのくらしを始める。

カラスの一年の様子を読んで、ぼくは大発見をした。庭の畑は、春に夏野菜の種をまく。そして八月ごろ、トウモロコシなどの野菜が収かく時期になる。カラスの子育て時期とぴったり重なるのだ。トウモロコシは、ひなのえさとして運んでいるのかもしれない。「子どものえさなんだから、少しぐらいいいでしょ。」カラスの言い分が聞こえてきそうだ。でも、ぼくにも言い分がある。「トウモロコシはぼくの大好物なんだから、食べないでよ。」

どうやったらカラスからトウモロコシを守れるのか。それを知るために、図書館のおはなし会「カラスの不思議大発見!」に参加して、カラスの研究をしている塚原さんに質問した。すると、CDなどカラスが見なれていない物を支柱にぶらさげておくだけでいいと教えてくれた。早速、家に帰って収かく間近なトウモロコシの近くにCDをぶらさげてみた。結果は大成功。食べごろのトウモロコシがきれいに残っていた。ぼくはとてもうれしかった。もちろん味も最高。おいしかった。

カラスに勝てたようでうれしかった。でも、守り神とうやまったり、生ごみを散らかすと言ってきらわれ者にしたりする、人間の勝手さに対する「いいかげんにしてくれ」という言い分を読んで、ぼくは、とてもはずかしくなった。それに、人間のせいで都会にくらすようになったのに、人間の都合で退治され、生きていく場所を失ったカラスのことが、何だかかわいそうになった。人が自分たちの都合をおし通すのではなく、少しゆずれば共に生きることができるのではないかと思うとちょ者が書いているように、ゆずれるものはゆずろう。カラスはぼくのライバルではなく、同じ地球に住む仲間なのだから。おたがいに言い分はあるけれど、仲良くくらす方法はきっとあるはずだ。ぼくは、成長してカラスよりかしこくなる。だから、生き物みんなが仲良くくらせる方法を探していきたい。

嶋田泰子・著　岡本順・絵「カラスのいいぶん：人と生きることをえらんだ鳥」(童心社)課題読書

●——毎日新聞社賞

自然のサイクルはすごいな

島根県浜田市立三隅小学校
三年　吉原脩都

「こちらムシムシ新聞社」って、おもしろい題名だな、カタツムリのひみつがいっぱいのっていそうだなと思って、ぼくはわくわくしながら読みました。

このお話は、カタツムリが大好きな小学生からムシムシ新聞社に「カタツムリをさがしていますが見つかりません。どうしてカタツムリはいなくなったのですか。」という手紙がとどいたことから始まります。その手紙を読んだテントウ虫の七星記者が、いなかに行ってたくさんの生き物たちに取ざいをするところがとてもおもしろいです。

イノシシやカラス、アオダイショウ、マイマイカブリ、ホタルにダンゴムシ。なんと、その全部の生き物がカタツムリを食べたり、カラをり用して生きていることがわかって、ぼくはびっくりしました。

ぼくが一番心にのこっているのは、カタツムリがくさった葉っぱを食べてウンチをし、それをダンゴムシや小さな生き物が食べてまたウンチをし、それらがやがて土になって植物のえいよう分になるという場面です。まさに、とぎれることのない自然のサイクルがあって、カタツムリや小さな生き物たちが生きていけるんだなと思いました。ぼくは、そうやって森の中のたくさんのいのちがつながっていくことがわかりました。ぼくの知らないところで、木から落ちた葉っぱをカタツムリや小さな生き物が食べて、やがてえいようたっぷりの土になって、また木へとえいようとしてもどってくることがすごいと思いました。

カタツムリにはたくさん天てきがいることもわかりました。カラスやイノシシやマイマイカブリなど、いろんな動物からねらわれています。のんびりしているように見えるカタツムリも、生きぬくためにはつねに注意がひつようなんだと思うと、カタツムリもかっこいいなと思いました。

そして、自然のサイクルをたもつためには、カタツムリがいることも土があることも大切で、一つもかけてはだめなんだと分かりました。でも、都会でカタツムリが少なくなった一番の理由は、地面をアスファルトやコンクリートにして、土がなくなってしまったからだそうです。自然のサイクルをこわしているのは、ぼくたち人間なのかもしれないと思うと、とても悲しい気持ちになりました。カタツムリだけではなくて、ほかの動物や小さな生き物にもえいきょうしていないかと心配になりました。

この本を読んだ後、お母さんがキャベツの葉っぱに親ゆびの先ぐらいのカタツムリの赤ちゃんを見つけてびっくりしました。そして、ぼくとお父さんで元気に大きくなるように庭ににがしてあげました。ぼくは、人間が自然のサイクルをこわさないように気をつけようと思いました。ぼくの家には、つゆになるとアジサイがたくさんさいて、カタツムリがやってきます。来年からはカタツムリを見る目がかわりそうです。がんばれ、カタツムリ！

三輪一雄・作・絵「こちらムシムシ新聞社：カタツムリはどこにいる」（偕成社）自由読書

● 毎日新聞社賞

「神様のパッチワーク」を読んで

松山市立湯築小学校
三年　入船将治

ぼくは、題名を見て、なぜ神様？なぜパッチワーク？と思いました。読んでみると、パッチワークが、様々な家族の形を表していることが分かりました。

主人公の結の家族は、結も香も養子えん組をした家族です。最初ぼくは、養子えん組の意味が分かりませんでした。読んでいくと、生んでくれた親と育ててくれている親がちがうということが分かりました。

結は、生まれて一週間で、姉の香は一才で今の両親の所に来たそうです。クラスのみんなは、そのことを知っています。だから、そのことを気にせずに話します。だけど、転校してきたあかねだけは、結のことを「フコウナオイタチ」や「かわいそう」と言ってきます。あかねは、両親がりこんをして、転校してきました。自分の家族と、何かにたものを結に感じたのかもしれません。

両親がりこんしたから不幸とか、生みの親と育ての親がちがうから不幸とか、本当にそうなのだろうか。りこんしていなくても、家族がバラバラな人はきっといるだろうし、血がつながらなくても、おたがいを思い合っている人もいるんじゃないかと思います。

ぼくの両親の知り合いで、さいこんをしてお父さんと子どもは血のつながりはないけれど、とても仲がいい家族がいます。今は二人のむすこさんも結こんをしてまごがいるそうです。そのお父さんは、「血のつながりだけが大事じゃないいんだよ。」と、よく言っているそうです。ぼくは、血がつながっていて、いっしょにくらしているから家族なんだと最初は思っていました。だけど、これは全ての家族には当てはまらないんだと思いました。

結のお父さんと香の会話で大好きなところがあります。

「うちの家族は、パッチワークと同じでバラバラのところからやって来たけど、よせ集めじゃない。えりすぐりの布なんだ。ぐうぜんじゃない。えらんだんだよ。」

「じゃあだれが?」

「神様かな?」

バラバラな布をより集めてできたパッチワーク。でも出来上がると一まいの布よりすてきになる。そんなパッチワークは、結の家族の形をぴったりと表していると思いました。

この本を読んで、いろいろな家族がいるからこそいいんだと思うようになりました。家族の形はそれぞれちがいます。もしかしたら、同じ形はないのかもしれません。だけど、パッチワークのようにぴったりと合えば、みんなどの家族も神様のえりすぐりなんだと思います。

ぼくは家族が大好きです。けんかもするけれど、くだらない話でわらったりその日の出来事を言い合ったり、時にはなやみを相談したりと、静かな時がないくらいにぎやかな家族です。ぼくの家族もきっと神様のえりすぐりなんだと思います。当たり前ではなく、キセキのパッチワークなんだと思います。

自由読書　「神様のパッチワーク」（ポプラ社）　山本悦子・作　佐藤真紀子・絵

●――毎日新聞社賞

ぼくのゆめはわかめりょうし

岩手県大船渡市立末崎小学校
三年　鈴木　龍海十

みなさんは、わかめが泳ぐことを知っていますか。この本では、わかめが泳いで育ってどんどんふえることなど、わかめのおもしろさがたくさんしょうかいされています。

この本を読んで分かったことの一つは、わかめを漢字で若布と書くということです。わかめが布のようにびろびろしているからなのかなといろいろ考えると楽しくなってきました。また、わかめといっしょにくらす「われから」という生き物は、大船渡では「しゃむしゃらりん」と言うなど、言葉のちがいもおもしろいと思いました。この本を読んでいるうちに、「へえ、そうなのか。」とか「なんでだろう。」とわかめへのきょう味がどんどんわいてきました。そして海の中でのわかめの生活についてもっと知りたくなりました。

ぼくの家はわかめのようしょくをしていて、春になるとわかめの仕事でいそがしくなります。

「今年のわかめはおがりがよい。めかぶも大きいな。」

などとわかめの話題が多くなります。わかめを食べることもふえます。わかめは、はじめしゃきしゃきしているけど、四月になると、はごたえもちがってきます。そして、めかぶが大きくなると次のいのちをのこします。わかめのもとの遊走子は、小さく目に見えないすがたで岩のかげにかくれていて、夏がすぎるのをじっとまつそうです。秋になるとわかめの赤ちゃんが生まれ、冬から春にかけて少しずつ育っていきます。おどろきはまだまだあって、春になると一日で二～三センチメートルものびて大きくなるという成長のスピードもすごいと思いました。わかめのことがわかればわかるほど、わかめっておもしろいと思いました。

めかぶから遊走子が海の中へ泳ぎ出し、世界中に広がることにもきょう味をもちました。遊走子は二本の毛が生えています。短い方の一本の毛はすすむ方向を決めます。もう一本の長い毛は泳ぐのに使われています。この遊走子がへんかしてわかめになるのです。わかめのことを何でも知っていると思っていたお父さんもそこまでは知らなかったとびっくりしていました。植物のわかめが泳ぐなんて大発見でした。

この本を読んで、わかめってふしぎでおもしろい、知らないことがたくさんあると思いました。身近なものもくわしく調べると発見がいっぱいで楽しくなると思いました。ぼくは海からのおくりもののわかめをもっとたくさんの人に知ってもらいたい、もっとたべてもらいたいと思いました。そのために、大きくなったらお父さんみたいなわかめりょうしになるゆめをかなえたいとも思いました。だから、本を読んだり、お父さんに聞いたりして、もっともっとわかめのことを知りたいと思います。

青木優和・文　畑中富美子・絵　田中次郎・監修「わかめ：およいでそだってどんどんふえるうみのしょくぶつ」（仮説社）自由読書

●――全国学校図書館協議会長賞

ゆりの木荘の約束

東京都国分寺市立第七小学校
四年　根本恵衣

大好きなおじいちゃん、おばあちゃんとした「夏休みに会いに行くからね」という約束は、今年も果たすことができなかった。新型コロナウィルスのせいだ。とても残念で悲しい気持ちでいたとき、私はこの本に出会った。

この本の舞台である、ゆりの木荘は、百年以上前に建てられた洋館を改ちくしてつくられた老人ホームだ。そこに住んでいるサクラさんが、子供のころに歌った手まり歌を口ずさむと、おじいさん、おばあさんはみんな七十七年前の子供のころに戻ってしまう。お年寄り達も、子供時代があったということ。当たり前だけれど、今まで想像したことがなかったので、何だか不思議な気持ちになった。

昔に戻ったサクラさんは、子供のころにゆりの木荘で遊んだことがあることを思い出す。そこで、お友達のカズミちゃんと、ゆりの木荘に住む座敷童とした約束のことも。サクラさん達は、魔法によってゆりの木荘に閉じこめられてしまった座敷童を自由にしてあげる約束をしていた。けれど、戦争が始まったせいで、ゆりの木荘に行けなくなり、その約束を果たすことができなかった。会いたい人に会えなくなって、その人との約束を守れなくなってしまう悲しみやあせりは、今の私にはとてもよくわかる。その約束が大切であればあるほど、胸がしめつけられるような気持ちになる。

座敷童は、長い間約束を守ってもらえずに、怒っていたのだろうか。私はちがうと思う。サクラさんは、約束を大事に思っていたからこそ、手まり歌を思い出すことができたし、座敷童と遊んだ記おくにたどりつくことができたのだと思う。そして、そのことを座敷童もわかっていたのではないかと感じた。きっと座敷童にとっても、サクラさん達と遊んだのは大切な思い出で、そのことを伝えたかったのではないかと思った。

座敷童は、その家に幸せをもたらすけれど、いなくなると、災いがやってくるという言い伝えがある。だから、座敷童が自由になってしまったら、ゆりの木荘は大丈夫なのか心配になった。けれど、サクラさんの親友のモリノさんは、戦争を生き抜いて、今まで元気でいられたことだけで、十分幸運なのだと言った。昔に比べて、今は平和で幸せな時代だと私は思っていた。けれど、戦争や貧しい時代を過ごしてきたサクラさんやモリノさん達は、それぞれが、大切な約束を前に進む力にして、きびしいときでも幸せを見つけることができたのかもしれない。そんな強くてやさしい気持ちを知った座敷童は、きっとこれからもゆりの木荘を守ってくれると思う。

この本を読む前、私は「ゆりの木」を知らなかった。どんな木だろうと調べたら、花言葉が「幸福」だと知って、とてもうれしい気持ちになった。大切な人への思いを、明日へ進む力にしていけたら、きっと幸せな未来をつくっていける。だから、今は前を向こう。それが未来の自分との約束だ。

富安陽子・作　佐竹美保・絵「ゆりの木荘の子どもたち」(講談社)課題読書

●―全国学校図書館協議会長賞

ぼくなら「くずまき町ずかん」

福岡県北九州市　明治学園小学校
三年　宗　佑樹

「こん虫は、冬ごしをするために、作戦を立てているんだよ。」

この言葉は、山田緑地の「こん虫の冬ごし」のイベントで、先生が言われていた言葉です。

ぼくは、とにかく生物を調査、観察することが大好きです。毎週、山田緑地の自然の中で生物について学んでいます。生物を観察していると、その生物のかんきょうというものも大切になります。一日がかりでどろだらけになって、ビオトープを作ったこともあります。ぼくも、カメムシは、くさいイメージの虫でしたが、「こん虫の冬ごし」のイベントで、木の皮のうらに、びっしりと仲間と身をよせ合っているアカスジギンカメムシを見つけた時は、きれいだな、がんばって仲間と身をよせ合って、冬ごしの作戦を立てているんだな、と感動しました。

この本の子どもたちも、最初は、カメムシをきらっています。しかし、カメムシを調べて、知っていくうちに、気になり、目に入り、好きになり、「顔みしり」になり、最後には、「宝もの」になっていきます。そして、みんなの記録をまとめて、図かんにしていきます。

ぼくは、毎週の山田緑地のイベントで、自然界の生物、空の鳥、地面の草花の名前や特ちょうを、きょうみを持って学ぶことで、毎回、山田緑地の自然がちがって見えます。見えなかったものが、見えるようになっているからです。きょうみを持って知っていくことで、ぼくの「顔みしり」がふえて、「宝もの」がふえているのです。

そして、これは、人間でも同じだと思います。苦手だな、と思う人がいても、よく観察していくと、すてきなところが見えてきて、「顔みしり」になれば、「宝もの」になっていくのではないかなと思います。

また、「ないことをなげかず、あるものを力にしよう」という、くずまき町の人の考えは、まさにコロナでやりたいことができない今、とても大切なことだと思います。くずまき町には、二百種以上のカメムシがいるとすいそくされ、実さいに、三十五種のカメムシが、子どもたちの手で見つけられたと読んで、ぼくは、おどろきました。きっとくずまき町には、カメムシが生息しやすいかんきょうがあるのだと思います。生物は、かんきょうあっての生物です。ぼくなら、なぜ、くずまき町には、いろいろな種類のカメムシが生息できるのか、くずまき町のかんきょうを調査して「くずまき町ずかん」を作りたいと思いました。山田緑地での生物調査でも、いろいろなかんきょうに、いろいろな生物がいました。きっとくずまき町には、他にはないいろいろなかんきょうが整っているのだと思います。

ぼくはこの本を読んで、コロナという冬をのりこえるために、今あるものやかんきょうをよく観察して、力にして「顔みしり」をふやして、「宝もの」でいっぱいにしようと思いました。カメムシにまけない作戦を立てて、コロナという冬をのりきろうと思います。

鈴木海花・文　はたこうしろう・絵「わたしたちのカメムシずかん：やっかいものが宝ものになった話」（福音館書店）

課題読書

全国学校図書館協議会長賞

しっぱいをおそれずに

富山県砺波市立出町小学校
四年　松田理沙

三年生の冬に「ぼくのあいぼうはカモノハシ」という本を読みました。それまで、動物が登場する物語をたくさん読んだけれど、カモノハシが登場する物語はなかったので読んでみようと思ったからです。

この本にはルフスという男の子とシドニーというカモノハシが登場します。ドイツに住んでいるルフスは、オーストラリアではたらいているお父さんに会いたいと思っていました。動物園からにげてきたシドニーは、ふるさとのオーストラリアに帰りたいと思っていました。そんな二人が力をあわせてオーストラリアを目指すことにしました。

シドニーは、いろいろな作戦を考えます。高い木に上ってオーストラリアを見ようとしたりバスやボートで向かおうとしたりします。ルフスは、

「オーストラリアは見えそうもないね」

「どうせうまくいかないよ」

と心配しますが、シドニーは、

「あきらめるんですか？」

「むだかどうかは、やってみないとわかりませんよ」

とルフスを説とくします。むちゃな作戦をおしつけようとするシドニーに、わたしはいいかげんなあいぼうだなと思いました。

　思ったとおり、作戦はしっぱいのれんぞくです。ルフスはお母さんにしかられたり、お姉ちゃんの友達にわらわれたりします。そんないやな気持ちになるならやらなければよかったのにと思いました。

　今年の夏休みに、テレビでオリンピックを見ました。富山県の中山楓奈選手のスケートボードをおうえんしていました。決勝で中山選手は、金メダルをかけて最後の大わざにちょう戦しました。わたしは、成こうしてほしいとドキドキして見ていました。しかし、しっぱいしてしまいました。わたしは、そんな中山選手をとてもかっこいいと思いました。あきらめずに全力でがんばっていることが伝わったからです。

「ぼくのあいぼうはカモノハシ」を読み直しました。すると、ルフスもシドニーも目ひょうのためにあきらめずにがんばっているのだと思い直しました。中山選手のように、しっぱいをおそれずにちょう戦しているのだと思いました。二人は最後にオーストラリアにとう着しましたが、わたしは、運がよかったからだと思っていました。しかし、今はちがいます。それは、二人がしっぱいをおそれずにちょう戦しつづけたからです。

　わたしには、しっぱいがこわくて練習をあきらめていたものがあります。それは、一輪車です。わたしは半年ぶりに練習を始めました。何回も転ぶけれど、わたしの心の中でシドニーがおうえんしてくれます。

「あきらめるんですか？」

ミヒャエル・エングラー・作　はたさわゆうこ・訳　杉原知子・絵「ぼくのあいぼうはカモノハシ」（徳間書店）課題読書

●全国学校図書館協議会長賞

子ぎつねヘレンがぼくにのこしたもの

大阪府吹田市立片山小学校
四年　脇田悠生

この本を読んだとき、ヘレンから何か重たいものが飛びこんできたように感じた。それが何なのか、ぼくは、ヘレンの気持ちに近づけたらわかるかもしれないと思って、包帯で目をかくして耳せんをしてみた。時間がとても長く感じられた。何も見えず、音もないヘレンのいた世界は、ぼくが想像していたよりもずっと怖くて、ひとりぼっちでさみしかった。ヘレンは、少しも油だんができなくて、ずっと緊張していたにちがいない。ヘレンは、何のために生きていたのだろうか。自然の中では生きていけなかった命、「命ってなんだろう」と、ぼくは、考えるようになった。

ぼくは、もやもやして何度も読み返した。すると、いつも同じ場面で感動していることに気がついた。それは、ヘレンがふる里の砂丘で一歩一歩ふみだしていくところだ。ぼくは、「すごいぞ、ヘレン！」と心の中でさけんでいた。ヘレンが知らない場所で前へ進むのは、とても勇気がいるはずだからだ。ぼくは、このとき、ヘレンの「生きよう」という強い意志を感じていた。ぼくの体にも思わず力が入っていた。いつの間にか、ぼくの中にヘレンの気持ちが投げこまれて、心の中でヘレンと一緒に生きることができていたのだと気がついた。

きっと、ヘレンとくらしていた竹田津さん夫婦は、もっとたくさんのヘレンの気持ちを感じて、自分たちも同じ気持ちになりながら一緒に生きていたのだと思う。ヘレンは、一緒に喜んだり、悲しんだりしてくれる相手の顔を見ることも、声を聞くこともできなかったけれど、気持ちをわかりあえる竹田津さん夫婦と出会うことができて、ひとりぼっちではなくなっていたのだ。だから、はじめはヘレンのことが不幸に思えたけれど、最後は、ヘレンが生きることを楽しめるようになっていたのだと思う。

ヘレン、ぼくは、わかったような気がするよ。いままでのぼくは、命とは生き物の心ぞうが動いている、死ぬまでのことだと考えていた。でも今はちがう。ヘレンから感じた命は、そんなかんたんなものではなかった。命とは、気持ちをわかりあえる相手の心の中にも生きていて、一緒に生きている人と切りはなして考えられないものなのだ。ぼくの中に飛びこんできたのは、ヘレンの怖さ、さみしさ、喜び――ヘレンの命の重みそのものだったのだとわかった。

ヘレンは、重い障害があってすぐに死んでしまったけれども、その命は、こんなにもぼくの心を動かすすごい力をもっていた。ぼくにもヘレンと竹田津さん夫婦のように、一緒に喜んだり悲しんだりしてくれる家族や友達がいる。自分の命が相手の心を動かしていると知ったからには、ヘレンのように勇気のいることにもふみ出して、ぼくのためだけではなく、家族や友達にも喜びや勇気、力をあげられるように生きていきたい。ヘレンは、ぼくにそういう生き方を教えてくれた。

竹田津実・著「子ぎつねヘレンがのこしたもの」（偕成社）自由読書

●――全国学校図書館協議会長賞

心の目に見えるうつくしいもの

福井県今立郡池田町立池田小学校
三年　杉本陽飛

「あなたのおかあさんのひとみには、なにがうつっているかしら」この本をめくると、一番はじめに書かれている文です。ぼくはすぐに、お母さんの目の中をのぞいてみたくなりました。

ぼくは、ひざにすわり、お母さんの目の中をドキドキしながら見てみました。ちゃんとぼくがいました。小さいぼくがわらっていました。お母さんの目の中を見るのははじめてです。

「お母さん、ぼくの目に何がうつってる?」

「お母さんがいるよ。」

「お母さんの目には、ぼくがいるよ。」

ぼくははずかしいけれど、とてもうれしくて、何どもお母さんの目の中をのぞきこんで、ずっとずうっと見ていました。本の中のせつこが顔をよこにしたり、ななめにしたりしていた気もちがよく分かりました。

ぼくは、五人兄弟の二番目で、ぼくの弟はせつこと同じ年です。弟と妹にもこの本を読んであげました。かわりばんこにお母さんの目をのぞきこんでわらっている二人を見て、せつこにいいことを教えてもらったなあと思いました。お母さんの顔を見て、ゆっくりできる時間、ぼくたちのごほうびの時間になりそうです。

「うつくしいものに出会ったら、いっしょうけんめい見つめなさい。見つめると、それが目ににじんでちゃあんと心にすみつくのよ。そうすると、いつだって目のまえに見えるようになるわ。」

せつこのお母さんが話していました。ぼくは、「うつくしいもの」を兄弟で話し合ってみました。弟はお花、妹はみんなのゆめ、兄は未来だと言いました。ぼくは何だろうと考えました。本の一ページ一ページを思い出しながら、目をつむってゆっくり考えました。さよならしたばかりの犬のアカ、ぼくの二人のおじいちゃん。もう二どと会えない大切な人がうかびました。そして、台所のまどから見えるまっ赤な夕やけ、家の上にかかった大きなにじ、葉っぱがきれいな四つ葉のクローバー。一つ一つ心の中に見えてきました。

図書館でこの本と出会いました。この本を何ども読んで、目に見えるものが前よりもキラキラしたように感じはじめました。雨つぶがついた朝顔、妹がかいたぼくの顔、太陽の光でプールにできた白く光る道。カメラでとってのこしておかなくても、一生けんめいに見つめて、それが心にすみついて、いつでも目の前に見えるようにしたいです。

前に読んだ『星の王子さま』の本に「大切なものは目に見えない」とありました。この本が教えてくれた、心の目で見ることの大切さだと気づきました。ぼくは、今まで大切だったものや、これから出会う「うつくしいもの」を、ぼくの心のたからばこに一つずつのこしていきたいです。そして、ぼくが大きくなって、それをだれかに教えたくなった時、ぼくの目にうつせたらいいなと思いました。

あまんきみこ・作　菅野由貴子・絵「おかあさんの目」（ポプラ社）自由読書

全国学校図書館協議会長賞

「お菓子な学校」って何？

静岡県浜松市立入野小学校
四年　稲垣里渚

「お菓子な学校って、どんなところだろう。」

お菓子を作ることも食べることも大好きなわたしは、何とも、み力的な学校に思えました。一体、どんなことが学べるのだろうか。わたしは、ますます知りたくなりました。

ジャコは、一回もやったことがないクッキー作りにチャレンジします。初めて作ったクッキーは、大成こうでした。それから、ジャコは、ケーキやシャルロットなどの、少しなんい度が高いお菓子作りにちょう戦します。上達するにつれ、お菓子を作ってほしいとたのまれます。そのたびにジャコは、自分や相手のために、ど力をつづけるのです。

わたしは、ジャコがしっぱいしてもあきらめずにど力できることに感動しました。前向きにお菓子作りをするしせいを、わたしも見習いたいと思いました。また、クッキーが一人で作れるようになると、勉強もできるようになることがおどろきでした。お菓子は「ふしぎな力」を持っているなと、感心しました。

わたしは、家族で、よくクッキー作りをします。わたしもジャコのように一人で、だれかのためにクッキーを作ることに、ちょう戦したくなりました。お菓子が好きな母をおどろかせようと、母の顔の形のクッキーを作ることに決めました。

一人で作ることは「すばらしいぼうけん」でした。レシピの分からない漢字や言葉も、たくさん辞書で調べました。グラムのたん位も算数で習ったことを生かして、読むことができました。何だかむずかしい問題が、やっととけたような感覚でした。そして、ジャコが、クッキー作りで勉強が楽しいと思えた気持ちが、わたしにもよく分かりました。

ようやく、クッキーのきじができ、母の顔の形にしていきました。でも、かみの毛にするはずだったチョコレートのきじが足りません。材料を量りまちがえたのです。わたしは、とてもざんねんな気持ちになりました。しかし、母に出来上がったクッキーを見せると、思っていたよりもはるかによろこんでくれました。わたしもジャコのように、クッキーで自分と相手をえ顔にする、心のあくしゅができたのだと思いました。そのうえ、父や母は、

「しっぱいしたほうが、勉強になるよ。」

と温かい言葉をかけてくれました。そのとき、いつでもくじけなかったジャコのすがたが目にうかび、わたしも立ち直れました。家族やジャコに、せ中をおしてもらえた気分でした。

わたしにとってお菓子作りは、多くのことを学ぶことができる、まさに学校のようなものでした。これが、ジャコが言うお菓子な学校だったのです。そして、ジャコは、どれだけしっぱいしても、ど力しつづけることの大切さを教えてくれました。それから、まわりの人たちのはげましが、とても大きな力になっていることにも、気づかされました。わたしも、いつかむ中になれるものを見つけて、ど力を重ね、それで自分もまわりの人たちも、え顔にできたら、幸せだなと思います。

ラッシェル・オスファテール・作　ダニエル遠藤みのり・訳　風川恭子・絵「ジャコのお菓子な学校」（文研出版）自由読書

●――サントリー奨励賞

「ゆりの木荘の子どもたち」から教わったこと

愛知県豊田市立朝日小学校
三年　堀　美咲

「空にうかんでいるあの丸い物は何だろう。」表紙の絵を見たとき、さいしょに目についた。その正体を知りたいと思い、読みはじめた。サクラさんが歌った手まり歌で、七十七年前にもどってしまうという物語。丸い物の正体は「まり」だった。

私は今まで、手まり歌を歌ってまりつきをしたことがなかった。音楽のじゅぎょうで歌を歌ったことはあったけど、どんな風にまりつきをするのか、くわしく知りたくなったから、おばあちゃんに聞いた。

「私が小さいころは、家の庭で姉妹や友達とよくまりつきをしたよ。手まり歌はいくつかあって、今でもおぼえているよ。」

おばあちゃんは歌って聞かせてくれた。それから一しょにまりつきをした。さいしょはうまくできなかったけど、だんだんコツが分かってきて楽しくなった。サクラさん達もきっとこんな風に遊んでいたんだね。

私はふと思った。

「どうして今はまりつきをしなくなってしまったんだろう。」

するとおばあちゃんは言った。

「私が十才くらいのころ、私のお父さんがはじめてテレビを買ってきたのよ。夕方になると近所の人が私の家にあつまってテレビを見るようになったの。それからはまりつきで遊ぶことは少なくなっていって、私達の生活も変わっていったのよ。」

私はハッとした。昔はテレビがなかったということは知っていたけど、テレビがこんなにもおばあちゃん達の生活を変えたんだ。さらに調べてみると、せんそうがおわった後、一九五〇年代に、テレビ、せんたくき、れいぞうこの三つの家電が広まって、生活がべんりになったということが分かった。何かをきっかけにして世界はどんどん変わっていくんだってはじめて知った。もし私がサクラさん達みたいにとつぜん昔にもどったら、今とはちがう事がたくさんあって、びっくりすることだらけだろうな。

本のさい後のモリノさんの言葉がむねにひびいた。

「人間は前に進まなくっちゃいけないのよ。」

子どものときにしか見えないざしきわらし、しあわせな時間をうばったせんそう、ゆりの木が切られて生まれ変わったゆりの木荘。時間は進み、世界は変わる。昔のままがいいって思うサクラさんの気持ちも分かるけど、前に進もうとするモリノさんはかっこいい。

今、私達の生活は、コロナウイルスのかんせん拡大で大きく変わってしまった。体のことをいつも不安に思うし、楽しみにしていた行事がなくなったり、遠くに住む親せきにも会えない。今まで当たり前だった事が当たり前じゃなくなって、つらいと思うこともある。だけど、この本を読んで、私は今できることをせいいっぱいやろうと思った。モリノさんもきっとおうえんしてくれているはずだ。そう思うと何だかぐっと力がわいてきた。

富安陽子・作　佐竹美保・絵「ゆりの木荘の子どもたち」（講談社）課題読書

サントリー奨励賞

カラスと共に生きよう

愛媛県西予市立多田小学校
四年　星　心咲

「カラスのいいぶん」という題名を見たしゅん間、「カラスにいいぶんがあるの?」と不思議に思い、読んでみたくなりました。それは、最近、私の家で事件が起こっていたからです。バーベキューの後にゴミをばらまかれていたり、おじいさんがせっかく畑で育てたスイカをつつかれていたり、メダカのえさのふくろがやぶられていたりしました。きっと犯人はカラスです。私は、はらが立って仕方がありませんでした。カラスは、私たち家族の敵でした。

この本は、ふたをしている箱から卵が盗まれる事件から話が始まります。作者は、誰が卵を盗んだのか、最初は分かりませんでした。私は、うすうすカラスが犯人かなと思って読んでいましたが、ふたをしている箱からどうやって卵を取っていくのか不思議でたまりませんでした。そして、そのなぞは、すぐに解かれました。カラスは松の木の上から人の様子を観察して、ふたをした箱の中には卵が入っていることを知った上で盗んでいたのです。ふたは、くちばしでずらして器用に開けていたそうです。この部分を読んだとき、ピンときました。私の家で事件を起こしていたカラスも、電柱から私たちの様子をずっと見ていたのでしょう。カラスは頭の良い生き物だとつくづく感じました。ますます、カラスが憎らしいと思うようになりました。

しかし、読み進んでいくと、カラスの見方が変わってきました。今までは、ただ空を飛んで電柱に止まり、フンを落としたり人間のゴミをあさったりして、迷わくをかけるだけの鳥、困った事件を起こす鳥だと思っていました。でも、カラスはカラスなりにがんばって生きているのです。知恵を使って食べ物を集めたり、たくわえたり、子どもを敵から守ったり、時には遊んだりと、私たち人間と同じようにがんばって生きているのです。憎らしい敵だと思っていたカラスが、親しみのある仲間にも思えてきました。

敵なのか仲間なのか、複雑な気持ちになってきました。カラスを応援したいけど、やっぱりゴミはあさってほしくない、スイカは守りたい。どうすればいいのか？そうなやんでいたときに、作者の言葉「人が自分たちの都合をおし通すのではなく、少しゆずれば共に生きることができる」が飛び込んできました。そうか！あさってほしくないゴミは外に出さない。大好きなスイカを守るために、五個あるうちの一個はカラスにあげよう。そういう気持ちになりました。

カラスと共に生きるのは、むずかしいこともあるけど、必要なこと、当たり前のことだと思うようになりました。カラスだけでなく、ヘビだってクモだって、全ての生き物と共に生きていくのです。思い込みだけできらうことがないように、生き物の生活や行動の理由を知ることが大切です。その上で尊重し、ゆずりあうことが「共に生きる」ということだと思います。

嶋田泰子・著　岡本順・絵「カラスのいいぶん：人と生きることをえらんだ鳥」（童心社）課題読書

●――サントリー奨励賞

たからものにかえちゃおう

埼玉県春日部市立武里小学校
三年　篠　﨑　惺　空

「わたしも、みんなのカメムシ図かん作りのなか間に入りたいな。」

そう思った自分にびっくりした。だってついさっきまでわたしは、ゴミぶくろ四つ分のカメムシを想ぞうしてゾワゾワし、くずまき町に住んでいなくて良かった、と思っていたからだ。わたしにとって、カメムシはくさいだけのぜったいに近づきたくない虫だった。

そんなわたしの気持ちがかわってきたのは、

「みんなでカメムシはかせになりましょう。」

という校長先生の言葉があったからだ。「はかせ」と言われるとすごくかっこいい。「百マスチャンピオン」と言われるのがうれしくて、毎日百マス計算をがんばった時の気持ちに少しにている。もしかしたら、この小学校のみんなも同じように思ったのかもしれない。

そのあと、カメムシはかせになっていくみんなの様子を見ていたら、ますますわたしもいっしょにやりたくなってきた。なんだか、新しい友だちができる時のワクワクににているな、と思ったからだ。クラスがえで初めて出会った人は、どんな人だか分からなくて、話しかけるのも少しこわい。だけど、名前をよんで、話をして、やさしいところやおもしろいところを知っていくと、どんどんすきになってなか良くなれる。カメムシはかせになることも、カメムシと友だちになっていくみたいだった。カメムシをよく見て、色んなカメムシのこせいを見つけて、カメムシの名前を知る。先生よりも先に、ストローみたいな口がカメムシのしるしなんだと気づいた男の子や、虫がにが手だったのにカメムシに顔を近づけてその名前をすぐに言えるようになった女の子。どんどんカメムシと友だちになるみんなの顔は、すごくうれしそうだった。

おどろくことに、カメムシがきけんを感じた時に、自分やなか間をまもるためにひっしになって出すにおいは、自分がしんでしまうこともあるくらい強いらしい。それを知ると、今どわたしがカメムシに出会った時には、

「何もしないからあせらなくて平気だよ。」

と、やさしく、そっと言える気がする。カメムシがすることの理由が分かると、カメムシとなか良くするコツも分かる。こんなところも、友だちとけんかをしてしまった時に、理由を考えるとなか直りの仕方が分かってくることににているな、と思った。

「カメムシはぼくたちのたからものだね。」

と言った男の子。自分の気持ちをかえると、いやなだけだったものをたからものにかえてしまうことができる。カメムシがかわったわけではなく、カメムシを知ることの楽しさやうれしさで、男の子の気持ちがかわった。わたしもこれから、ちょっといやだな、こわいな、と思うことがあった時、そのまま終わりにするのではなく、どうしたらもっと楽しくなるかな、何かおもしろいところはないかな、と考えられるようになりたい。そして、何でもよく見てよく知って、自分のまわりをたからものだと思える気持ちでいっぱいにしたい。

鈴木海花・文　はたこうしろう・絵「わたしたちのカメムシずかん：やっかいものが宝ものになった話」（福音館書店）

●――サントリー奨励賞

時代をこえても大切にしたい気持ち

神奈川県藤沢市立湘南台小学校
四年　寺内瑠偉

「カラスのすごさが、みんなに伝わるぞ。」

と、この本を読みながら、僕はガッツポーズをした。

僕の名前には『瑠』という漢字が使われている。これはルリカケスという鳥の羽の色、美しい瑠璃色をしめしている。僕はルリカケスの分身になったような気持ちで、小さいころは自まんしていた。でも、小学生になって調べてみたら、カラスの仲間だと分かり、ショックを受けた。カラスには、ごみをあさって食べ、鳴き声がうるさいというイメージが僕にあったからだ。その日から、カラスがふんを落としたり、ごみをあさったりする姿を見かけると、恥ずかしい気持ちになった。

しかし、ある時「相手のことをよく知らないのに、見た目や行動だけで判断してはいけない。」と先生が話しているのを聞いて、僕ははっとした。カラスについて何も調べずに、イメージだけで決めつけていたことに気がついたからだ。そこで、調べてみると、とても賢くて仲間を思いやる鳥だということが分かった。僕はカラスが登場する本を探して読んでみた。すると、平安時代に書かれた『枕草子』には、秋のすばらしい点として、カラスがねぐらへ向かって飛んで行く姿が挙げられていた。きっと、平安時代の人は、カラスを見て感動し、かわいいといやされていたのだと思う。しかし、大正時代に書かれた『羅生門』では、カラスは、死体をついばむ鳥とされ、おそろしい印象になっていた。どうやら時代によってカラスの見方が変わっているようだ。なぜ、変わってしまったのだろうか。

今年の夏、この本に出会い、またじっくり考えてみた。僕は時代が進み、人間が建物をつくり、自然を壊してしまったことで、カラスの生活の場が奪われてきたのだと感じた。大正より令和のほうが、もっと建物や人口が増え、カラスの住む森は、小さくなったはずだ。それならカラスを一方的に悪い鳥だと見方を変えていった人間は自分勝手だと思う。僕も住む場所や食べ物が失われたら、生きるために新しい生活の場を見つけようとするだろう。カラスが森を離れ、人間が生活する場所に住み始めたのは当然のことだったのだ。

では、生活ルールを言葉で伝え合えない両者はどう生活すればいいのだろうか。僕は、筆者がいうように、ごみ出しの時にはネットをかけるなど、視覚で伝える努力を人間なら出来ると思う。人間がカラスについて正しく知り、歩みよれば、森から出て来ざるを得なくなったカラスと共に生活が出来るのではないかと思う。自然が多かった平安時代の人の心にあったカラスをいとしく思う気持ちが、自然から離れ、便利な生活を手に入れた僕たちから無くなってしまったのだとしたら、悲しいことだ。自然を守り、共に生きていくことで、心豊かな世界が出来るのだと思う。

最後にカラスの仲間を代表して僕は「カラスのいいぶん」を伝えたい。「人間だけが住む世界ではない。一緒に生きていこう。」と。

嶋田泰子・著　岡本順・絵「カラスのいいぶん：人と生きることをえらんだ鳥」（童心社）課題読書

●―――サントリー奨励賞

大切なやくそく

宮崎市立西池小学校
三年　増田菜香

本やさんではじめてこの本の表紙を見たとき、五人の子どもたちが住む家におばけがでる話なんだろうなと想ぞうしていました。でも、読んでみると、ゆりの木そうという、ろう人ホームに住むおばあさんたちの話でした。この本には、サクラさんというおばあさんと、ざしきわらしがした大切な「やくそく」が出てきます。それは、ゆりの木そうに、とじこめられていたざしきわらしをにがしてあげることです。でも、サクラさんは、子どものころにしたやくそくだったので、八十七才になるまですっかりわすれていました。ぎゃくに、ざしきわらしはずっとまっていたのです。

七十七年ぶりにサクラさんがそのやくそくを思い出したとき、ざしきわらしはとてもしあわせそうにわらっていました。この本をいっしょに読んだお母さんは、

「どうして、こんなにまたされたのに、ざしきわらしはおこらないんだろう。お母さんだったら、もんくをいうな。」

と言いました。でもわたしは、ざしきわらしの気持ちがわかる気がします。なぜかというと、わたしも同じよう

に、やくそくをして、ずっとまっていたことがあるからです。それは、わたしとおじいちゃんとのやくそくです。

わたしのおじいちゃんは、とてもやさしいです。そのやさしいおじいちゃんがきゅうにびょう気になってしまいました。かみの毛がなくなってしまってびっくりしたけど、やっとたいいんできて、うれしくて、

「いっしょにおふろに入ろう。」

と、さそいました。でもおじいちゃんが、

「そんなことはないんだけど、いっしょにおふろに入ると、びょう気がなのちゃんにうつってしまいそうだから、びょう気がなくなったら入ろうね。」

と、言いました。でもそのやくそくはかなうことはありませんでした。とても悲しかったです。だけど、わたしはおこる気持ちはありません。なぜかというと、今でもおじいちゃんのことが大好きだからです。きっと、ざしきわらしもわたしと同じ気持ちなんだろうと思います。おこる気持ちより、サクラさんが、楽しかった子どものころを思い出してくれたことが、何よりうれしかったんだろうなと思います。

この話に出てくる登場人物や手まり歌にはたくさんの花の名前が使われています。ふしぎだなと思って、花言葉を調べてみると、何と全てに「しあわせ」という意味がありました。せんそうでやくそくがまもれなかったサクラさんと、びょう気でまもれなかったおじいちゃん。わたしは、いつでも友だちと遊ぶやくそくができるし、やくそくをやぶってもすぐにごめんねと言えます。それは「しあわせ」なことだなと思いました。その気持ちをわすれずに毎日学校に行きたいです。

そして、もしざしきわらしみたいにまほうで時間がもどせたら、おじいちゃんとまた、おふろに入ったり遊んだりしたいな。

富安陽子・作　佐竹美保・絵「ゆりの木荘の子どもたち」（講談社）課題読書

●――サントリー奨励賞

平和のバトンをたくします

長崎市立南陽小学校
三年　江口瑛太

「平和のバトンをたくします。」

これは、戦争の話をしてくださった、八木道子先生の言葉です。八木先生は一年生のころ、長崎市でひばくしました。原子ばくだんが落ちた時、一しゅんでセミの鳴き声が止まり、空の色がかわったそうです。まるで映画の場面がかわるように、町の様子ががらりとかわってしまったという話を聞いて、とてもおどろきました。長崎でおきた戦争について、もっと知りたいと思い『世界でいちばん悲しいクラス』という本を読むことにしました。この本には、八木先生の話の中に出てきた、しろ山小学校のことが書かれていました。

八月九日、長崎に原子ばくだんが落とされ、しろ山小学校の先生や子どもたちがたくさん亡くなりました。生き残った吉野先生たち三人が青空学級を開いたけれど、集まったのは十二、三人だけで、千四百人もいた子どもはほとんど亡くなっていたのです。給食はどうしているのかなあと思って読んでいると、給食なんてないのはもちろん、お弁当も持ってこられないから昼までしか学校がなかったと書いてありました。その後、しろ山小学校が元通りになるまでは、いなさ小と山里小に分かれて勉強していました。自分の学校がなくなって通えなくなるなんて、つらかったと思います。せっかく生き残っても、友だちや先生が死んでいるなんて、こわくてさみしかっただろうなあとむねがいたくなりました。

一番心に残ったのは、原ばく病で亡くなった長利君のことです。絶対に生きると思っていたのに、死ぬのを待つだけの病気になっていて、びっくりしました。長利君は三年生で、ひばくした時は三才でした。それから何年もたっているのに病気で亡くなったことにしょうげきをうけました。ぼくと同じ三年生の長利君が、死を待つだけの日々をすごしていて悲しくなりました。しろ山小学校が再開して、楽しく生活できると思っていたのに、長利君のように亡くなった子が、三人もいました。先生たちが、こんな悲しいことがおこらないようにと作ったのが「原ばく学級」です。ひばくした子や、お母さんのおなかの中でひばくした子を集めたクラスでした。こんな切なくて悲しいクラスは、二どとできてほしくありません。

最初は小さなけんかから始まって、けんかが大きくなったのが戦争なのかもしれません。ぼくに戦争を止める力はないけれど、今のぼくにもできることがあります。それは、まわりにいる友だちや家族にやさしくすることです。少し苦手だなあと思う友だちもいるけれど、その友だちにもいいところがかならずあります。そのいいところを見つけながら、仲よくしていきたいです。

今、ぼくが見上げる空は、青くてとてもきれいです。セミも元気に鳴いています。この青い空がずっとつづくといいなと思います。八木先生からたくされた平和のバトンは、ぼくがかならず未来へつなぎます。

坂口便・作　村上新一郎・画「世界でいちばん悲しいクラス」（あらき書店）自由読書

●――サントリー奨励賞

「幸太朗のニセモノをつくるには」

北海道岩見沢市立栗沢小学校
三年　成田幸太朗

「ぼくのニセモノが本当に作れるの⁉」がこの本を見た時のぼくの感想でした。その方法を知りたいワクワクと、そんな事ができるわけないよという二つの逆の気持ちが、ぼくにどんどんページをめくらせました。

この本の主人公けんたは、ぼくと同じ小学三年の男子です。最初は宿題やそうじ、手伝いなどやりたくない事をやってもらおうと思ってロボットを買いました。ロボットに自分の良い所や悪い所、できる事できない事、周りの人からどう見られているかなどたくさんの「ぼくの事」を教えました。教えても教えてもロボットは理解してくれませんでした。けんたは「ぼくの事」について考えれば考えるほど、ややこしくてめんどくさいと思い始めました。

ぼくだったらロボットに何をしてもらおうかな…?学校に行ってじゅ業を受けてもらって、給食時間になったら交代します。それから、夏の暑い日のじゅう道のけい古に行ってもらいます。だってすごくつらいから。それに、一緒にゲームするのもいいなぁ。でもそれをしてもらうためには、けんたと同じように自分の事を詳しく知ってもらわなければいけません。ぼくのいい所、好ききらい、みんなからどう見られているか…けんたと同じように考えてみました。好きな物だけでもゲーム・メロンゼリー・ジジババ・温泉・晴れ・ふとんの中…まだまだあります。

自分の事を人に伝えるのって本当に大変で難しいと思いました。だけど自分の事を考えて知ってもらうのは、すごく恥ずかしくて、少しうれしいとも思いました。けんたが気づいたように、ぼくしか知らない事を誰かに知られるのは、どう思われるか怖くて恥ずかしいです。でも、とびっきりのアイディアや、難しい算数の答えはみんなに聞いてほしい。それを聞いたら、みんなどんな顔をするかな？ぼくに何て言うかな？と想像するとワクワクします。

最初は、ぼくもけんたみたいに自分のやりたくない事をロボットにやってもらいたいと思っていました。でも、その考えは変わりました。学校のじゅ業を代わってもらっても、自分のためにはなりません。暑い日のじゅう道のけい古に行ってもらっても、ぼくが強くなれるわけじゃありません。ぼくの事はぼくにしかできないし、ぼくじゃなきゃ感じる事ができないんだと思ったのです。つらいけい古は、痛いし苦しいけれど、力になります。終わった後は、あんなにいやだと思っていたはずなのに、来てよかったなぁといつも思います。それは、つらいだけじゃなくて、ほめられたり、みんなといっしょにがんばる気持ちを味わえるからです。そんな大事な時間をニセモノにゆずるなんてぜったいにしたくありません。だから、ぼくはニセモノはいりません。

ぼくは、ぼく自身で、ぼくだけの「ぼく」をつくるから。

ヨシタケシンスケ・作「ぼくのニセモノをつくるには」（ブロンズ新社）自由読書

●――サントリー奨励賞

認め合う心

仙台市　聖ドミニコ学院小学校
四年　碇石和奏

（あの子って、どんな子だろう。）

この本の題名と表紙絵の赤いランドセルの子にわたしの心は、くぎづけになりました。赤いランドセルの子は帽子をかぶっているけれど、どう見ても坊主に見えます。（あの子ってこの子のことかな。）興味がどんどんふくらんできます。こうして、わたしは、いつも通う図書館で出会ったこの本に心をうばわれ、思わず手に取ったのでした。

口うるさく、いつでも「女の子らしく」と言うおじいちゃんに嫌気がさしている小学六年生の瑠美奈は、ある日、クラスメイトの詩音が坊主で登校し、瑠美奈はもちろん、クラスのみんながその姿にしょうげきを受けました。そして、この詩音が「あの子」であることが分かりました。

詩音は転校生で、最初からクラスにとけ込もうとせずこ立（りつ）し、坊主になったことで、さらに浮いた存在になりました。そんな中、瑠美奈だけは「女の子が坊主なのは本当にヘンなことか。」と疑問に感じ、助けてあげたいと近づいていきました。わたしはその様子に、勇気ある行動だと思いました。わたしも女の子が坊主になるのは決して間違っているとは思いません。なぜなら、坊主も好きな服を着るのと同じことだからです。しかし、わたしは瑠美奈と違い、周りの雰囲気に流されてしまう所があって、いじめや無視されるのが怖くて、助ける行動をとる勇気が持てません。さらに瑠美奈は「髪型は個人の好みで決めるもので指図されるものじゃない。」とはっきり言え、「女らしく」にこだわる友達にも振り回されることなく、同じ坊主にまでなったことには、とても驚かされました。瑠美奈が坊主にした理由は、相手に自分を受け入れてもらうには同じ立場にならないと分からないと考えた末の勇気ある行動で、これには周りに惑わされない強い意志と決断力を感じました。

一方で、詩音が坊主になった理由は、詩音の高校生の姉が学校の「頭ごなしな校則」に抗議するために坊主になり、姉も周囲から理解されず、こ立しているのを助けたい一心での行動でした。周りと違う考えを主張することは、とてもエネルギーが必要で、姉思いの詩音の行動に私も応援したくなりました。

「女の子らしく」「高校生らしく」など、わたしの周りも「らしく」をよく言い、時と場合で「らしく」の身なりが必要になります。しかし、自分の価値観を押しつけて、相手の気持ちや考えを聞きもせず否定するのはおかしいと思います。今の社会は「多様性」が求められているとお母さんから聞きました。性別や年齢、人種で差別せず、助け合い、認め合うことが人には必要なことだと思います。

わたしは、瑠美奈のように自分が正しいと思ったことを周りに惑わされ、流されることなく主張できる強い意志を持ちたいです。そして、相手の考えや行動を頭ごなしで否定しないやさしさと個性を認めて受け入れられる広い心を持てる人になりたいです。

朝比奈蓉子・作　水元さきの・絵「わたしの気になるあの子」（ポプラ社）自由読書

●――サントリー奨励賞

スポーツの力

千葉県佐倉市立志津小学校
四年　高橋　優乃葉

待ちに待った東京オリンピック2020。私の大好きなマラソンは最終日に行われ、私は、TVの前で家族と一緒に日本選手の応援をした。残り百m付近、私は不思議な光景を目にした。同じ国同士ではないのに、オランダの選手がベルギーの選手を元気づけている。「ぼくについてこい、君もがんばれ、一緒にメダルを取ろう」と言っているようで一生けん命はげましていた。違う国同士なのに、なぜはげましていたのだろう?私はお父さんに聞いてみた。すると「実は二人は子どものころの友人で、共にソマリア難民で若い頃に母国からはなれてくらしていたのだよ」と、教えてくれた。難民?私には、何を言っているのか、さっぱりわからなかった。難民って何だろう?何で自分が生まれた国からはなれる必要があったの?何で?この思いが、私とこの本を結びつけるきっかけとなった。

この本は、紛争や戦争がおきて、自分が生まれた国から逃げざるをえなくなった人たちが、かなしみや苦しみを乗りこえ、オリンピックを目指した七人の物語がえがかれている。難民になる理由はいろいろあるけれど、ほとんどが、家をこわされたり、ぼう力をふるわれたり、命のきけんにさらされていて、身を守るために国から逃げていた。

今、私は読書感想文を書いている。外は真夏日で気温は三十六度。エアコンからはすずしい風が出てきていて、とても心地よい。おなかもすいてきた。お母さんが作る冷やし中かを食べようと思っている。また、突然の雨がふってきてもへっちゃらだ。だけど、彼女たちは違う。家もなく、勉強する場所も、食べ物もない。今日の日をどのようにして生きていくか考えている。このような世界があることは思いもしなかった。そして、そのような環境下でオリンピック選手になった人がいたのにもびっくりした。また、今の私がどれだけ自分に甘くて、当たり前の生活がとても幸せなことであるのかを、改めて教えられた。

この本では、登場する七人に決まった質問を投げかけている場面がある。それは、今後あなたはどの国を応援しますか?との質問だ。その質問にたいして、「特定の国を応援するつもりはない、すべての選手を応援する」とみんな口をそろえて同じような回答をしていた。私はＴＶを見ている時、もちろん全ての選手を応援していたけれど、心のどこかで日本が優勝して欲しいと願っていた。しかし、彼女たちは違った。彼女たちの回答はオリンピック精神そのもので、自分がいかに小さな世界でしか物事を考えていないのだなと改めて感じた。そして、はずかしくもなった。

私は本を通じて、「スポーツの力の大きさ」を知った。スポーツをすることで、家族を失った怒りやかなしみを忘れさせてくれた。はなればなれになった家族とも再会できた。それだけの力がスポーツにはある。難民という言葉を調べたことで、この本と出会い、私はまた一つ大きく成長することができた。

杉田七重・文　国連ＵＮＨＣＲ協会・監修　ちーこ・絵「難民選手団：オリンピックを目指した7人のストーリー」（ＫＡＤＯＫＡＷＡ）自由読書

●――サントリー奨励賞

「八月のひかり」を読んで

奈良市　近畿大学附属小学校
四年　脇坂　心

『今日は八月六日……』の書き出しにドキリとした。大ぜいの人が亡くなる悲さんな戦争の話だったら、最後まで読み切る自信がない。でも、小学五年生の美貴の思いがけない日常生活の話に、私は目がはなせなくなった。熱中しょうけいかいアラートが発表される今の時代の日本で、エアコンなしで夏休みを過ごすのは大変だと思う。美貴がどんなに汗だくでふらふらでも、口にできるのはアイスではなく、冷ぞう庫の中のペットボトルに入れた水道水だけ。昼食用に作った焼きそばは、一玉のそばと少しのキャベツとニンジンだけで、ぶた肉は入っていない。美貴がそのほとんどを弟にあげてしまったことにおどろいた。美貴だっておなかがぺこぺこなのに。私は一人っ子なのでこんな経験はないけれど、おいしそうに食べる弟の横で、がまんなんてできない。本当はおなかいっぱい食べたいのに、お母さんはもっとおなかが空いているはずだから、とがまんする美貴はすごいと思った。それに、家族思いのとてもやさしい女の子だ。そんな美貴たちをからかうのはまちがっている。どんな生活をしていても、相手をきずつけるようないじめの言葉を口にしてはいけないと思う。クラスの子の言葉に、私もむねのおくがいたくなった。

私は今年、学校でＳＤＧｓ（持続可能な十七の目標）について学んだ。テレビでユニセフの活動を見て、ひん困やきがで苦しんでいる子がいるのは、遠い外国の話だと思っていた。でも今の日本には、美貴のような子どもがたくさんいて、およそ七人に一人がひん困じょうたいにあることを知った。そして、おなかを空かせている子どもがたくさんいるのに、スーパーやコンビニでは売れ残った商品がしょ分されている。美貴のお母さんが働くスーパーの冷ぼうがどんどん強くなるのは、地球温だん化のえいきょうだ。外は暑くて、倉庫の中はこごえそうなくらい寒い。だから体をこわしてしまったのだろう。お母さんがたおれてしまう場面は、心配でページをめくる手がふるえた。かぜをひいたら病院に行くのがあたり前だと思っていたけれど、このあたり前ができない人がいることにもおどろいた。つらくても笑顔でがんばるお母さんの姿が深く心に残った。

私は今、おなかいっぱいご飯が食べられて、病気になれば病院に行ける幸せを実感している。美貴のように、いろいろながまんをして生きている子がたくさんいる現実はショックだったけれど、感しゃの気持ちをわすれずに、ＳＤＧｓの目標を達成するため、私ができることは何かを家族で話し合いたいと思う。私のお母さんは、ちっともへらないプラスチックゴミにうんざりしているけれど、生ゴミコンポストを利用したり、毎日できることを探している。お父さんは、世界でどんな取り組みがされているかを教えてくれる。私ができることは何だろう。みんなが幸せにくらせる世界をつくるために私も努力をしていきたい。

中島信子・著「八月のひかり」（汐文社）自由読書

小学校高学年の部（五年・六年生）

●内閣総理大臣賞

人生をより豊かにするために

千葉県市川市　国府台女子学院小学部
五年　泉　奏花

私は食べるのが大好きだ。美味(おい)しいと感じるか、不味(まず)いと感じるか。それは、人の五感と環境で決まると思っていた。だから、「言葉で食べている」と書かれていても、最初は意味が分からなかった。しかし、使う言葉ひとつで、料理は美味しくも不味くもなるということ。そして、美味しいとか不味いとかいう感覚も言葉があるからこそ表現できるのであり、言葉がなかったら感じることも伝えることもできないのだ。私が生まれたのは、言葉があって当然の世界だった。だから、言葉の存在について考えたこともなく、空気を吸うように使ってきた。しかし、言葉がなかったら今の私達はいなかったのだと、言葉の存在の大きさに気付かされた。

言葉には含みがあるということも興味深かった。YESかNOかはっきりさせるのではなく、あいまいに言ってみたり、その言葉の奥深くには、気持ちがこめられていたり。これは、日本の文化・日本人の気質から生まれたものだと思った。私は幼稚園までインターナショナルスクールで過ごしたのでよく分かる。小学校に入学して一番苦労したのは、そこかも知れない。自分にはそんなつもりはなくても、はっきりと発言する私はきついと思われていた様だし、友達のはっきりしない言葉をどのように受け取ればいいのか、理解に苦しんだこともある。

私はまだ子供だから、大きなトラブルにはなっていないが、察することができるかどうかで、人間関係は大きく変わるに違いないと思った。

また、使い方ひとつで、言葉は凶器にもなる怖さも感じた。同じ言葉でも、状況や相手が変われば言葉の持つ意味も変わる。たとえ悪意がなくても、知らないうちに相手を傷付けている可能性もあるのだ。自分が発する言葉には、責任を持たなければならないのだと強く感じた。だからこそ、もっとたくさんの経験をし、もっとたくさんの人と出会い、もっとたくさんの言葉を身に付けたいと思った。

私は今でも、母に読み聞かせをしてもらうことがある。すると、母の読み方ひとつで物語の世界が変わることがあり、驚かされる。また自分で読んでいても、回数を重ねるごとに物語が変わって感じられることもあり、それがまた楽しい。私の世界が広がったからこそ、新しい物語が生まれたに違いない。

コロナ禍で多くの制限がある今だからこそ、読書で、地球の反対側にいる人とも、千年以上前の人ともつながってみたい。まずは真っ新(まっさら)な自分の解釈で楽しんでみたいと思う。同じ本を読んで、友達と意見交換するのも楽しそうだ。言葉を知らなければ、自分の思いは伝えられないし、相手の思いを知ることもできない。本当に、言葉あってこそなのだ。

言葉は、人生をより豊かにすることが分かり、もっと言葉を知りたいと思った。もっと言葉を楽しみたいと思った。せっかく日本に生まれてきたのだから、日本人としての誇りを持ち、まずは日本語を上達させたいと思う。

金田一秀穂・著「15歳の日本語上達法」（講談社）自由読書

文部科学大臣賞

幸せに生きることと心の在り方

奈良市　近畿大学附属小学校
六年　北村優季

私はこの本を読んで、幸せに生きるために大切にすべき心の在り方について深く考えさせられた。物語の中にある本の世界ファンタージエン国では、その世界に入り込んだ人の心が映し出され、心の闇に応じた試練と救いが与えられる。主人公のバスチアンは、現実世界でいじめ、母の死、父との関係から恐怖や虚しさ、絶望を感じていたが、それらはモーラの「世界は空虚で無意味で、本当の物や大事な事は一つもない。」という諦めの言葉や、虚無に襲われる現象で描かれる。私は物語に可視化された心の闇を知り、怖くなった。私にも気づいていない心の闇があるのかもしれない。バスチアンが虚無感や絶望感で気力を失ったように、心は生き方を左右し、その心が闇に侵されることの怖さと辛さを知った。

バスチアンは物語の中で望みを好きなだけ叶えられる力を手にすると、初めは劣等感であった容姿を美少年にした。そのうち望みは、その国を征服するという欲になり友達までも傷つける。バスチアンが美しさの代償として本当の自分を忘れたように、自分本位で傲慢な欲に支配されると、喜びや心の痛み、感情を忘れてしまい自らを滅ぼすのだと思った。

望みには、自分を愛する欲と誰かを愛する想いがあると思う。自分を高める欲は気持ちを前向きにするが、傲慢になると誰かを犠牲にする。誰かへの想いは社会全体を良い方向へ進化させるが、時として自分を疎かにする。生きるためには欲と想いが必要で、天秤のようにつり合いが大事だと考えた。私は今、自動車や電気を使い快適で便利に生活している。その反面、地球温暖化や異常気象、コロナウィルスの猛威など地球は危機的状況にある。これらは人間の行き過ぎた欲の代償であり、他の生物や地球本来の姿を忘れて想いが欠けたせいである。今は欲に傾いている分、想いを強く持たないと地球は滅亡する。

バスチアンが試練を乗り越え心の闇に打ち勝つために必要としたことは、あるがままの自分を認め愛することと、互いの価値を認め支え合う誰かを愛することである。物語にある「心の悦び」は愛する過程で欲と想いのバランスが取れた時に感じられ、それが生きる力となり困難を乗り越えるのだと思った。バスチアンの望み、愛、悦びで満たされた健やかな心が、現実世界を輝かせたのだ。

私もファンタージエン国に行ってみたい。自分の心と向き合うことは怖いけれど、自分の弱さや大切さを知ることは幸せに生きるための第一歩だと思うからだ。私は自分をさらけ出して評価されることが怖い。だから、心を許し合える友達になることや、新しく挑戦することに臆病になる。でも、完璧ではない自分を認めて愛することができれば、友達との壁はなくなるし失敗を恐れずに挑戦もできる。心の在り方で、人生を幸せに変えることができる。私は、自分も他人も愛することができ、多様性のある社会や様々な生物が暮らす地球を想い、貢献できる人になりたい。

ミヒャエル・エンデ・作　上田真而子、佐藤真理子・訳「はてしない物語　上・下」（岩波書店）自由読書

●――毎日新聞社賞

自由とは

群馬県沼田市立升形小学校
五年　峯川芽依

学校や小言の多い両親から解放されて、好きなことを好きなだけできる夏休み。この本の主人公は、牧場を飛び出して「自由」を手にした子馬のポンコ。足の向くままに、楽しんでいるポンコは、まるで夏休み中の私のようだと思って、この本を手に取った。

でも、それは違った。ポンコは、自分でえさや寝るところを見つけて生きている。私は、勝手気ままに過ごしているだけで、ご飯も寝るところもある。私は、両親に守られている中で「自由」にしているだけなのだ。安全なところを出て、自分で生きていこうとするポンコは、強くてかっこいいなと思った。

何にでもなれる、もっと「自由」なふわふわのガガイモ。彼らは、エゾシカの風に乗ってどこかへいってしまう。対照的に、四百年以上この森にいるハルニレの大木、エカシ。ポンコにいろいろなことを教えてくれる長老だ。木だから動けないけれど、それは「不自由」なのだろうか。「自由」とは何だろう。

ポンコにふわふわと間違えられたカメムシが、少し怒って言った言葉。

「いいか、あれらは気楽にとんでいくが、行く先を自分で決められるか。」

それが繰り返し私の頭の中をめぐった。本を閉じても、ぐるぐると何度も。

オリンピックを見ていて、心臓がドクンとした。この日のために、選手たちがどれだけ努力してきたか。今日だけがんばったわけじゃない。休みたいときも、漫画を読んだりしたいときも、それを自分のやりたいことだなんてごまかさずに、オリンピックに出場する、メダルをとる、そのための「今」を日々積み重ねてきたのだと気づいた。

私は、これまで水泳や陸上などの大会に自分から出たいと言い出したことはない。両親に挑戦してみたらと言われ、しょうがないなあという感じで大会に参加していた。本当は、最初から、出てみようかなと思っているのに。私は、逃げていたのだ。自分で決めるのが怖くて。背中を押してもらいたくて。そして、いざとなったら、両親のせいにしてしまえるように。私は、自分で決めることができるのに、自分で決めてこなかったことに気づいた。

みんなちがってみんないいとカメムシは言う。でも、自分で決められる自由があるポンコや私には、自分の意志で決めることこそが「自由」なんだよと言っている気がした。ポンコが自分の意志で牧場に向かったように、私も決められるだろうか。エカシが言うように、私には「もっとよく考える」ことが必要だと思った。「今」の連続が自分の未来に続いていくんだ。気ままに、好きなことを好きなだけできることを自由だと思っていた私が知ったもう一つの大きな自由。やりたいことに向かって進んでいける自由を、自分の未来のために有意義に使いたい。

雨が上がった。スニーカーのひもを固く結んで外へ出た。心が澄み切っている。私は、私の意志で今、走りだす。

加藤多一・作　大野八生・絵「エカシの森と子馬のポンコ」（ポプラ社）課題読書

●——毎日新聞社賞

ポンコから学んだこと

名古屋市立平和小学校
六年　柚之原　健介

父はよく「今、子どもの内にしておく苦労と大人になってからする苦労は、質も量も違う。だから頑張れ。」と僕に言う。とたんに大人になりたくなくなる。子どもでも大人でも苦労しない方がいいじゃないか。大人はがまんばかりなんだろうか。

僕にはポンコが牧場を逃げ出し森を選んだ理由がよく分かる。牧場にはポンコの自由がなかった。僕が住む場所も、自然といえば作られた公園。柵に囲まれた牧場に似ている。

ポンコは『ポンコの森』で一人で自由に生きている。好きなところへ好きなように歩く。アドバイスをくれたり、一緒に遊んでくれたりするカメムシもいる。大木エカシはいつもポンコの心の悩みを聞いてくれる。それはまるで、生活が整えられている中で好きなことをさせてもらえる子ども時代のようだ。

僕にとってのエカシは祖父母だ。山や川にいると大きく息ができる気がする。祖父母宅では僕も畑仕事を手伝う。先日も台風でしん水した畑を掘り返した。自然のきょういにさらされた畑の泥は固くて重い。掘り返すのも一苦労だ。だが日常を忘れられ楽しい。偉大な人生の先輩と自然から学ぶことは多くある。

森や山はポンコや僕が選んで飛び込んだ世界。確かに心は自由だろう。だが自由を貫こうとすれば自分と向き合うことになる。カメムシの言う「どこか遠くへ引っ張られ始めた。見えない力でな」の通り、ポンコはどこかへ向かいたくなる。

僕にもやりたい事がある。道のりは険しい。大好きな山や川にもしばらく行けなくなる。「見えない力」が「成長」だとしたら、僕がやりたい事を見つけたこと、がまんが増えるのはわかっていてもそこへ引っ張られる力、それも成長なのかもしれない。がまんが増えるのは大変だ。でも「大変」とは「大きく変わる」と書く。大変だと感じていることは、実は大きく成長する機会なのではないだろうか。頭ではできるのだが、体が言うことを聞いてくれないのは、大きく変わる機会を、がまんが増えることを理由に逃しているのだ。

ポンコはエカシと森から離れ、自分の体にまかせて、新たにできる牧場にもどる決心をする。ポンコはポンコの森でのびのび過ごせたから、心も体も大人になる準備ができたと言えないだろうか。それは自然な成長だ。僕がやりたい事を見つけたように、ポンコも走りたい方向が定まったのだ。束ばくから逃げることが自由なのではなく、自分がやりたいことをやれる力を手に入れることこそが真の自由なのかもしれない。

自分で考え、決め、決めたことのためならがまん、努力できるのが大人だ。自分の人生を変えるのは自分自身。自分の人生を自分で決め、後かいのないように生きる。僕もそんな大人を目指していきたい。そのために必要な考える力、問題解決能力を身につけたい。

ポンコに大人になる心構えを学んだ十一才の夏、僕もポンコと一緒に走り出そうと思う。

加藤多一・作　大野八生・絵「エカシの森と子馬のポンコ」（ポプラ社）課題読書

毎日新聞社賞

「不安」と共に生きていく

宮城県気仙沼市立津谷小学校
六年　井上東咲

私は、いつも「不安」と戦っています。大きな「不安」、小さな「不安」、さまざまな「不安」が次々に私の前に出現し、私の行動をさえぎり、私の言葉をうばいます。友達はいつも自信満々に見えて、どうしたらあんな風になれるのだろうと、ますます私は、自信を無くします。

そんな「不安」について、深く考えさせてくれたのが、この本「おいで、アラスカ！」です。この物語では、主人公のパーケルとスフェンが、介助犬アラスカを通して、お互いを理解します。弟のアレルギーのために、かわいがっていた愛犬アラスカと別れたパーケルは、自力では、どうしようもない現実に無力さを感じます。それに対して、新しい飼い主は意地悪なスフェン。でも、スフェンにとってアラスカは、てんかん発作予知犬という、てんかんの持病をもつ彼にとっては、なくてはならない存在でした。愛情のパーケルと、必要のスフェン。アラスカは二人の間で、どうするかと思いましたが、アラスカは、自分を必要とするスフェンを選びました。きっとアラスカは、自分を大切に育ててくれたパーケルを大好きに違いありません。でも、自分がいないと命が危ないスフェンを守ろうと思ったのでしょう。好きと嫌いではなく、好きと善という違った価値で比べることがあると、私は知り、「不安」＝「悪いこと」と決めるのは違うのかなと思いました。「不安」には、それなりの価値があるかもしれないのです。

そして、パーケルとスフェンの対照的な二人の共通点は、何が起こるか分からない未来に「不安」を感じていることです。しっかり者に見えるパーケルは、愛犬アラスカがいなくなってから、両親の店に強盗が入って、拳銃で撃たれるのを見て、心に大きな傷をかかえています。自己中心に見えるスフェンは、てんかんと戦い続けて来た中で、自分を守るために強がっています。てんかんという病気と一生つきあわなくてはならない絶望。どちらも、自分の力では、解決できない問題です。私だって、いつ災害に遭うかも分からないし、ある日突然、大病にかかるかもしれません。自分に解決できない壁にぶつかったら…、と思うと、心配でたまりません。でも、その解決策を二人は教えてくれました。それは、ただ思うだけではなく、共に行動し、心を伝え合うことです。秘密にするのは簡単だけど、それより、自分の弱さを伝えて理解してもらうことが大事なのです。そんなスフェンの苦しさを知り、ＳＮＳの動画に傷ついたスフェンを助けるために、いろいろな手をつくす友達。それに力を得て、アラスカと共に学校に登校したスフェンとパーケル。私には、アラスカが二人の友情と勇気の象ちょうに思えました。不安の先は、明るい未来なのです。

「不安」は、成長するためのスイッチです。「不安」だらけの私は、スイッチがいっぱい！「不安」を勇気で乗りこえて、成長していきます。パーケル、スフェン、応援してね。

アンナ・ウォルツ・作　野坂悦子・訳「おいで、アラスカ！」（フレーベル館）課題読書

●毎日新聞社賞

神様からのごほう美

東京都板橋区立上板橋第四小学校
五年　水島凜子

　私の夢は、看護師です。幼稚園の時に母が病気になり、その時に出会った看護師さんにあこがれたのがきっかけです。そんな私が「わたし、がんばったよ。」を読んで、より一層夢に向けてがんばろうと思いました。この本は、4歳の時に急性骨髄性白血病になってしまった美咲ちゃん（仮名）の闘病記です。痛くて辛い「骨髄検査」を、麻酔なしで毎週受けた場面があります。彼女は支えてくれる家族や先生、看護師さんにがんばっている姿を見せ、少しでも安心してほしいと考えそのような選択をしました。私ならそのような選択はできません。治るだろうかと不安になり、人のことを考える余裕はないと思います。日々支えてくれている皆に、感謝の気持ちを忘れない美咲ちゃんを尊敬しました。

　その後彼女は、骨髄移植手術を経て回復し退院できました。本当に喜ばしいことなのに、小学校に入学すると、病気だったことを知らない友達からいじめられてしまいます。そこで彼女は、自分のことを知ってもらうため、闘病生活を詩にしました。そのように明るく前向きに病気と闘う場面を読んで、私は母が病気だった時のことを思い出しました。彼女と同じ血液のガンだった母は、薬の副作用で髪がほとんど抜けたけれど、

「こんなベリーショートやってみたかった。」

と言って笑っていたし、幼稚園の行事も休まずに参加してくれました。辛そうにしている所は一度も見たことがありません。でも母は苦しかったはずです。家族に心配かけまいと明るくふる舞っていたのだと思います。辛くても明るく前向きな所が、美咲ちゃんと母が重なりました。美咲ちゃんも辛くて仕方がなかったはずです。不安を明るくふる舞うことではらいのけ、その努力によって回復に向かったのだと思いました。

あとがきの「人間は、辛い記憶は忘れるようにできている」という文が心に残りました。大人になった美咲ちゃんは闘病のことをほとんど覚えていないそうです。そこで母にも聞いてみました。すると、

「あんなに辛かったのに、どんな薬名だったか、どのくらいの期間治療をしていたか、ほとんど覚えていないの。」

と言いました。私は思いました。これは、辛い経験をした人への、神様からの優しいごほう美なのではないかと。辛かった過去ではなく、これからの明るい未来に希望を持って生きる力を与えてくれたのではないでしょうか。

病気などで、生活にがまんを強いられている人がたくさんいます。私達が何気なく過ごしている一日は「かけがえのない一日」であり、大切にしなければなりません。朝が来ることは当たり前ではないのです。作者は、辛いことがあった時に、目標や夢を持ち、明るく前向きに進むことが大事だと伝えたかったのだと思います。そのことを心に刻み、日々の生活に感謝しながら、看護師という夢に向かって進んで行きたいです。

岩貞るみこ・文　松本ぷりっつ・絵「わたし、がんばったよ。：急性骨髄性白血病をのりこえた女の子のお話。」（講談社）自由読書

毎日新聞社賞

大切な場所

長野市立篠ノ井東小学校
六年　髙村　ことは

私にとって図書館は、色々な本と出会うことができ、楽しい時間を過ごせる大切な場所です。本に囲まれていると落ち着くのです。そんな考えをもつ私と同じ考えをもつ人々が登場する本を見つけました。それが、「戦場の秘密図書館～シリアに残された希望～」です。これは、内戦をしているシリアの町ダラヤにある、地下の秘密図書館について書かれたノンフィクションです。

「ここ（図書館）はダラヤの人々にとって、別の世界への『入り口』となるのだ。学びと、平和と、そして希望への。」という言葉に強くひかれました。私は、図書館が別世界への入り口なんて考えたこともありませんでした。では、なぜ同じ図書館なのに、ここまで私たちとちがうのか。それは、本が貴重な物だったからです。私たちの身の回りには、本が当り前にあります。内戦が続き、苦しい状況下だったからこそ、ダラヤの人々はそう感じたのではないかと思いました。

しかし、共感する部分もありました。それは、図書館が「学び」「平和」「希望」であるという所です。話の中には図書館で意見を交かんしたり、シリアの人が「本が人を育てる」「心には本が必要」と言う場面がありました。私が物語を読むときは、その登場人物になりきり、自分だったらどうするかを考えて読んでいます。また、知らないことを題材にしている本からは、「こんな物があるんだ」と学ぶことができました。伝記は、色々な人々を知ることによって、あった事やその人が作った物、した事が分かりました。そして、自分の考え方が変わったり、感謝の気持ちが生まれたりしました。また、市立図書館のイベントで読書記録カードを作ったことがありますが、「学び」の積み重ねを感じることができました。よって、図書館と言えば「学び」を思いうかべます。

また、図書館は静かで、自分の世界やお話の世界に入りこむことができます。その世界に入ると、実際の生活であったことを一たん忘れて楽しむことができました。それは、「平和」であり、「希望」だと思います。

この本を通じて、本と図書館がなくてはならない大切だということが感じられました。また、自由に、十分に本が読めない人がいることも知りました。しかし、シリアの人々と私たちの本や図書館の大切さは、変わらないという事にも気付きました。私は、本をあたえてくれる親や、おもしろいお話を読ませてくれる作者や著者など、様々な人々への感謝の気持ちを強くしました。その感謝の気持ちを忘れず、本や図書館があたり前にあるのだと思わずに利用していきたいです。ダラヤの秘密図書館は、最後には見つかってしまいましたが、本や図書館はシリアの人々の「学び」「平和」「希望」であり続けました。このように、本や図書館が、シリアだけでなく、世界中の「学び」「平和」「希望」になってほしいと思います。

マイク・トムソン・著　小国綾子・編訳「戦場の秘密図書館：シリアに残された希望」（文溪堂）自由読書

●――全国学校図書館協議会長賞

私たちとオランウータンの未来のために

宇都宮市立西原小学校
六年　高橋倖大

オランウータンは、進化の過程でぼくたちヒトに近い存在で「いとこ」みたいなものだそうだ。動物園やテレビで見たことがあるけれど、表情や仕草がヒトに似ているような気がして、親近感がわく。

その生態で一番興味を持ったことは、二種類のオスがいるということだ。体が大きくてケンカを繰り返しメスにもてる「フランジ・オス」と、メスにもてないけれどのんびり暮らす「アンフランジ・オス」。驚いたのは、遺伝的にはすべてのオスがフランジ・オスになれるはずで、周りのオスを見て「勝てる」と思ったら、約一年かけてフランジ・オスに変身するということだ。周りの仲間を気にするところが、やっぱりなんか人間っぽくて面白く、しかも、それで体が大きくなってしまうなんて、とても不思議だ。

ぼくだったらどちらを選ぶかなと考えてみたけれど、けんかは嫌いなので、たぶんアンフランジ・オスを選ぶだろうな。

それにしても、研究が難しいと言われるオランウータンの生態をここまで調べた著者の久世さんは本当にすごい。外国に行って危険な目に何度もあいながら、長い間調査をしていて、情熱が伝わって来た。

ぼくは、将来どんな仕事をするかまだわからないけれど、久世さんみたいに自分が興味のあることで、みんなの役に立つ仕事を一生けん命頑張っている人になりたい。

久世さんが一番訴えているのが、オランウータンの絶滅危機だ。その理由は、害獣として殺されたり、密猟されたりすることだが、一番の理由はパーム油の農園を作るために森林が伐採され、オランウータンの住む場所が少なくなっていることだ。そして、すごくショックだったのが、そのパーム油はぼくたちが普段食べているお菓子やインスタント食品などにたくさん使われているということ。ぼくたちが豊かに暮らすことが、オランウータンの絶滅危機につながっていたなんて。

最近、総合の授業で、ＳＤＧｓについて勉強した。ＳＤＧｓは、貧困や人種差別、環境破壊など、世界の様々な問題を解決するために世界共通の目標を定めたものだ。その中には「陸の豊かさを守ろう」という目標もある。世界のみんなが取り組む必要があり、ぼくも「電気や水道を無駄づかいしない」「給食を残さない」「エコバックを使う」など、自分にもできることに取り組んでいる。

パーム油については、ルールを守って生産されたことを証明する制度があると書かれていた。そこで、家のカップラーメンを調べたら、今まで気が付かなかったけれど認証マークが付いていた。このことを家族に話し、これからは、なるべく認証マークが付いているものを選ぶということを、ぼくの家のＳＤＧｓの取組に加えることにした。その一つ一つの取組が、世界の人々も、「いとこ」のオランウータンも、ずっと幸せに暮らしていける世界につながっていくと思う。

久世濃子・著「オランウータンに会いたい」（あかね書房）課題読書

全国学校図書館協議会長賞

新しい自分で「明日を造る」

山形大学附属小学校
六年　富樫晃仁

六㎞程の直線上にある進学塾と学童と自宅の往復。他はどこにも行かないと決めた夏。感染拡大と医療ひっ迫、失われる命…。自分の行動が二週間後の社会を造ると納得させ、受験勉強とロボット作りに没頭した。満たされない心を埋める様にピタッとはまったのが、この本だった。進路に確かな思いもなく身が入らない桃沢珠子と、成績抜群で強烈な個性の羽村ヒカル。受験や塾、熱中する物作り、命の不安。自分が重なり、一気に読み進んだ。

初めて知る砂像アートの世界。砂の特性、道具、制作法、活躍の場、全てが新鮮だった。珠子が自分を変えたいと一歩踏み出した時、ヨシッと思った。心おどらせ完成させた砂像。杏の引いた小枝で一瞬にしてほどけ崩れた。僕は、唯一の部品が折れ、ロボットがぼやけて見えた夜を思い出した。珠子と同じ悔し涙だったのかな。先生は、良くしようとするから壊れる、それでいいんだよと、代わりの部品を手作りしてくれた。くずおれるのをこらえる珠子の手は、ヒカルが握りしめてくれた。失敗し心が折れそうになっても、寄り添ってくれる人の存在は、前を向く力になる。

状況に流され遊園地で楽しむ珠子に、先に約束したヒカルの気持ちは…とハラハラした。息抜きの場でもれた友達の本音。志望校を落ちたら海外に飛ばされる杏、クラスメートと同じ中学に行きたくないちず。家庭環境、貧富、学力、人間関係。人は誰でも何かを抱えている。だからこそ見えている所だけで判断してはいけない。「わかった。」といつもどおり話したヒカルは、翌日「さそわれたっていけないけど、さそわれなかった。」と、遊園地の岩山を模した砂像にナイフを振り上げた。「目と耳と心で聞く」という、僕の学校のめあて。その大切さが、心にストンと落ちた。

挿絵の一切ないこの物語は、想像をかきたてる。コウテイペンギンの親子砂像を想ううち、はっとした。コウテイペンギンの赤ちゃんは、懸命に翼を広げる思春期の僕らのようだ。視線を上げると見守る親ペンギンがいる。葉真はアーティスト、珠子は物作り、ヒカルは世界平和。皆、家族の姿や言葉に後押しされ、未来を描いている。シラベさんは正面から向き合い砂像だけでなく世界を、手に触れるように教えてくれた。前川さんは悩み進めない時に種と花に進路を例え、導いてくれた。印象的な大人が身の回りの先生方と重なった。

砂像作りが再開できた時、さわやかな喜びが僕の胸をかけた。サンドイッチクラブは大人に向かう練習場。砂像も人ももろいがやり直しできる強みもある。完ぺきに分かり合えないからこそ、何か一緒に夢中で取り組む事で少しずつ理解し互いに向上できると確信できた。周りに目が向き感謝と心強さも生まれた。集大成の夏、この本に出会えて良かった。

進む中学、多様な友達や先生との新しい出会いが待っている。本と現実を行き来し、視野を広げ視座を高めて、新しい自分になる。新しい自分で「明日を造る。」そう誓った。

長江優子・作「サンドイッチクラブ」（岩波書店）課題読書

●——全国学校図書館協議会長賞

将来の夢を育てたい

新潟市立上山小学校
五年　東樹　和賀子

私は、この話を読んで、「今を生きる意味」について考えた。

主人公の珠子は、ヒカルと出会い、ひょんなことから始めることになった砂像作りに夢中になっていった。これまで何の目標も持てずになんとなく過ごしてきた毎日が、刺激を受けてかわっていった。珠子のように、心の底からやってみたいと思えるものに出会えるきっかけは、どこにでもあると思った。でも、そのきっかけを生かせるかどうかは、自分次第なのだと思う。

目の前のチャンスを素通りせずにつかめば、きっとなりたい自分に変われると信じるヒカル。そのまっすぐな思いは、珠子だけでなく、私の胸にも深くささった。毎日時間は流れている。勇気と希望を持って生きることは、将来の夢につながると私も信じたい。

砂像作りを通して、互いを理解し自分自身と向き合った珠子とヒカルは、自分の弱さにも気づいていった。自分の弱さをさらけ出すことは、はずかしいし、どんなふうに相手に思われてしまうか分からないから口に出したくない気持ち、私にもよく分かる。でも、言葉にしないと分からないこともあると思うから、自分の大切な人には、自分の気持ちを伝えた方がいいと思った。どんな自分も受け止めてもらえた時、それだけで心は安心するし、自信が持てるから。私にも、私を信じて応援してくれる家族がいる。あたり前の毎日はいつも家族に支えられていたことに気づかされ、今を大切に生きたいと思った。

珠子とヒカルは、葉真との砂像作りの勝負をこれまで何度もしてきたが、最後はしなかった。勝負というのは、人と比べて優れつをつけること。砂像作りと真剣に向き合った三人は、見えない部分も判断してしまう勝負はするべきではないし、人と比べることはできないと気づいたのかもしれない。

人生は砂像作りに似ていると思った。すぐにこわれて残らない砂像。思い通りに形が作れなくて、何度もこわして形をかえていく砂。砂像作りを始めたころの珠子は、すぐにこわれるから作っても意味ないと思っていた。しかし、しだいに砂像は、別の形にかわるためにこわれるんだと思えるようになっていった。私は、珠子の心に後向きな感情がなくなっていくことを感じた。

将来、何になりたいのかまだはっきりしていない珠子。それでも、失敗しても挑戦の練習を積みかさねていけば、いつか夢がかなう事を信じて今をがんばりたいという前向きな感情にかわっていった。そこから私は、『今を生きること』は、勇気と希望を持って努力を続けることなのだと思った。

私も珠子やヒカルのように、自分自身としっかり向き合い、自分の弱さを強さにかえていける人になりたい。今私を支えてくれている人に感謝することを忘れずに、勇気と希望を持って、夢につながる将来の種を育てていきたいと思う。

長江優子・作「サンドイッチクラブ」（岩波書店）課題読書

●——全国学校図書館協議会長賞

知ること。知って思うこと。

山形県東根市立東根中部小学校
五年　平田雪乃

「いのちの食べかた」というタイトルに心をひかれて、この本を手に取った。そして、表紙の絵を見てどきっとした。生きたままの動物たちがお皿の上におとなしくのっていたからだ。「いのちの食べかた」とは、どういうことなのだろう。いのちに感しゃして食べようということなのだろうか。それなら、今までもしてきたつもりだけど……。そんな気持ちで読み始めた。

わたしは、牛やぶたなどの動物が人間に食べられるために、どこかでころされることは知っていた。しかし、どこでどうやって切り分けられて、パックに入ったお肉になるのかは知らない。考えたこともなかった。魚をさばくところは見たことがある。でも、お肉を解体するところは見たことがない。不思議だ。

牛やぶたを解体して、切り分けるところを「と場」という。この本を読んで初めて知った。動物に苦つうをあたえずに死なせ、安全でおいしいお肉にするために、細心の注意とじゅく練の技術が必要である。失敗できない大変な仕事だから、つかれるだろうな……。

わたしたちがお肉を食べるから、と場がある。と場で働く人は、わたしたちの代わりに、牛やぶたをころしている。つまり、牛やぶたをころしているのは、わたしたちなのだ。

それなのに、と場で働く人を差別する人がいることにおどろいた。不思議に思って調べてみると、差別の手紙やメール、ネットの書きこみなどがたくさんあることが分かった。プロとして使命感とほこりをもって働いている人を差別するなんて、ゆるせない。はらがたった。

この本には、だれにでも差別する気持ちがあると書いてあった。わたしは、今まで差別なんてしたことがないと思っていたので、びっくりした。いてもたってもいられなくなって、どういうことなのか母にきいてみた。

「自分とちがうこと、みんなとちがうことを変だと思う気持ちのことかなぁ……。」

母の言葉に、はっとした。だれかを「変だな」と思ったことは、わたしにもある。そう思うだけで差別につながるなんて。ショックを受けた。

「大切なのは知ること。知って思うこと。人はみな同じなんだということを。いのちはかけがえのない存在だということを。」——筆者のメッセージが、むねにつきささった。

わたしたち人間は、たくさんのいのちをもらって生きている。食べものだけではない。わたしの革のランドセル、父の革ぐつ、母のさいふ、車のシート、お祭りのたいこ……。身のまわりには、いのちがあふれているのにその重みに気づかなかった。見える形だけを見て、もともとはどんなすがただったのか、考えもしなかった。

当たり前じゃない。知らなきゃいけない。見えることも見えないことも。いろいろな側面から物事を考え、一つ一つのいのちの重みを感じとる。そういう人になりたいと思う。

森達也・著「いのちの食べかた」（ＫＡＤＯＫＡＷＡ）自由読書

全国学校図書館協議会長賞

普通って何？

北海道旭川市立高台小学校
六年　佐藤開生

家の本棚の目立つ場所にあったそれは、僕が小さな頃から同じ場所にあった。でも、僕には関係のない物のような気がして、何年間も手に取る事はなかった。その本の背表紙には、見慣れない漢字と長いタイトルが書かれていたからだ。

僕には三才年上の兄がいる。正直者、鉄の意志を持ち、超人的な記憶力を持つ。ゲームの達人で、どんなゲームをしても僕が勝つことはほとんどない。僕とは違うタイプ。とても尊敬する大好きな兄だ。兄は小学生の時「あおぞら学級」にいた。僕は数字の付いた学級なのに、そうではない兄を少し不思議に思い、両親に質問したこともあったが、その答えについて特に気にすることはなかった。

兄は「自閉症」という生まれ持った障がいがある。そのことを聞いたのは、それほど前の話ではない。両親も僕にくわしく説明をするタイミングを考えていたようだった。保健師として働く母からは、発達障がいとは何か？自閉症とは何か？障がいを持つ人とどう関わるべきか？兄に対する周囲の偏見があったことなどを分かりやすく教えてもらった。そして父からは、今回読んだ『自閉症の僕が跳びはねる理由』を読むことをすすめられた。長い間、本棚の中で僕に読まれることを待っていたこの本に、「遅くなってごめんね」と一声かけて、僕はページをめくった。

この本の著者である東田直樹さんは、兄と同じ自閉症だ。兄より重度の障がいを持つようだが、東田さんの気持ちを理解することで兄にも近づける気がしたので、夢中になって本を読み進めた。

タイトルにもある「跳びはねる理由」がそこには書かれていた。僕が最も興味があり、知りたかったことだ。兄も何かにつけてよく跳びはねる。僕も時々跳びはねてみるが、その気持ちが分かるような、分からないような…。東田さんは、「体が悲しいことや嬉しいことに反応し、雷に打たれたように自分が思い通りに動かなくなる。それをふりほどくようにピョンピョンはねている。」とその理由を書いていた。彼が平常心に戻るための一つの手段なのかもしれないと思った。

僕が悲しいことや嬉しいことに直面したらどうするだろうか。泣いたり、笑ったりして、その気持ちを誰かに伝えて共有しようとするだろう。人の感情表現は様々だ。自分の感情を言葉で表せない人もいて、「普通」と思われている方法とは違う表し方もあるだろう。

人は「普通」や「多数派」を好む。自分が「多数派」の一人だと安心する。でも僕は、それが正しいとは思わないようにしたい。「少数派」でも正しい場合があること、「普通」と言われなくても、正直者、鉄の意志を持ち、超人的な記憶力を持つ兄がいることを誇りに思いたい。この先、兄のような人たちを偏見の目で見たり、「普通じゃない」と言う人がいるかもしれない。その時は、「普通って何?」と胸を張って言える僕でありたい。

東田直樹・著「自閉症の僕が跳びはねる理由：会話のできない中学生がつづる内なる心」（エスコアール出版部）自由読書

●——全国学校図書館協議会長賞

わたしらしさを探して

岐阜県各務原市立蘇原第一小学校
五年　中島　颯良

わたしの「個性」って何だろう。この本を読み終わった後も、わたしはずっと心の中で考え続けています。わたしは最初この本を手に取った時、「進化」について書かれた本だと思って読み始めたのですが、ちがっていました。雑草を研究している稲垣さんの生き物の世界の話は、自分と向き合うきっかけをつくってくれました。

この本に書かれている話の中で、とても印象に残っている内容が二つあります。一つ目は、自然の世界の生き物は、あえてバラバラであろうとすることです。バラバラであること、つまり個性というものが自然界で生き残るために必要だというのです。人間も同じで自分と同じ人はいません。そしてわたしたちのもつ個性にどちらかがすぐれているとか、おとっているとかはないはずです。人間の脳は「平きん」や「ふつう」とかという「ものさし」をつくって比べてしまう話にとても興味をもちました。

人とちがうことは当たり前なのに、わたしは人とちがうことがこわくていつも周りの目を気にしてしまいます。服そうもあまり目立たないようにしたり、授業の挙手の時では、分かっていても、みんなが手を挙げていなかったら自分も挙げなかったりと、周りに合わせて過ごしています。「変わっているよね。」「目立っているよね。」と思われるのがいやです。逆に自分と考え方がちがう人には、「いやな人」「気が合わない人」と決めつけてしまっています。これは自分でも良くない事だと思っています。しかし、そのように考えてしまうのは人間の脳のくせなのだと学びました。本当は、人と比べる必要もないし、周りの人とちがうことに対しておくびょうにならなくてもいいのです。このことを知ってわたしは少し気が楽になりました。

二つ目は、全ての生き物は、ナンバーワンになれるオンリーワンのポジションを持っているという話です。筆者はだれにでも自分の力を発揮できる場所があると言っています。今のわたしにはナンバーワンになれるポジションが何なのか分かりません。けれど、好きな「テニス」を通して小さなことでもいいのでチャレンジをくり返し、自分の場所を見つけていきたいと思いました。

この本と出会い、わたしはふだん、道を歩いていても気に留めなかった雑草に心をひかれるようになりました。雑草はふまれても種を残すという大切なことを忘れません。わたしも周りの目を気にせず自分の考えを大切にしていきたいです。そして自分だけではなく、考え方がちがう人でもしっかり受け止め、他人の個性も尊重していきたいです。

わたしの「個性」って何だろう。今ははっきりと分からないけれど、わたしの得意なことを大切にしながら生きていきたいです。そしていつか自分だけがかがやける特別な場所を見つけ、自分色の花を咲かせたいです。

稲垣栄洋・著「はずれ者が進化をつくる：生き物をめぐる個性の秘密」（筑摩書房）自由読書

●――サントリー奨励賞

ピリ辛サンドイッチ

鹿児島市立草牟田小学校
六年　山田慶吾

　ぼくの日常は平和だ。優しい友達とケンカなんてしないし、最上級生として勉強や委員会活動に積極的に取り組んでいる。そんな自分に違和感はなく、順調だと自覚している。

　だから、「サンドイッチクラブ」を読んだとき、珠子とヒカル、葉真の関係に驚いた。ぼくの周りでは見られない、激しい戦いが描かれていたためだ。砂像を作って対決をする中で、葉真はヒカルに「お前は一生負け犬だ」と暴言を浴びせていた。一方のヒカルも、「あいつのプライドをバキバキにへし折ってやる」と、強い敵対心をもって挑んでいる。六年生なら、他のやり方を考えてもいいのに、売り言葉に買い言葉で行き過ぎている。まるでケンカだ。二人の対決に巻き込まれた珠子だって、初めはぼくと同じようにあきれていた。

　けれど、珠子はヒカルに共感し、二人でサンドイッチクラブというコンビを結成して、いっしょに砂像を作るようになった。きっかけは、ヒカルと葉真の真剣勝負。珠子は、新しい自分になりたいと願いながらも、中途半端な状況がもどかしく、何かに本気で打ち込みたかったのではないか。何となくぼんやりしてしまうぼくにも、そのあせりは分かる。ヒカルと葉真の熱意につき動かされたから、珠子は一歩踏み出せたのだと思う。

ヒカルと葉真もまた、珠子の影響を受けていく。ヒカルは、人を見下しがちなところがあるが、珠子に対しては自分から歩み寄ろうとしていた。すれ違ったときには、自分の弱さを認めることができた。自信満々に見える葉真も、実はコンプレックスの裏返しで、ライオンのように派手にいかくしていただけだった。そんな葉真も、ヒカルたちとの対決の中で、新しい砂像に挑戦したり、相手の実力を認めたりするようになっていった。

三人の共通点は、変わりたいと強く思っているところだ。ずっと敵対しているように見えるサンドイッチクラブと葉真だが、激しくぶつかり、試行錯誤しながら、おたがいに高め合っている。これぞライバル。そして、仲間。ヒカルと葉真だけだとただのケンカになるし、珠子だけでは変化なし。一人でも欠けたらくずれそうな、絶妙なバランスだ。そう思ったとき、表紙のサンドイッチが目に飛び込んできた。サンドイッチの三角形は、珠子とヒカルだけでなく、葉真もふくめた三人の関係を表しているのかもしれない。

だんだん、このあまくない、ピリッと緊張感のある関係がうらやましくなってきた。友達と勝敗を争ってぎくしゃくするのは、辛いことだ。でも、おたがいに切磋琢磨できるのなら、少しぐらい辛くてもいいのかもしれない。ぼく自身は、今の自分に満足しているつもりだったけれど、珠子たちのように、ぼくも変わってみたくなってきた。目の前に、新しい道がひらけた気分だ。体が熱くなってくるのを感じる。ぼくは今、「サンドイッチクラブ」の表紙を見つめながら、友達の顔を思い浮かべている。

長江優子・作「サンドイッチクラブ」(岩波書店) 課題読書

●――サントリー奨励賞

カッコ悪い私

福井県越前市武生南小学校
六年　川本一翠

私は、私がきらいだ。

背が低い、自分の意見を言わない、と中であきらめてしまう、姉に勝てることが何もない。自信を持てと言われても、自分で「できない」ということが、分かっているのだから持てるはずがない。それに、極めつけは、私は目が悪い。三才から、おかしな眼鏡をかけている。母が、ねている私の頭をなでながら、泣いていることも、実は知っている。家族にも気を使わせ、悪い事は全てが私から出ているような気持ちになる。

本当にいやなやつであるスフェンのことも「分かってしまった。」

私の眼鏡は、目が何倍にも大きくなる。面白半分で、眼鏡を外して等と言われると、にぎりこぶしで真っ黒な気持ちが飛び出さないよう力を入れることも一度や二度ではない。スフェンが自分の事しか考えていないと腹立たしかったが、てんかんのせいで自分が分からない所で、自分が分からないことになっているきょうふ。自分ではどうしようもないことの連続の中、ふみ込もうとする全員が敵に見えるのも仕方がない。他人事には全く思えなかった。

家族に気を使い、自分をこう定できないパーケルのことも、「分かってしまった。」しょう来や社会にも不安をかかえ、それが原因でまわりの全てを受け入れられないでいる。しかも、家族にすら言えない、その悲しみも共有してしまった。

二人の気持ちが自分の中に入り続け、自分をさらにきらいになり続けながら、ページが重くなり続けた。読むことをやめようかな。

でも、そのしゅん間は、急に心に落ちてきた。誰がそばにいてくれるかということ。アラスカは、二人共のそばにいて、つないでくれた。犯人と同じスニーカーを見つけた時には、パーケルはスフェンに連絡した。トラウマを全身でかかえながら、後をつけることを考えるだけで、アラスカを失って、パーケルは不安だったのに。たよるのは、大人ではなかった。人生最悪の状況もパーケルは変えてしまった。何も考えない、無じゃ気な好奇心という発生源も何も止めることができないSNSという悪意に対しても、スフェンを想い、よりインパクトのある動画を送るなんて、カッコ悪すぎて、カッコよかった。

知られたくない部分を知ることが相手の病気や、トラウマを乗り越える突破口になる。他者を受け入れよということではない。自分の心の痛みとの向かい合い方、自立心の持ち方を考えてみるんだ。そういうことなんだといわれているみたいだった。

自分ばかりの変なわく星でも、何か新しいことがある。みんな変人なんだ。おたがいの変な部分を笑いあって、それを受け入れられるようになりたい。私も、カッコ悪く、カッコよくなりたい。そして、私自身を少し好きになってあげたいとも思った。

そんな私を、私は少しきらいでなくなった。

アンナ・ウォルツ・作　野坂悦子・訳「おいで、アラスカ!」(フレーベル館)課題読書

●――サントリー奨励賞

「世界をもっと広げよう」

埼玉県三郷市立吹上小学校
六年　阿部晃成

今までぼくは「オランウータンに会いたい」と思ったことはなかった。まずオランウータンがどんな生き物かを知らない。どこに住んでいて何を食べていてどんな生活をしているかも知らないから「会いたい」なんて思ったことがなかった。そんなぼくが、この本を読んで少し考え方や世界の見え方がかわった。

オランウータンはとても興味深い生き物だ。オスとメスで見た目がちがうが、同じオスでも、強くてメスにもてるフランジ・オスと、弱くてメスにもてないアンフランジ・オスがいる。さらにおもしろいのは、遺伝子のちがいはないのに「おれは強い」という自信をもつとアンフランジがフランジに変身できるということだ。人間にはない特ちょうをもっていて想像とは全然ちがう生き物だった。しかも子育てや地域によって異なる文化をもつなど人間とそっくりな一面もある。人間にはない一面と人間と近い文化や知能をもっているオランウータン。ぼくのオランウータンへの興味がどんどんわいてくる。それぞれの地域環境に合わせて生活をしたオランウータンにはそれぞれどんな歴史があるのだろう。その歴史や文化への興味と「オランウータンに会いたい」という思いが大きくなってきた。

しかし同時にこの本でオランウータンが絶めつ危ぐ種だということも知った。その原因が「パーム油」という聞きなれない言葉で、でもそのパーム油は、ぼくたちが買うおかしや洗剤に使われているものだと知ったときはしょうげき的だった。実際に家の中のものを調べてみた。食品油、マーガリン、ポテトチップス、パン、チョコレート、カレー、カップラーメン、シャンプー洗剤、ハミガキ粉など見る物見る物に使われていた。ぼく達の生活は、パーム油に頼りきっていた。パーム油の使用を少しでも減らさないといけないのに、今までそのことに気づきもしなかった。

何も知らなかったぼくはオランウータンへの興味をもたず、何も知らずに自分たちの生活によってオランウータンを追いこんでいた。知らないということはこわい。ぼく達は知らないうちに遠いどこかのだれかと関わったりだれかの生活に大きな影響を与えている。

知ることで世界の見え方が変わった。今まで気にしなかったパーム油に気を付けるようになった。これまでも、パーム油という言葉は目にしていたはずなのに、見えていなかった。知らないということは見えていないということで知るということは見えなかったことが見えるようになることだ。もっている知識で世界の見え方もぼくの考え方も変わる。

今までぼくは「なんで勉強なんかしなくちゃいけないのだろう」といつも思っていた。その答えがこんなところにあった。知ることっておもしろい。行動を変えることもできる。

今、とても「オランウータンに会いたい。」そして、もっともっと色々なことを知りたい。その先にきっと新しい興味がうまれる気がする。興味がぼくの世界をもっと広げる。

久世濃子・著「オランウータンに会いたい」（あかね書房）課題読書

●――サントリー奨励賞

オランウータンを守りたい

徳島県阿波市立伊沢小学校
六年　中野夏実

「フランジ・オスとアンフランジ・オス、あなたはどちらの生き方を選びますか。」

私の答えはもちろんアンフランジ・オス。毎日激しくけんかをし、いつもケガだらけなフランジ・オス、それに対し、逃げ腰でけんかを好まずのんびりと過ごすアンフランジ・オス、どう考えても、平和主義の私にはアンフランジ・オスの生き方が理想的だ。

オランウータンに全く興味がなかった私は、いつの間にかこの本にのめりこみ、オランウータンに会いたくてたまらなくなった。オランウータンになりたいとさえ思った。基本的には単独で行動し、他の個体と交わることなくのんびりと静かに過ごす。体の大きなオランウータンは敵もそれほどおらず、ほぼ鳴かない。ナワバリもなく、他のサルのように社会交渉もほとんどしない。七年に一回子供を産み、子供は七年かけて大切に育てられた後自立し一頭で暮らす。子供の生存率はなんと94%だそうだ。なんて平和な生き方なんだ。のんびり屋の私にぴったりだ。もっとオランウータンの生活を見習おうと全人類に呼びかけたいくらいだ。

そんなことを考えながら読み進めていくと悲しい現実を知ることになった。オランウータンも昨今の環境破壊が原因で絶滅の危機にさらされているという。近絶滅種といってごく近い将来、野生での絶滅の可能性が極めて高い種とされているのだそうだ。オランウータンの住むボルネオ島の木材が違法で伐採されている。しかもそれは東京オリンピックの施設作りに使用されたという報告があり私はショックを受けた。チョコレートなどに含まれるパーム油も熱帯雨林を破壊する元凶なのだそうだ。それを知らずに私たちは毎日大量にパーム油を消費している。知らず知らずの内に、私はオランウータンを絶滅に追いやっていたのだ。のんびり平和でいいな、なんて思っていた自分が恥ずかしい。

私は今「まちプロ」という団体に所属している。私達の住む阿波市を盛り上げ、未来の子供たちにすてきな阿波市を残すために様々な活動を行っている。SDGsについて勉強し、リサイクル活動をしたり、自分たちで作ったものを売ってその売り上げの一部を募金したりしている。私は次回の活動でこの本を紹介し、みんなでできることを考えてみたい。野生生物保全や人権に配慮されていることを示すRSPOマーク、森林製品の認証であるFSCマークをみんなに紹介する。そのマークのついた商品を選ぶだけでもオランウータンの絶滅を防ぐ一歩になるということだ。よりよい阿波市を未来に残したいという活動とオランウータンの住む森を残したいという活動と、思いは同じだと感じた。私は大人になって、いつか野生に住むオランウータンに会いに行きたい。どうかその時まで野生のオランウータンが平和でのんびり暮らしていますように。小さな行動かもしれないがオランウータンを守る一歩につながると信じたい。

久世濃子・著「オランウータンに会いたい」（あかね書房）課題読書

●――サントリー奨励賞

明るい未来へ

静岡県富士市立吉原小学校
五年　渡辺　史

いつ、なにが起こるかわからないことへの不安や恐怖に、本人や周りの人たちは、どう向き合えばよいのだろうか。一ぴきの犬を通して、自分自身をありのままに受け入れる勇気を持つ大切さを問いかけた本で、読み進めながら次第に引きこまれていった。それは、ぼくも未来への不安をかかえているからだ。

主人公はパーケルとスフェン。新学期に出会った二人は、偶然にも一匹の犬「アラスカ」の飼い主だった。パーケルは、家の事情で大好きなアラスカを手離さなければならなかった。だが新しい飼い主スフェンは、人にも犬にも意地悪だった。それは、一年前から自分では予知できない「てんかん」という病気と戦っていたからだ。一方パーケルは、両親の経営していた店で起こった事件の犯人がまだつかまっていない。これらの事が二人の主人公に不安と恐怖を与えていた。

ぼくは十一年前、心臓が未完成のまま生まれてきた。何度も検査をして、一才になる前に大きな手術を受けた。しっ刀医の先生が、

「今日のこの手術が、日本の今の最先端だと思って下さい。」

と、かけてくれた言葉にぼくの家族は救われ、言葉の持つ力の大きさを実感したという。幸せなことに、今は「ふつう」に友だちと一緒に運動ができている。将来はどうなるか分からないが、医りょうは日々進歩していくと信じているから、不安はあるがあせりはない。

スフェンの病気を知らないパーケルは、アラスカを取り戻そうとする。しかし、アラスカはスフェンを選んだ。すでに介助犬として教育を受けていたし、てんかんを予知できるめずらしい「てんかん犬」だったからだ。この奇跡がスフェンの心に変化を起こし、ありのままの自分を認め始めるきっかけになったと思う。でも、病気のために何度も起きる発作とその状態を、知らない人に見られることはとても怖かっただろう。もしぼくだったら耐えられそうにない。病気に対しては病院でみてもらえても、人間の心に対する精神的な苦しみや不安は、一人では解決することが難しい。周りの人がアラスカのように寄りそって、個人を認めてあげられるような広い心を誰もが持てるようになれば最高!と、ぼくは思った。パーケルはスフェンに

「てんかんがあってもなくても同じ、あなたは特別じゃない。」

と、言葉の力で手を差しのべた。パーケルのやさしさは次第に伝わり始め、最後には、スフェンもクラスメートたちも「気の毒な子」というレッテルを、自らの心の中からはがせていたことにぼくはすごく感動した。

未来は何が起こるかわからない。悔いを残さないために、ぼくは、周りの人たちに感謝しながら「今」を大事に生きたいと思っている。不安にふり回されずに乗りこえる勇気と、わかり合える仲間がいれば、明るい未来を作っていける、と作者は伝えたかったのではないだろうか。

アンナ・ウォルツ・作　野坂悦子・訳「おいで、アラスカ!」(フレーベル館)課題読書

●――サントリー奨励賞

「ありがとう」の価値

愛知県江南市立古知野南小学校
五年　横溝理紗

「お金持ちになるにはどうしたらいいですか?」

だれもが一度は抱いたことがある疑問ではないだろうか。本の題名に、この言葉を見つけた時、ずいぶん直接的な表現だなとびっくりした。でも、みんなが豊かになることができる方法があるなら、世界中の人がお金持ちになって、私たち五年生が学習しているＳＤＧｓにあげられているような社会問題の解決にもつながるのではないか。そう思ってこの本を手に取ってみた。

しかし、どれだけ読み進めてみても、手っ取り早くお金を儲ける方法が見当たらない。それどころか、「お金持ちになりたいなら、お金を求めてはいけない」とまで言い切っていた。宝くじやギャンブルのように単純にお金を追い求めても大抵はうまくいかない。自分のためではなく、他人や社会に対して「価値」を提供すれば、結果として成功が得られるというのだ。お金とは「ありがとう」のしるしであると筆者は主張している。それでは、「ありがとう」のしるしとは具体的にどのようなことだろうか。

例えば、八百屋で野菜を買う、パン屋でパンを買う、薬局で洗剤を買う。ひとつひとつのモノに価値がついていて、価格分のお金と交換している。ハウスクリーニングの会社で掃除の仕事をしたり、塾で勉強を教えたりして、サービスを提供することでお金をもらう場合もある。また、会社の経営者であれば、自分の時間を使って直接作業しなくても「ありがとう」の対価をやりとりすることもできる。更に、楽しい動画を配信して、「ありがとう」を視聴者の数で表すこともある。そして、私も家でトイレ掃除をすると、お母さんが「ありがとう」と喜んでくれる。私自身もうれしくなる。でも、その「ありがとう」はお金に替わることはない……。

ここで私は待てよ、と思った。今は「ありがとう」の価値を生み出す仕組みも、評価する基準もだいぶ複雑に……もっと言うと、分かりにくくなっているのではないだろうか。

このような社会の中で、私はどんな「ありがとう」を大切にしていきたいだろう。それは、身近な人たちが、笑顔になって言ってくれる「ありがとう」だ。もちろん、大勢の人を雇ったり、大金をあつかったりすることも素晴らしいと思う。しかし、今、私が大切にしたいのは、目の前にいる人たちの役に立ち、その人たちが幸せになってくれることだ。このことが、私の将来にもつながってくるかもしれない。

この本に出会い、今まで全く意識していなかった「ありがとう」の価値や仕組みについて考えることができた。これからの社会は、ますます変化が激しくなり、今までの常識が通用しなくなると筆者は指摘している。そのとき、大切になるのは、自分で考え、判断して、行動することだ。そして、何が人の役に立つかを考え続けることではないだろうか。

奥野一成・著「先生、お金持ちになるにはどうしたらいいですか？：15歳から学ぶお金の教養」（ダイヤモンド社）自由読書

●――サントリー奨励賞

「親友のつくり方」

埼玉県北葛飾郡松伏町立松伏第二小学校
五年　野水咲笑

「親友ってどうやってつくるんだろう?」

ずっと疑問だった。でも、七海と結衣に出会って答えが分かった気がする。

この本に出てくる七海と結衣は友達だ。でも親友ではない。二人はもっと仲よくなりたいと思っているが、いつもすれ違ってしまう。そんな二人はいつもグループで行動していた。ある日結衣は同じグループの子に陰口を言われてしまうが、七海は何もできなかった。私も中学年のころ、グループで行動していた。グループではとりあえず同意ばかりしていた。友達が動けば私も同じ場所に行き、友達が言ったことには何でも賛成して、話が特に面白くなくても周りの皆に合わせて笑った。それが当たり前だった。友達から声をかけられるのを待ってしまうのも。

「友だち以上、親友未満」

お互いに自分の気持ちを打ち明けられない、七海と結衣の関係を表す言葉。まさにこれだった。私にも親友ではない友達がいる。その子ともっと仲良くなりたいと思っている。でも本当の自分を見せられていない。きらわれるのが怖いからだ。私と七海はそっくりだった。そんな七海に、お姉さんは親友になる方法として凸と凹の話をしていた。自分と友達は二つに千切れてしまったナプキンの凸と凹。二つをくっ付けるには、自分から近づくしかない。たとえ近づけたとしても、ぴったり合わない所もある。それを解決するには、友達に形を合わせること。凸と凹のすき間をうめようと努力すること。凸凹のナプキンで友達との関係を表していたのだが、とても納得した。七海のお姉さんの言葉を参考に、私も自分から友達に近づいて、どこにすき間があるのか探すところから始めようと思った。そんな気持ちで本のページをめくっていると、こんな言葉に出会った。七海の死んだおばあちゃんの言葉だ。

「人はね一人では生きられないけど、一人でなくては生きられないのよ。」

意味が分からなかったので、どういうことか考えた。最初の「人は一人では生きられない」という言葉。私は今まで家族や友達、関わりのある全ての人に支えられてここまで生きてきたという意味だと考えた。そして、「一人でなくては生きられない」はしばらく悩んだ。これは自分の意志で行動を決めるという意味だと思う。おばあちゃんは、「友達に依存するのではなく、自分の意志で行動を決められる人になりなさい。」と伝えたかったのではないだろうか。

この本を読んで、親友は自分から近づいたり、話しかけたり、自分から行動する勇気があればできると分かった。ずっと疑問だったことの答えが分かってすっきりした。私は親友を作りたいと思うだけで、何も努力していなかった。だから、まずは周りに流されず自分の意志で行動していこうと思う。そして、ゆっくり急がず、友達から親友に近づいていきたい。七海と結衣のように。

今井福子・作　いつか・絵「友だちをやめた二人」（文研出版）自由読書

●――サントリー奨励賞

素数ゼミの進化を知る

栃木県那須郡那珂川町立馬頭小学校
六年　和知侑吾

「素数ゼミって何だ?」最初題名を見たとき、ぼくは不思議に思った。「算数の勉強に関すること?」「素数の講座?」算数好きなぼくは、何だかとてもわくわくした。そしてページをめくっていくと、そこに現れたのは、なんと、木にとまるたくさんのセミの写真だった。衝撃だった。「素数ゼミの『ゼミ』って生き物のセミのことだったのか。」でも、素数とセミって、一体どんな関係があるのだろう。ぼくはさらに知りたくなって本を読み進めていった。

セミと言えば夏。この夏も、たくさんのセミの声を聞いた。遊んでいるとき、家で宿題をしているとき。セミの声は夏の風物詩だ。そんなセミが、十三年、または十七年に一度、アメリカで大量発生しているらしい。この本は、そんな素数の年ごとに発生する「素数ゼミ」について、いくつかの謎にせまっている。

中でも、最大の謎と言われる「なぜ十三年と十七年なのか」という内容に、ぼくは一番興味を持った。十三と十七は、素数である。この素数には不思議な力があって、十三年周期と十七年周期のセミを生きのびさせた。その不思議な力とは、何なのか。算数で習った「最小公倍数」が関係しているらしい。何だか算数の勉強をしているみたいで胸がおどる。素数は、最小公倍数が大きい。ということは、なかなか他の周期のセミと出会わず交雑（少し違った仲間どうしで子どもを残すこと）の回数が少ない。すなわち、絶滅の危険性が少ない。ということだそうだ。少し難しいけれど、これを知って、ぼくも素数の不思議な力に気づいた。十九年以上の素数周期だと、地中にいる期間が長すぎて幼虫が死んでしまう。だから、十三年周期、十七年周期がベストな周期であることも納得できる。

ところでこの本によると、二〇〇四年の夏、この素数ゼミがアメリカのワシントンやその周辺で大発生したそうだが、今年はそれから十七年になる。この十七年周期の素数ゼミは、今年アメリカで見られたのだろうか。気になったので、インターネットで調べてみた。すると、やはり大量発生していたようだ。「ブルードX（テン）」と呼ばれる群れで、その数は数兆匹にも及んだ。なんておもしろいんだろう。素数の不思議な力は本当にすごいと思った。

この本にのっている「アメリカ周期ゼミカレンダー」によると、次回は二〇二四年に十三年周期、十七年周期ゼミが現れるそうだ。アメリカまで行けるかわからないけれど、そのとき、またこのニュースに注目していきたい。

ぼくは今まで「素数ゼミ」のことをほとんど知らなかったけれど、この本で、よりくわしく知ることができた。まだまだ謎が多く研究は続いているそうだが、これからも進化してきたセミたちが生命をつないでいけるように、住みやすい環境を整えていくことは必要だと思う。これからの研究に期待し、さらに進化していくセミたちを見守っていきたい。

吉村仁・著　石森愛彦・絵「素数ゼミの謎」（文藝春秋）自由読書

●――サントリー奨励賞

何のために学ぶのか

秋田県大館市立山瀬小学校
六年　佐藤　蓮

マジャミンは、今、どうしているのだろう。無事に大人になることができたのだろうか。この本が発行されたのが二〇一〇年だから、二〇才は過ぎているはず。夢として語っていた「学校の先生になること」は、かなえることができたのだろうか。この夏、毎日のようにニュースで、アフガニスタンの問題が報道され、そのたびに、ぼくはマジャミンのことが心配になった。

自分が生まれるずっと前の戦争で傷つき、平和だったことのないアフガニスタンに暮らす少女、マジャミン。標高二七八〇メートルにある学校に通っている。朝五時に起きて、羊や牛を放牧地に連れて行ってから学校に行く。朝ご飯ぎりぎりまで寝ているぼくとは、かけはなれた生活だ。ぼくが放課後、大好きな野球をやっているころ、マジャミンは、家事の手伝いや子守をしている。ぼくがゲームに夢中になっているころ、マジャミンは、朝放牧した牛や羊を小屋に入れるお手伝い。ほとんど自由のない生活は、つらそうに思える。

でも、マジャミンの表情は、とても明るい。岩だらけの山道も平気で進み、笑顔で羊をつかまえている。「笑顔」とか「明るい」という意味をもつ「マジャミン」という名前がぴったりだと思った。どうして、こんな状況の中で、笑顔でいられるのだろう。そして、何のために、こんなに苦労して学校に通っているのだろう。マジャミンの笑顔を目にするたび次々に疑問が浮かんできた。そして、何度も繰り返しページをめくった。

マジャミンの笑顔を支えているのは、希望ではないかと思った。いつか、自分の夢をかなえ、村の子どもたちに勉強を教えたい。その願いをもっているから、決して平和とは言えないアフガニスタンでも、たくましく生き、笑顔を絶やさないのではないだろうか。そう考えると、夢や希望をもつことが、とても尊いものに思えた。ぼくにも、夢がある。プロ野球選手になることだ。その夢のためだったら、つらい練習も乗りこえる自信がある。かけはなれていると思えたマジャミンの存在がぐっと身近に感じられるようになった。

もう一つの疑問についても、自分なりの答えが見つかった。一学期の社会科で、日本国憲法の三原則の一つに「平和主義」の考えが示されていることを学んだ。長く続いた戦争に苦しみ、多くのぎせい者を出した日本。その悲劇を二度と繰り返さないために、戦争をしないことをちかった人々の思いが、今の平和な日本を築いたことを知ることができた。学校は、ただ新しい知識を得るためだけにあるのではないと思う。学校で学ぶことによって、過去の人々が未来にたくした思いを感じ取ったり、ちがう国や地域で暮らす人々の生き方を想像したりすることができるようになる。マジャミンも、その中で、自分の可能性を探っているのだと思う。だから、学ぶ価値があるのだろう。ぼくも、ずっと学び続けたい。マジャミンの幸せを祈りながら。

長倉洋海・写真・文「アフガニスタンの少女マジャミン」（新日本出版社）自由読書

●――サントリー奨励賞

本当の優しさ

沖縄県名護市立大北小学校
六年　古堅　ほのか

「優しさを装った差別。」

目次にあるその言葉が、妙に心に引っかかった。図書室の一番下の棚でほこりをかぶっていたこの本の表紙には、「この顔でよかった」という題名と、顔に障害があるであろう著者のはにかんだ笑顔があった。失礼ながら、どうしてそう言い切って笑みをうかべることができるか、不思議でたまらなかった。私は貸し出しカウンターへと急いだ。

この本は、顔に障害を持った藤井輝明さんの生涯について書かれた一冊だ。障害があるゆえに受けてきた差別や偏見に悩みながらも、周囲への感謝の心を大切にし、「笑顔で前進を続けましょう」という明るいメッセージを放っている。

私には、差別について考えるきっかけとなった出来事がある。保育園生の頃、一緒に過ごしていた障害のある友達は私にとって「普通」の存在だった。しかし、ある時入園してきた転入生にとって、その存在は「普通」ではなかったようだ。さけたり目を合わせなかったりする少し差別的な行動に対し、幼いながらに「変だな」「おかしいな」というもやもやを感じたのだった。

それなのに現在、水泳教室で障害をもつ子をさけている自分に気がついた。幼い頃はその存在が「普通」だったはずなのに、もやもやした人の姿と今の自分が重なっている。障害をもつ友達とはなれ、いつしかその存在が「普通」ではなくなっていたからだろうか。障害を「個性」だととらえ、全国を飛び回り自分のことを伝えている藤井さんの姿に、私達は相手のことを知る努力が必要だと感じた。相手を知れば、その存在は「普通」になる。この本との出会いがそれに気づかせてくれた。

目次で私の心に引っかかった「優しさを装った差別」という言葉は、藤井さん自身が経験したことを一言でまとめたものだ。就職活動にはげんでいた頃、大学の成績もよく、学長推せん状も出してもらったにも関わらず、五十社もの会社に断られたそうだ。「びっくりしたお客様の顔を見るのはつらいだろう。お互いの幸せのためだ。」なんて、第三者がどう思うか勝手に想像しているだけで、責任を転嫁しているだけだと藤井さんは言う。

私はどうだろうか。水泳教室の子に対し、「話しかけたら困らせるかも」「お互いの居心地のよさのためには関わらない方がいい」と先回りし、相手のことを考えているつもりになって、優しさでごまかしているのではないだろうか。これこそ藤井さんが言う「優しさを装った差別」なのではないだろうか。

人は、無意識に差別してしまう心があるのかもしれない。でも、それは相手を理解しようとする心一つで変えられると私は思う。相手を知れば「普通」になり、障害も「個性」としてとらえることができるのだ。表紙の藤井さんの笑顔が輝いて見えてきた。本当の優しさとは何か、私はこれからも考え続ける。
・藤井輝明・著「この顔でよかった：コンプレックスがあるから人は幸せになれる」（ダイヤモンド社）自由読書

中学校の部

●——内閣総理大臣賞

本気の「好き」のその先に

茨城県洞峰学園つくば市立谷田部東中学校
八年　廣瀬健伸

　僕にも夢中になっているものがある。野鳥だ。誰より早く下校し、双眼鏡とカメラを手にフィールドへ。試験前も毎日鳥を見たいから普段から勉強はこまめに。週末は母に運転を頼み、県内外の探鳥地へ。就寝時の夢の中でも、憧れの珍鳥を見ている。日本で記録されたことのある野鳥をすべて見たいし、鳥類の研究もしてみたい。だからこそ、牧野少年が『植学啓原』で植物を生き物と捉える科学的な考え方と出会い、『クラスブック・オブ・ボタニイ』で分類学を知り、植物学にどんどんのめり込んでいく姿に、読み始めてすぐ共感した。小学校低学年のころ食虫植物に興味があって、ムジナモを発見した牧野富太郎の名は知っていたが、こんなにも突き抜けた人だったのかと、惹きつけられた。

　牧野が二十歳のときに作った自分との約束「赭鞭一撻」が印象に残っている。この四文字の題は、古代中国の伝説から採ったものだそうだ。植物学以外の教養もあった人なのだなと尊敬してしまう。内容にも説得力があって、例えば「植物に関係する学科はみな学ぶを要す」。鳥のことでいえば、渡り鳥の動向を予測するには、地理や気象の知識も必要だ。「よろしく師を要すべし」「爾言を察するを要す」。野鳥を見ているうちに知り合い、お世話になっている人達の顔を思い浮かべた。図鑑や本からは知り得ない鳥の行動パターンや、潮の満ち引きと渡り鳥の関係など、長年の観察経験に裏打ちされた大先輩の着眼点と知識は奥深く、気づかなかった世界に導いてくれる。十五項目は僕も心がけて行きたい。

　自分のやるべきことは植物の研究と心を定めてからの牧野は、力強い。まず「日本の植物のすべてを明らかにする」という壮大な目標を抱いて、有言実行しているところ。「結網子」と自分で名乗った号の通り、「求めるもののために、すぐに行動」してしまえるところ。植物学の発展のために、学ぶ者は皆平等だという信念を貫けるところ。研究成果と描きためた正確な植物画を本にして発表したいと印刷の技術まで学び、『日本植物志図篇第一巻』を刊行してしまう実行力には驚いた。ただ、東京帝国大学の矢田部教授の厚意で植物学教室に出入りし、本や資料を使わせてもらっていたのに、大学の「秩序」を飛び越えて、世界に自分の研究成果を発表してしまったことも、驚きではあった。それで気を悪くしたり、腹を立てたりする人がいるのも、想像できるからだ。

ここで、「好き」ということについて考えてみたい。植物にしろ野鳥にしろ、その対象を好きになると、知り尽くしたいと願うようになる。そのことばかり考えるし、それしか考えられなくなるときもある。僕にとっても、野鳥観察は趣味ではなく、ひとつの生きる理由のようなものになっている。まだ、大人になってから、野鳥とどういう関わり方をしていくか、明確な考えはまとまっていないが、毎日野鳥を見、図鑑や論文に触れずにはいられない。だから身に覚えがある。強い気持ちを、情熱といえば響きはいい。でも角度を変えれば、自分本位な態度になってしまうこともあるのだ。牧野の探究一筋に邁進するしわ寄せは、とくに牧野の妻・壽衛、子どもたちに降りかかり、苦労をかけた。「大八車で三十回も引越し」と読む分には面白いけれど、本に書かれているような苦労はほんの一部で、実際はもっと厳しいこともあったと思う。金融業者にしても、貸したお金を取り立てに行くたび無駄足に終わり、上司に怒られた人もいただろう。そういった場面では、「好き」を極め、貫くのは、単純なことではないのだと、複雑な心持ちにもなった。

それでも、この伝記を読み終わったときに残るのは、植物と密着した牧野の人生への好感や尊敬だ。「わたしに思いやりの心を育ててくれたのは、植物なんだ」という感謝の気持ちにも溢れていた牧野は「人びとが草木を好きになり、植物を知ることで、世の中がもっと平和にゆたかになる」と本気で考えていた。この信念もまた、「横浜植物会」をはじめ、幅広い人達が植物に親しみ、学びを深められる機会を積極的に作る、という行動に変えている。植物の美しさや面白さを愛情たっぷりに語り、ときにきのこ踊りまで披露してしまう牧野の、楽しげな笑顔が目に浮かぶようだ。

竜巻のように周囲を巻き込んでしまうこともあった。けれど、「好き」は人生に活力をくれる。牧野はその活力を周囲にも伝播させ、学問の発展に寄与した。多くの人に胸躍る知識と心の豊かさをもたらした。そんな牧野だからこそ、たくさんの賛同や支援を得られたのだろうと思った。

僕もいつか、自分の「好き」を誰かのために役立てられることがあるだろうか。そうできたらいいと思う。

清水洋美・文　里見和彦・絵「牧野富太郎：日本植物学の父」（汐文社）課題読書

●――――文部科学大臣賞

言葉に思いをこめて

福島県郡山市立富田中学校
二年　武藤　さくら

十七音が誰かの心を動かすように、この四百二十五ページが私の心を動かした。

たった十七音の言葉で表現する俳句。藤ヶ丘高校に通う六人の女子高校生が、俳句甲子園出場を目指し奮闘する。同好会に入ったきっかけも、個性も違う。そんな六人が、時にぶつかり合いながら成長していく。

この本に出会うまで、私にとって、俳句は「訳の分からないつまらないもの」だった。私も国語の授業で俳句の鑑賞をすることがある。しかし、昔の言葉が使われていたり、言葉が少なすぎたりして、十七音が生み出す作品の世界を想像することは難しかった。だから、茜が先生から「俳句は作られた背景を知らなければ鑑賞できない」と言われた時、俳句の難しさを突きつけられたように思えた。

しかし、私の考えを一変させる人物が現れる。東子は、自分の経験を重ねながら句を鑑賞する。こんな鑑賞の仕方もあるのか、と私ははっとした。「咳をしても一人」という放哉の句。東子は、この句を、自分がインフルエンザに罹り、とても苦しいのに誰にも気づいてもらえなかった経験と重ね合わせた。その瞬間、私はまだ小学四年生だった頃のことを思い出した。ああ、分かる。苦しくて、心細くて、でもどうすることもできず唸った――あの時の感情が蘇った。その時、初めてこの句の世界が、私の心の中に入ってきた。たった九音の洗練された言葉で、四年生の時にタイムスリップした私。同時に、私は放哉の世界に浸っていた。俳句が自分のこととして感じられたこの瞬間は、忘れられない。

同好会ができて間もない頃、俳句甲子園に対する六人の気持ちは、みんな違っていた。そのため、それぞれが自己主張するとぶつかることも多く、その度に私ははらはらした。

そんな六人が、俳句甲子園で勝ち進むことができたのはなぜだろう。それは、互いの個性を認め合えたからだ。幼い頃から俳句に親しみ、みんなを引っ張っていく茜。誰よりも俳句をよく知る文芸好きな瑞穂。ディベートが得意な夏樹。書道の才能を持つ真名や音の響きに敏感な理香。そして、創作が苦手で裏方に徹する東子。六人は、本音で話すことで、それぞれが抱える悩みや思いを理解し、その人が選ぶ言葉を大切にすることができたのだと思う。それぞれの個性を認め合えたからこそ、様々な視点から言葉を吟味し、より豊かに句を鑑賞することができたのだ。

　ある日、「海月」という兼題の時、彼女たちは、ミズクラゲを見つめながら、触手の絡まり合うクラゲの気持ちを想像する。時間を惜しまず、言葉をとことん吟味して完成させた句には、六人の個性が凝縮された豊かな世界が広がっていた。私はこれほどまでに言葉にこだわったことがあっただろうか。

　日本語には、同じような意味の言葉が沢山ある。でも、全く同じではない。言葉が持つ世界は少しずつ違っている。六人はその「同じように見えるけど、ちょっと違う」にこだわり、数えきれない言葉の中から十七音を選び抜いた。そうして選び抜いた言葉は、多くの人の心に届き、感動を呼ぶ。言葉の持つ世界のすばらしさを、彼女たちが教えてくれた。

　全国大会の敗者復活戦。ずっと作句することを拒んできた東子も加わり、六人全員で句を作る。「胸中は聞かず草笛一心に」――互いの気持ちは言葉にしなくても分かる。私には、この句が、六人の心が一つになった証のように思えた。

　最終的に、藤ヶ丘は決勝には進めなかった。しかし、六人の気持ちは晴れやかだった。きっとこの甲子園で得たものがあったからに違いない。茜たちは、俳句甲子園を通して何を得たのだろう。六人の思いを知りたくて、何度も繰り返しページをめくった。最後の披講で茜が句を詠んだ時、それが分かった。茜たちが得たものは、深い絆で繋がれた仲間だ。

　夏めくや図書館に聴く雨の音

仲間と過ごした長い時間の中で、雨の音を何度聴いただろう。台風の日も、にぎやかな夕立の日もあった。ぶつかり合い、共に喜びを分かち合いながら、多くの時間を共有し、茜たちは深い絆で繋がったのだ。勝敗を越えて一つになった六人の思いに胸がぐっと熱くなった。彼女たちが重ねた時間が、中学生の私にはまぶしかった。

　言葉には心を繋ぐ力がある。しかし、私たちの日常は、ありふれた短い言葉で溢れている。例えば、様々な感情を全て「やばい」というたった一言で表現してしまう。

　言葉の持つ豊かさと、言葉で繋がることのすばらしさを知った今、私は豊かな言葉で繋がりたい。たとえ時間がかかっても、言葉の意味をよく理解し、吟味し、自分の気持ちにぴったりの言葉を発信できる人でありたい。この本を読み終えて、私は、改めて言葉を大切にしたいと思う。

　春や春――茜たちの新しい挑戦が始まる。私の言葉への挑戦も始まったばかりだ。

森谷明子・著「春や春」（光文社）自由読書

●――毎日新聞社賞

信じる力

名古屋市立川名中学校
三年　佐藤満花

クラスでドッジボールをした。敵、味方と分けられたコートで、一人でも多く倒そうと一心不乱に相手にボールを投げる。何度かチーム替えが行われ、試合は続いた。本気の形相で攻撃してくる相手のボールをよけながら、私は思った。さっきまで味方だったのに、と。

試合が終われば皆仲のいいクラスメイトだ。でも敵味方と区別されると、私たちは味方同士で固まり、敵を倒そうとする。たかがドッジボールでも。スポーツではそれはチームの絆、団結力であり、人々に感動を与える。しかし日常生活において、敵と味方とは何だろう。この本は私に疑問を投げかけてきた。

敵と味方。私たちは線を引きたがる。線のこちら側にいて味方に囲まれているという安心感のために。敵、味方、という言葉で私たちの間にはいとも簡単に壁ができる。でも、その壁をどこに建てるのかは曖昧だ。敵と味方は線の引き方で簡単に変わる。戦争においては、それが国家であり民族なのだろう。しかし線さえ引かなければ、何の区別もなく何の違いもない皆同じ人間なんだ、とこの物語は訴えかけてきた。

フランス人のジョーや村人、知的障害のユベール、ドイツ人の伍長、ユダヤ人のベンジャミン。皆、同じように家族を愛し、平和を願い、生きている。国同士が争っていても、個人個人は人として分かり合い、信頼関係を築ける。喜びや痛みを分かち合うことができる。しかし戦争という状況下では組織の命令は絶対だ。戦争に疑問を持ちながらも自分の心を殺し、命令に従わざるを得ない不条理さ。結核になり捕虜から解放されて帰ってきたジョーの父親が、別人のように心を病んでしまっていたのにも胸が痛んだ。きっと想像を絶するような辛いことがあったのだろう。戦争は人の心にこんなにも傷を残すのだ。

今まで私は戦争やユダヤ人迫害の本をたくさん読んできた。そのどれもが重苦しい雰囲気をまとい、戦争の恐怖や悲しさを物語っていた。しかしこの物語には激しく生々しい場面がない。のどかな村、美しい風景、ジョーとベンジャミンの信頼関係や伍長との心の交流が描かれ、読んでいてむしろ温かい気持ちになった。誰も、心から憎み合ってはいない。敵であるはずのドイツ兵も優しい血の通った人間として描かれている。残酷で恐ろしい描写がなく、それだけに静かに胸に迫ってくる。なぜ、と。なぜ戦争は起こるのだろう。なぜナチスはユダヤ人を迫害したのだろう。

ジョーも同じ疑問を持っていた。ドイツ人の伍長も。伍長は、答えはないのだと言った。答えを知ることを怖れているとも言った。敵味方の定義と同じように、正義というのも見方によって変わる。自分が正義と信じていることも、相手から見たら悪かもしれない。ユダヤ人を迫害したヒトラーは、自分の信じる歪んだ正義をふりかざしていたのではないか。偏った「正義」のために多くの罪のない人命を奪っていたのではないか。伍長はそれを感じ、苦しんでいたのだと思う。

自分が正しいと思ったことでも、実行するのは難しい。自分の命を懸けるような行動は、なおさらだ。強い信念と勇気がいる。

この物語には、自分の命を顧みず他人を助けようとする勇気が描かれている。自分がおとりになって撃たれ、子グマを守った母グマ。見つかれば銃殺刑と分かっていながら、ベンジャミンたちのために奔走するジョー。村一丸となってユダヤ人の子どもたちを逃がそうとする村人たち。脱出まであと少しのところでリアを見捨てず捕まってしまったベンジャミン。それを自己犠牲というのだろうか。私は少し違う気がした。自己を犠牲にしたのではない。むしろ、自分の心に嘘をつかないため、正しいと信じること、自分の信念を守るためにそうしたのだろう。私なら、自分の命と引き換えに他人を助けることができただろうか。私の中にそんな勇気があるだろうか。自信はない。でも保身のために誰かを見捨てたら、後悔しながら生きることになると思う。

信じる力は勇気を生む。ジョーは、村人は、ベンジャミンは、自分の行動が正しいと信じ、自分の心に恥じぬよう行動したのだ。「信じる」ことの、何と強いことか。信じる力が人を動かす。そして、信じる力は希望を生む。

「待とう。待って、祈ることだ。」

この言葉が物語中に何度か出てきた。ベンジャミンは最後まで信じていた。アーニャはきっと来る。ナチスから逃れる途中ではぐれた娘アーニャが生きて村に来ることは、ベンジャミンにとって唯一の希望だった。物語の最後にアーニャが現れた時、希望の光は消えていなかったんだ、と私は胸が熱くなった。

今でも世界に紛争はある。争いのない世界、敵、味方と線を引かなくてもよい世界。そんな未来はきっと来る。希望の光を繋いでいきたいと思った。でも、待っているだけでは変わらないかもしれない。希望と信念を持って、未来を創っていこう。私たち自身の手で。

マイケル・モーパーゴ・作　佐藤見果夢・訳「アーニャは、きっと来る」（評論社）課題読書

●——毎日新聞社賞

楽しくて楽しくて

千葉市立川戸中学校
三年　鈴木ももか

小さい頃に通っていた保育所に、梅雨の頃になると咲き始める、明るい薄青色のとてもきれいな花があった。母は、私を迎えに来てくれると、薄暗がりの中でその花を見つけ、そのたびに「淡い、きれいな花だね。名前は分からないけど、好きだな」と、よく言っていた。その花が「ツユクサ」という名前だと知ったのは、小学校の図書室でだった。命名者は日本人であり、牧野富太郎と書いてあったのを憶えている。『牧野富太郎〈日本植物学の父〉』という本に出会ったのは、「川戸」という千葉市の中でも自然が多くある地域で育った私にとって、けっして偶然ではない。私は、幼い頃から、へびいちごを食べてみたり、のびるを採って調理してみたり、また、よもぎを採っては、よもぎだんごを作ったりしてきた。自然の草花が周りにあることが私には当たり前の環境だった。この環境が、いかに恵まれているかを知ったのは、つい最近のことだ。

富太郎は寝食も忘れ研究に明けくれ、日本全国の野山を歩いて集めた標本は四〇万点。調べて分類し、名前をつけた植物は一五〇〇種類に及ぶ。富太郎は有名な商家に生まれ、とても裕福な幼少期を過ごした。だが、実家の店がつぶれてからは借金取りに追われる貧乏暮らしをすることになる。しかし、どんなに苦労しても、家族をまきこんでも絶対に手放さなかったのが「植物の研究」だった。

私も富太郎のように、自然の草花にたくさんのことを教えてもらった。その一つに「観察する力」がある。私も富太郎と同じく、植物の絵を描くことが好きだった。花びら、木の幹、葉の輪郭によって描きわけることもできる。また、それなりに上手く描いているつもりだった。しかし、富太郎の植物図は、ただ上手く描いただけ、とは違った。まるで精密な解剖図のようだった。しかも無機質な感じがなく、温かみのある図であった。富太郎により一つ一つの名もなき草花が、世界的に紹介される。そのことによって新たな生命を吹き込まれたように感じた。そして、この絵の緻密さから富太郎の植物への大きな愛を感じた。

富太郎は「朝な夕なに草木を友にすれば、さびしいひまもない」と語るほど植物を愛していた。研究のためにお金をどしどし使い、ゆくゆくは貧乏になってしまう富太郎だが、たくさんの植物の標本作成や命名、とても緻密な植物図を描くことを、辛い思いをしながら苦労して成しとげていたのだろうか。私は違うと思う。孔子が「これを知る者はこれを好む者に如かず。これを好む者はこれを楽しむ者に如かず。」という言葉を弟子に残したように、富太郎は誰よりも「植物の研究」を楽しんでいたのではないだろうか。富太郎は、植物の相解明、分類学のレベル向上に心血を注ぎ、「日本の植物学」を世界に認められるほどに築きあげた。

富太郎には、いくつか逸話がある。お寺で新種のササを見つけたとき、嬉しさのあまり興奮し、お寺の鐘をゴンゴンとついて、お坊さんに怒られたのだ。また、植物についての講習会を開いた際、採集に夢中になった富太郎は、いつしか講習を忘れ、生徒を置いて一人で山奥へ姿を消してしまったこともあった。生徒みんなで、富太郎を探したそうだ。富太郎の人生は〝植物一筋〟だった。植物に精魂を傾け、没頭した人生なのだ。富太郎は、「私は草木の精かもしれん」という言葉を残した。そのような〝植物一筋〟の人生が、楽しくて楽しくて仕方がなかったのだと思う。

私は、この本と出会い、一つ一つのささやかなことに目を向けることの大切さに気づいた。一つ一つの植物に対して、真摯に向き合った富太郎のように、私も、これから直面する色々なこと、これから出会うであろう様々な人と真直ぐに向き合いたい。そうすることで、新たな道が拓けると信じることができたのだ。

昨年度はコロナにより、私たちの職場体験学習は中止となった。働くということを身近に体験できなかった私にとって働くとは「大変・我慢・辛い」というイメージが強く残ったままだった。しかし、それは働く上での通過点であり、その先に「喜び・自己実現・楽しさ」があるのではないか。そう富太郎の生き方から考えさせられた。

楽しくて楽しくて、時間を忘れるほど没頭できること。それが人の役に立ち、社会への貢献につながることだとしたら「働く」とは、なんと素晴らしいことだろうか、と感じた。

人にやらされている仕事は自分のためにも他人のためにもならない、と私は考える。言われなくてもやってしまうような、夢中になれる仕事に生きた富太郎のように私も生きていきたい。それが、自分も他人も社会をも良くしていく生き方だと、この本から学んだからだ。働くこと。それは、とても楽しいことだと私は信じる。

清水洋美・文　里見和彦・絵「牧野富太郎：日本植物学の父」（汐文社）課題読書

●——毎日新聞社賞

人を想う

東京都葛飾区立水元中学校
三年　大角奏歩

読み終えた後、タイトルをもう一度じっくりと眺めた。「ひとりにしないから。」そう囁かれているように思えた。

家庭から学校へそして社会へ、水面の波紋のように半径が広がり私たちは新しい世界へとつながっていく。十代半ばの今、まさに社会へと踏み出そうとする少し手前で、自分らしい学生時代を誰もが思い切り過ごしたいと願っている。しかし、朱音は違った。ある「定義」に属し自分らしく生きることができないでいた。

家族の介護や身の回りの世話を担う十八歳未満の子ども、ヤングケアラー。この本を読まなければその言葉も存在も知らずにいただろう。朱音の母親が病に倒れ、心身に変調をきたしてから母の看病や幼い妹の世話、家事すべてを朱音は担っていた。意識はしなくとも血のつながりには、果たさなければならない責務が埋め込まれているように私は思う。家族内で問題が生じたら助け合うのが常だろう。しかし、日々自分の感情と折り合いをつけるのに精一杯な中学生の私たちが、家族とはいえ誰かの人生を背負うのは荷が重すぎる。隣に朱音がいたら何と声をかけてよいか、どう手を差し伸べたらよいか正直わからない。そして、もし私がヤングケアラーだとしたら、不安を抱え時間という線の上を綱渡りする感覚で危うい未来は全く考えられないだろう。朱音の目にも未来は映っていなかった。唯一自分のためにできたことが、妹を寝かしつけた後に公園へ行き夜空を眺めることだけだった。そこで、悠人に出会った。

陸上部を引退後も夜の町へランニングに出かける悠人。高校受験に際し何かと出来の良い兄と比べられ、狭い団地に暮らし、両親は別居していて父からの養育費は滞っている。今の私は特に衣食住に不自由はないし、生活を脅かされるような事情もない。程度の違いこそあれ私たちはとかく足りないもの、満足のいかないことを数えがちだ。最近習った「足るを知る者は富む」という老子の言葉が脳裏を過ったが、満たされない心を抱えて走る悠人に私の気持ちも並走していた。だが、この物理的不満感は朱音の状況を知るごとに境遇に対する甘えなのだと思い知らされた。中学生の主たる暮らしとかけ離れていることで生じる精神的負荷は、彼女から気力を喪失させ笑顔を奪った。悠人が払拭したい気持ちや私の不平とは質が異なる。ランニングのたびに目は朱音を探し、親しくなるにつれ彼女をもっと知りたいと悠人は思った。その恋心にも似た想いが朱音の一挙手一投足を見逃さず、問わず語りに二人は自然と気持ちが寄り添っていた。朱音は自分から扉を開けて光を差し込むかのごとく素直に心を開いていったのだ。

素直さは私に欠けているもののひとつだ。部活や行事において長と名の付く役割を買って出ることが多いが何でもひとりでやろうとして行き詰まることがあった。なぜなら、弱さを見せることが自己憐憫を生み出すのではと思ってしまうからだ。その度に男女問わず周りにいるたくさんの仲間が助けてくれた。心に書いてある文字を口に出せたのは、話を聞き、寄り添い、想いを伝えてくれ、私を素直にしてくれる仲間がいたからだ。

そう、この想いだ。私は本を読み進めながら、どうしたら朱音をヤングケアラーの道から救えるかばかりを考えていた。同情も憐れみも、ましてや根本的解決も彼女は望んでいるわけではない。介護は社会から孤立したら自分の立場が一気に辛くなる。だから悠人は朱音をひとりにはしなかった。長らく向き合えていなかった市役所勤めの母に顕在化していないヤングケアラーの実情を聞き、社会につながる糸口を見つけ出そうとした。救い出す手立てではなく、大切なのは純粋に相手を想う心ただひとつ、それだけでいいのだ。

「忙しくてお風呂に入れない日があっても嫌いにならないで」と、朱音が悠人に言う場面がある。中学生の女の子が言う台詞にしてはあまりに切ない。だが、明らかに彼女が本来あるべき姿を取り戻した瞬間でもあった。

タイトルのYOUに周りにいる大切なひとをひとりひとり当てはめてみた。このYOUは決して身近にいる人だけが当てはまるわけではない。出生は選べないが生き方は自分で選ぶことができる。血のつながりや地域を超え社会には誰にでも必ず傍らにいてくれる誰かがいる。ひとりではないのだ。悠人のように人を想うことで隠れているシグナルに気付き社会へのつながりを見つけることができる。そして、朱音のように人の想いに素直に向き合うことで未来は開けていく。

私はこれから人への想いを大切に重ねて、揺るぎない絆を築いていきたい。その先には誰かを護れる社会があることを信じ、私もその一員として生きていきたい。

濱野京子・作「with you（ウィズ・ユー）」（くもん出版）課題読書

● 毎日新聞社賞

海色を航る

山口県熊毛郡田布施町立田布施中学校
二年　倉橋和希

それは何気ない一言だった。
「おじいちゃんは、中学の時にヘミングウェイで読書感想文を書いたよ。」
祖父の言葉で僕はヘミングウェイと出会い、そして海の旅が始まった。

僕は故郷の海が好きだ。夏の青空と一体化した群青色の海。夕凪に太陽色に染まる海。とりわけ好きなのが、春の海だ。海も空もふうわりとした白の世界。そこに浮かび上がる島から島へと続く波の道を見ていると、心がとても落ちつく。主人公サンチアゴの故郷の海は、南の太陽が照りつける紺青色をしている。年老いた彼は、その海で漁をして生きている。そして、老人を最高の漁師として尊敬している少年マノーリン。何と五歳の頃から老人と漁をしてきた相棒だ。二人のやり取りを見ていると、何だか祖父と僕のように感じた。僕のものづくりの趣味は祖父が起源だ。故障したものを直したり、便利なものをつくる祖父を興味津々に見ていたものだ。様々な道具の入った道具箱は、僕にとっての宝箱だった。一緒に手を動かしながら、道具の使い方やものの仕組みを教えてもらった師匠だ。少年にとっての老人も同じに違いない。そんな老人は今、不運のどん底にある。八十四日間も船は空っぽのまま、不漁更新中。しかし、老人は小舟で海へ出るのを止めない。いったい何が、老人をそこまで動かしているのだろうか。

広い海に、老人ひとり。海や空を五感で味わいながらひたすら小舟は行く。そのうち、僕にも潮の匂い、海面の青黒さ、波しぶきが感じられるようになった。まるで老人と共に海原を進んでいる不思議な感覚だ。その時、仕掛けがくいっとしなった。「おう」と老人と僕の声がかぶる。この感覚は知っている。僕も釣りに行くことがあるからだ。釣り名人の友達に教えてもらった仕掛けで、魚との知恵比べをするのは楽しい。老人の仕掛けにかかったのはカジキ。そこからの格闘は、味わうという生易しいものではない。正しく、死闘だ。最初、老人はカジキを獲物として捉えていた。「食いつけ」と発していた独り言に表れている。しかし、互いに肉体の限界を迎える頃、老人は「あの魚にも食べ物を食わせてやりたい」とつぶやく。兄弟とも言える存在になったのに殺さなければいけないと老人は考える。老人の気持ちが僕の心にも染みてくる。果たして、何が正しくて何が正しくないのか。作者から挑戦状を投げかけられた。夜空に星が現れると、老人は言った。

「あれほどの魚は見たことも聞いたこともない。なのに、やつを殺さにゃならん。だが、あの星たちは嬉しいことに殺さなくていいのだ。」

初めは、この独り言の思いがよく分からなかった。何度も読み、何度も老人と海を旅して、ストンと胸に落ちてきたものがある。哀れや尊敬の思いはあっても、老人の魚を仕留める意志は揺らがない。生きるために生きるものをいただいているのは僕たちも同じだ。太陽や月、星は自然のことわりなのだ。その大きな自然の中で、老人も魚も僕も生かされている。それは、とても幸せなことなのだ。

その後もカジキとの最後の勝負、サメの襲撃と老人に息をつく暇はない。その度に僕は手に汗を握り、心で叫んだ。激しい波のような物語は、老人がライオンの夢を見て静かに終わる。なぜ、ライオンの夢なのか。老人が若かりし頃に船上から見たライオン。恐らく意気揚々とした情熱の目とライオンの目は同じ色をしていたのだろう。そう、青い海の色。老人になった今も瞳に宿す海色。情熱を失っていないからこそ、夢の世界に同じ瞳のライオンが出てくる。そして、現実の世界では、少年が同じ瞳なのだろう。だから、少年は夢には出てこない。もし、老人がライオンの夢を見なくなるとしたら、老人の漁師としての情熱が消えた時だ。「人間ってやつ、負けるようにできちゃいない」の言葉が突き刺さる。老人の言葉には重みがあり、僕の心のひだはあたたかいもので満たされていった。

だからこそ、分かったことがある。小舟で海原を進みながらたくさんの生きものに老人は語りかけていた。海で独りぼっちなどあり得ないと。陸地の影も見えなくなった漆黒の夜の海で、老人は恐怖を感じていなかった。いつだってハバナの町の明かりが目印になるので、どうってことないと。ともすれば、諦めがちな僕の心の奥底を作者はそっと照らしてくれた。小麦粉の袋で継ぎあてのある帆は、決して敗北の旗ではない。老人が乗り越えてきた勲章の旗だ。祖父の宝箱にあるはんだごてと同じだ。祖父が中学から使っているはんだごては、黒々しい年代ものだ。最近の洗練されたものではないが、祖父の誇りが宿っている。老人にとって、海は人生そのものなのだ。いつの日か、僕も瀬戸内の母港から豊後水道を抜けて、人生の大海原を航ってみよう。その時、僕はどんな海色を目にするのだろう。

ヘミングウェイ・著　高見浩・訳「老人と海」（新潮社）自由読書

●――毎日新聞社賞

その一歩を踏み出せば

岐阜県立岐阜聾学校中学部
三年　藤川心花

「偏見は無知から生ずる。それならば、映像でろう者の日常生活や考えていることを伝えていこう。そして、それを生涯の仕事にしたい」

著者の今村彩子さんは、私と同じで生まれつき耳が聞こえない。そしてコミュニケーションが苦手だと感じている。だから、カメラを回し続けることで伝えようとする。

今村さんがビデオコンテストに応募するための取材に協力してくれた尾崎くんは、こう言った。「取材する前までは、心のどこかで聞こえない子どもはかわいそうだと思っていた。でも、かわいそうなのは偏見を持っていた自分の方だった」

今村さんは、「聞こえる人はただ、知らないだけなんだ。だから、偏見や差別が生まれるんだ」と気付く。

ただ、「知らない」だけ。自分が体験したことのないものを、全て理解することは難しい。「障害者」としての悲しみや苦しみ、喜びや発見を、「健常者」が全て理解することはできないかもしれない。でも、私達「障害者」も、「健常者」としての悲しみや苦しみ、喜びや発見を、全ては理解することができないだろう。しかし、ほんの少しずつでも、自分のことを「伝えたい」、相手のことを「知りたい」という想いに変わっていければ、いずれ障害者と健常者がわかりあえる日が来るのではないか。

今村さんは、映画「スタートライン」で、自分の生涯のテーマでもある「コミュニケーション」と向き合うために、自転車で日本を縦断した。

堀田さんは、今村さんの自転車の伴走者。今村さんを決して甘やかさない。多くの人は、今村さんの言い分を「そうだね。聞こえないから難しいね」と受け入れる。でも、堀田さんは、「それは甘えだ」と見破り、厳しく指摘してくれる。堀田さんは言う。「何もできないってあなたが決めてるだけじゃん！そう思い込んでいるだけじゃん！」

「障害」があるから、できない。障害を持って生まれたから、できない。でも、本当にそうなのだろうか。確かに、障害のある私達は、助けられる側かもしれない。でも、私達にもできることはある。そばにいること。声をかけること。話を聞くこと。できることは、無限にある。できることから目を背けずに、行動を起こす。それは、その場にいる自分にしかできないことなのではないか。

　堀田さんは、障害があるかどうかに関係なく、今村さんに接してくれる。普通は、「障害者」とか「聞こえない人」など、「健常者とは違う人」という見方をする人が多いはずだ。「優しく接する」ということが、障害者への優しさではない。本当に優しい人は、堀田さんのような人なのだと思う。堀田さんは、今村さんを「聞こえない人」としてではなく、一人の人間として見てくれるのだ。

　一方で、障害者自身も、自分に対する見方を変えていかなければならないと思う。今村さんの中には、聞こえないから書いてほしいとお願いしたときに「めんどくさい」という顔をされて傷つきたくない自分がいた。わからないことを聞くのが恥ずかしいと、わかったふりをしたり、我慢したりしてしまっていた。そんな弱い自分と向き合うことが辛く、人のせいにしてすごしてきた。堀田さんの、「きちんと言葉にして伝えず、相手に察してほしいというのは甘えだ」という言葉が、今村さんの胸に突き刺さった。

聞こえないから、できない。障害を持っているから、できない。できないことは、障害と全く関係ないのではないかと私は思う。苦手なこと、嫌なことはあるかもしれない。でも、それを障害のせいにしてはいけないと思う。人は誰だって、できること、できないこと、得意なこと、苦手なこと、好きなこと、嫌いなことがある。人それぞれだ。だったら、自分のできることを最大限に生かし、できないことも、どういう方法でならできるのかを考え努力する。それは、誰もができる、当たり前のことなのではないか。

　傷つくことを恐れて、自分のことを伝えない。自分の障害を伝えない。怖いから。でも、怖がっているだけでは、自分の障害のことを知ってもらえない。わかってもらえない。小さな勇気を持って一歩踏み出せば、相手はきっとわかってくれる。自分から飛び込むことで、世界は拓けるんだと今村さんは旅の中で気付いた。

　伝えたいこと、伝えたい気持ちを形にすることで、相手は「知る」ことができる。伝えなければ、相手は知らないままだ。相手は分からないんじゃない。知らないのだ。だから伝える。自分も相手も、お互いをわかり合うこと。それが一番大切だと私は信じている。

今村彩子・著「スタートラインに続く日々」（桜山社）自由読書

●――全国学校図書館協議会長賞

変人～信じた道を貫く～

山形県南陽市立沖郷中学校
三年　片桐貴洋

変人。本を読み終えたとき、心の中で牧野富太郎をそう呼んだ。富太郎の植物に対する敬意と愛情の深さは、異常なほどである。それらは肯定的な意味での変人であり、異常だ。もし彼の研究がなければ、今も名のない「雑草」としてしか人々に認識されない植物が多くあったと、容易に想像できたからだ。彼の研究が、日本植物学の発展につながった。

富太郎は、研究に財産を費やしてしまい、貧乏だった。間違ったことは遠慮せずに意見する気質のせいで、敵も多く、最後には最大の理解者であった妻にも先立たれてしまう。このように紹介されると、彼の人生すべてが幸せだったとは言えないように私は感じた。しかし、富太郎自身は、そうは思っていなかったようだ。富太郎は、幸せとは言えない状況を次に進むエネルギーに変えて、自分が信じた道を貫き通す人だった。つまり、彼の前向きさは、植物に対する敬意と愛情と同じように、異常なほどだったのである。

そんな富太郎と、自分自身とを重ね合わせたとき、あまりの違いに富太郎のことがうらやましくなる。私は、失敗や間違いが重なると途中で嫌になり、諦めてしまうことが多い。今までの習い事もそうだった。トランポリンもエレクトーンも、最初は好きで始めたのに、難しくなると、逃げ出したくなりやめてしまった。きっと、「どうせ無理だ」と決めつけて、もう一度挑戦しようとはしないと思う。

富太郎は、植物の研究が嫌になって、やめたくなったことはあったのだろうか。おそらく、なかっただろう。富太郎は、たとえ思い通りにいかなくても、目標は揺るがなかった。大学教授に自分の意見が受け入れられなかったとき、独学の富太郎が日本で研究できる場所はないと悟った。しかし、そこでくよくよする富太郎ではない。思い切って、尊敬する研究者のいるロシアに行くと決める。つまずいても立ち上がる姿から、「やってやろうじゃないか」そんな声が聞こえたように感じた。

本の中の富太郎は、失敗したり、挫折したりしても、動力に変えられる人だった。自分の信じた道をがむしゃらに突き進む人だった。

そんな富太郎と私の違い。それは、好きなこと、信じたことを追究しようという情熱が、失敗の挫折感や恐れを超えるかどうかだと思う。それらを超えられなかった自分の心の弱さを、本を通して見せつけられた気がした。

さらに富太郎のことを知りたくなり、「牧野富太郎植物記」を読んだ。私は毎年、祖母と山菜を採りに行く。なじみ深い、ゼンマイとワラビのページを開いてみた。富太郎が、解説とともに引用した古今集の一句を読んだ。

けむりたち　燃ゆるとも見えぬ　草の葉を　誰かわらびと　名づけとめけむ

読んだ瞬間、山にワラビが生い茂っている情景が浮かんだ。草本のつくりや特徴が掲載されているだけの一般の図鑑とは違い、和歌や名前の由来まで解説されている。この富太郎の研究の世界に引き込まれた。

人間でも、他己紹介をするときには、相手をよく知らないと、十分にその良さを伝えることはできないだろう。富太郎の書いた文章には、植物への敬愛の念がある。だからこそ、文を読んだ瞬間から、いわゆる「雑草」が気高い生き物に変わるのだ。私の「雑草」を見る目が、百八十度変えられたような気がした。

そんな異常なまでの富太郎の植物研究へのこだわりは、戦争という非常事態でも発揮された。第二次世界大戦中、一家は山梨に疎開しようとする。説得する娘に対し、富太郎は「わしは標本と本と心中する」と言い張った。その熱意に負けたのか、家族は書籍と標本も一緒に疎開することにした。富太郎にとって植物研究は、命よりも大切だったのだと思う。

私は本を読み、富太郎を変人だと思った。植物への敬意や愛情、研究への前向きさ、こだわり、情熱……すべてが常識を超えている。だからこそ「変わり者」という意味で変人だと思った。しかし、誰でも変人になれる訳ではない。変人になるためには、自分の信じた道を貫き通すことが必要だ。今までの私は、失敗を恐れ、信じた道を貫き通すことができなかった。しかし、富太郎の生涯にふれ、そんな自分を変えたいと思えた。すると、変人は、他にも「私を変えてくれた人」という意味があるような気がしてきた。

では、自分の心の弱さを克服し、自分を変えるにはどうすればいいか。それには、その物事を追究した先の楽しさや喜び、その価値に気づくことが必要だ。富太郎も、信じた道を進み続ける中で、隠されたそれらに気づいていったのだと思う。だから彼の情熱は、数度の失敗では消えることがなかったのだ。私も、信じた道を最後まで貫き通せる人間になりたい。そうすれば富太郎のように、悔いなく、やり切ってよかったと思えるはずだ。異常であり、変人である富太郎。変わり者だが、私に変わるきっかけをくれた富太郎。そんな彼の姿は、私の人生の鑑になっていくだろう。

清水洋美・文　里見和彦・絵「牧野富太郎：日本植物学の父」（汐文社）課題読書

●――全国学校図書館協議会長賞

夢から始まる生き方

長崎大学教育学部附属中学校
二年 水崎晨陽

「学歴無用！お金もない⁉でも情熱と夢がある！」帯に書いてあった言葉。この本が、課題図書であろうが、若者に夢を与える本であろうが、正直、嘘ばかりと思って手に取った。でも、手に取って読み進めたということは、嘘ではない何かをこの本に期待していたからかもしれない。思春期で少し反抗期の僕がこの夏に選んだこの本との出会いは、必然だった気がする。僕が一番に考えたのは、学歴もお金もなくて、好きなことを続けられたのは、それに代わる何かがあったのかということ。夢を実現するための才能は必要なのかということ。富太郎に答えを聞きたかった。

まず驚いたのは、僕が慣れ親しんできたカラー写真掲載の図鑑とは違い、この本で紹介されている富太郎の図鑑は、植物の絵で構成されていてとても美しかったことだ。もっと本物の富太郎の図鑑を見たくてインターネットで調べてみた。図鑑というより辞書に近いような、物語のような。じっくり読んでみたくなる。精巧で緻密な絵と説明から、対象物をいかに愛しているかが伝わってくるのだ。富太郎が、「草や木は、それぞれの葉の緑を見るだけでも美しいし、花ならなおさら美しい。美しいものを見れば、心がゆたかになる。」と言ったように、僕は富太郎の図鑑から草や木や花の美しさを知り、心がゆたかになった。富太郎が一途に思いを寄せた植物を、僕も立ち止まってでも観察したくなった。

こんなにも植物に向き合い、少年時代から、独学で植物学を学んだ富太郎の観察力に敬服する。これは富太郎の生まれ持った才能なのだろうか。確かに、絵の上手下手は才能であって先天的なものかもしれない。でも、純粋に植物を愛する気持ちと生涯をかけて夢を実現する強さは後天的なもので、自分がどう生きるかに左右されるものだと学んだ。学歴もお金もない富太郎が生きてきた中で身につけたものが積み重なった結果、それが才能として見えるのではないかと気が付いた。

もちろん、富太郎一人で夢を実現したのではない。祖母の浪子に愛情深く育てられ植物への興味を後押ししてもらったこと。大学という組織に身をおき社会の秩序の厳しさを知った時には、かけがえのない研究者仲間が助けてくれたこと。貧乏な時には、富太郎の研究や情熱に賛同してくれた支援者がいたこと。そして何より、どんなに苦労をしても富太郎の一番の理解者としてそばに寄り添ってくれた妻である壽衛と家族がいたこと。富太郎のまわりにはいつも人が集まり愛されたのは、富太郎という人間のなせるわざだった気がする。八十七歳で危篤かという時に奇跡的によみがえった話にはクスッと笑えたけれど、それはきっと植物からの愛のお返しだったのかなと思った。

　ただ、この富太郎の人生をすごいとは思うが、進路を考える今の僕には受け入れられない、かもしれない。僕は大学で基礎研究をする父の背中を見て育った。休みの日に研究室に連れて行ってもらったことがあるが、顕微鏡が並んでいる光景が思い出され、ちょっとした憧れを持ったこともある。しかし今の日本の研究界が、情熱や夢だけで続けられないことを知っている。好きなことに没頭するということは、何かを犠牲にしなければならないのだ。富太郎はお金を、僕の父は健康をも犠牲にした。その結果、父は夢から離れなければならなくなってしまったことを知っていたから、僕は初めにこの本をきれいごとだと思ってしまったのだ。ノーベル賞受賞者である山中伸弥先生も苦労をした経験を持ち、現在は、研究に打ち込める環境づくりと人材育成に力を注いでいると聞いたことがある。研究者の夢実現のために犠牲は必要ないはずだ。世界で活躍する研究者を輩出するためには、研究だけに専念できる環境と、安定した職位と見合った対価が必要だと改めて思った。

　僕は今、大学の研究者育成コースに入り、生物・地学ゼミで勉強をしている。講義や実験からレポートをまとめ、次の研究につなげていく。レポート提出は毎回大変ではあるが好きなものに没頭し、謎を解いたり、発見したり、様々なことが解明されていく過程が楽しい。知ることの喜びも感じる。始めは、「なぜ」や「知りたい」という気持ちから、研究という夢が始まり、情熱と強さで研究に一生を捧げた富太郎の生き方が確かにここにはある。富太郎のような生き方ができるといいなと、ただただ思う。そして、そんな純粋な気持ちもまだ僕の心の中にはあることを読後に気付いた。

　この本に出会い、富太郎から才能というものは、ものすごく好きだという気持ち、どんな時にも、どんなことがあっても、やり遂げる強い意志だと教えられた。僕の父からは、健康的な生活も大切だと学んだ。僕には病気で苦しむ子どもたちの笑顔を取り戻したいという夢がある。夢から始まる僕のこれから。二人の背中を追って、僕は努力をしていく。

清水洋美・文　里見和彦・絵「牧野富太郎：日本植物学の父」（汐文社）課題読書

●――全国学校図書館協議会長賞

今の私にできること

東京都世田谷区　田園調布雙葉中学校
三年　村井彩夏

私は今、この本の主人公である悠人と同じ中学三年生だ。自分なりに日々たくさんのことをこなし様々な人と関わりながら、忙しい毎日を過ごしている。私は家族にも学校にも友達にも恵まれて、不自由なく暮らせているのだから幸せだと思うが、それでも慌ただしい日常の連続に閉塞感を覚え、時に逃げ出してしまいたいと思うことがある。だが、私の場合その忙しさは、大抵自分自身のためのものだ。しかし、この小説を読んで、自分ではどうしようもない重荷を背負いながら、私の何十倍もの苦労をして生活をしている中学生がいることを、改めて認識した。そして、もしかするとそんなつらさを今、この瞬間にも味わっている友達が、私の近くにもいるのかもしれないと考えるようになったのだ。

この小説には、家族の問題を抱えた二人の中学生が登場する。一人は優秀な兄と常に比較されて息苦しさを感じている主人公の悠人であり、もう一人はうつ病の母の代わりに家事を自分の役目として負っている朱音だ。二人は出会う前、自分のことを好きでいることができずに憂鬱な日々を送っていたが、お互いの距離が近づくにつれ、二人は少しずつ笑顔を取り戻しながら成長していく。

「ヤングケアラー」という言葉を、私はこの本で初めて知った。ヤングケアラーとは、十八歳未満で家族のケアをしている子どものことだ。朱音は、中学二年生で家事と介護、そして幼い妹の世話を一人で頑張るヤングケアラーだ。忙しくて学校にも通えなくなり、近くの学校に転校までする羽目になった。「私はいなくなんてなれないんだ」「しんどいのは私よりもお母さんだから」そう言って孤独の中で生きている朱音の姿に、胸が詰まった。周囲は誰も気がつかないのか？　誰か助けてあげられる大人はいないのか？「兄弟の面倒をみて感心」「お手伝いをしてえらい」そんな大人の無責任な言葉を、朱音はどう受け取ったのだろう。お手伝いと役割では苦しさが全然違うのだ。以前私は、子どもを遊ばせる仕事を手伝うボランティア活動をしたことがある。私はただ子ども達を甘やかして楽しく遊んだだけだったが、親や保育を仕事とする人達は子どもをただ笑顔にするだけでは駄目なのだと知った。時には泣かせてでも子どもを叱り、物事の善悪や我慢もしっかりと教えなくてはならないのだ。これは、大人でもとても大変な役割だと思う。朱音はまだ自分だって大人になっていないのに、母親代わりをしなければならないのだ。「なぜ手を差し伸べられないのか」初めはそう思い周囲の大人達に反感を抱いたが、もしかしたら私もそうした大人達と同じなのかもしれないと、直ぐに思い直した。周囲の人達に悪気はない。ただ、気がつかないのだ。「愛の反対は憎しみではなく無関心だ」と聞いたことがある。世の中にはこんなにたくさんの人がいるのに……孤独とはそういうものなのだろう。朱音の心の闇を思い、私は更に悲しくなった。

主人公の悠人は、そんな朱音の重荷に気付き何とか力になりたいと考える。自分自身も心に闇を持つ受験生であり、余裕はないはずだったが、朱音をどうしても放っておけない優しい子だ。公民の授業で教わった「子どもが幸せになる権利」と「社会が子どもを幸せにする義務」の限界に憤りながら、自分にできることは何かを必死で考える。悩んだ末の結論は、普段ほとんど話すこともない母親に相談することだった。母親が職場で福祉に携わる仕事をしていたからだ。悠人にとって、母親を頼るのは簡単なことではなかったと思う。朱音を思う気持ちが悠人を強くしたのだろう。そして、困難を乗り越えようとする力は、悠人自身の闇を切り開くきっかけにもつながっていく。悠人の母親が朱音を諭す言葉は素敵だ。「あなたはすごくがんばってる。けれど、なんでも自分でがんばってしまうのが、自立ではないの。他人に助けを求めることは、大切なことなのよ。」中学生の私達が、自分から格好の悪い自分をさらけ出して他人に助けを求めるのは、それ自体すごく勇気のいることだと思う。同情はいらないという気持ちだってあるに違いない。それでもやはり、声を上げて「助けて!」と言うことは大切なことだ。助けてくれる大人は、きっといる。

幸い、物語の締め括りの二人には光が差している。しかし、世の中には家庭の温かさや安定感が得られない子ども達が一体どれだけたくさんいることだろう。これからの高齢化社会では、朱音のようなヤングケアラーも益々増えていくのかもしれない。人間は、残念ながらいつもずっと幸せではありえない。いざという時、信頼できる誰かにきちんと相談ができる自分でありたい。そして、せめて私の近くにいる人の小さな異変にも気付いて寄り添える人になりたいと思う。SNS全盛の今、改めて人と共に過ごす時間を大切にしよう。共に居て力になりたいと思う心こそ、本物の絆を結ぶ第一歩となるのだから。

濱野京子・作「with you(ウィズ・ユー)」(くもん出版)課題読書

全国学校図書館協議会長賞

友だち

愛知県丹羽郡大口町立大口中学校
二年　樋口和留

ともだち―親しく交わっている人。友人。辞書で調べると、こう書かれている。文中で何度も使われる「友だち」という言葉。私の「友だち」の概念は、この本によって大きく揺れ動くことになる。

本の題名は「きみの友だち」だ。どうして「きみは」でなく「きみの」なのか。「きみは」なら、ありがちな友情の話だと想像できるが、「きみの」では内容が違ってくる。小さな引っかかりが頭を離れず、この本を読むことにした。

読み始めてすぐに「きみは」「きみの」問題は解消された。この話には語り部がいる。語り部目線で、恵美・由香・「みんな」のそれぞれについて話が展開されていくため「きみの」だったのだ。このような形式の本は今まで読んだことがない。客観的なその文章からは、彼女たちの世界そのものがストレートに伝わってきて、とてもおもしろいと感じた。

中でも印象に残っているのは、モトという少年の話。語り部はさらりと言う。

「きみは自分のことが、どんどん嫌いになっていく。」

共に切磋琢磨してきたはずなのに先を越され、「友だち」を嫌いになったモトの思いだ。モトにとって「友だち」は、共に歩むライバルであり、努力する自分を重ね映す鏡であったのだと思う。「友だち」を嫌い排除しようとしたことで、自分をも否定し、価値を見出せなくなったのだろう。その苦しみが語り部の淡々とした口調で、むしろ重い衝撃となって私の胸に直接刺さった。それは「友だち」か。モトが「友だち」に求めているのは、自分と同等の能力であり、人格は重視していないように感じる。極端な例だが、能力があればモトは機械相手でも、「友だち」と呼ぶのだろうか。私だったら能力なんて二の次で、愛や優しさを求めてしまう。甘いのだろうか。

主人公、恵美の「友だち」はこうだ。恵美は「みんな」とは関わろうとしない。

「わたしは『みんな』って嫌いだから。『みんな』が『みんな』でいるうちは、友だちじゃない、絶対に。」

という具合に。私は、そんなの自分勝手だと感じた。関わりたくないにしても、わざわざ言葉に出して空気を乱す必要はないと思う。「みんな」にこだわりすぎて、心を閉ざした恵美を腹立たしくも、羨ましいと感じた。これはきっと私が

「みんな」に分類され、「みんな」の一部と化しているからなのだろう。私は、「みんな」から抜け出すべきなのか、「みんな」の中にいては「友だち」に出会えないのか。

話の中で花いちもんめのシーンがある。これは、日常生活にも重なる部分があると思う。「○○ちゃんが欲しい。」と名前を呼ばれることは嬉しい。自分が必要とされていて、確かに存在していると実感できるからだ。しかし同時に、必要とされている「○○ちゃん」でなくてはいけない、変わってはいけない、という強制力も生まれると思う。裏を返せば、名前を呼ぶことで、無意識に存在意義を押しつけていることにもなる。呼ぶのも呼ばれるのも怖い。そんな感覚に襲われた。私は「みんな」の必要とする「○○ちゃん」かな、期待値を下回っていないかな、振り返れば常に不安を感じていたことに気付いた。しかし、後の文章で恵美は言った。

「『私の友だち』の由香は『おじさんとおばさんの一人娘』でもある。」

私は思わず笑った。なぜそんな単純なことに気付かなかったのか。確かにそうなのだ。人は一つの面だけではない。多くの側面をもち、それぞれの場所で、それぞれの自分が出せれば良いのではないだろうか。なぜなら、居場所は一つではないのだから。上から見た姿がどんなにいびつでも、それが私なのだから。

「友だち」とは、お互いに全てをさらけ出し、受け入れ、いつも一緒にいるものだと思っていた。しかしモトのように能力を求めることも、恵美のように距離をおいて関わることも正解なのだと今では思える。「友だち」の本質を見抜けなくても、知らない面があっても構わない。その子が見せてくれた、「私の友だち」の一面を大切にし、愛せばいい。

私は相変わらず「みんな」の中にいる。でも、抜け出す気はない。「みんなの中の私」を必要としてくれる人が必ずいるから。「みんな」だって悪くない。笑顔はあっという間に伝染するし、都合の悪いことがあれば「みんな」に紛れて休めばいい。恵美に言わせれば、ずるいのかもしれない。でも、私はこれでいいと思っている。これからも、大きく揺れながら吸収と変化を繰り返し、いびつな私を形成していく。そのいびつな私で、「友だち」と付き合っていく予定だ。

ともだち―私に見えている面。その子の、「私の友だち」の面。

私の辞書改訂版には、こう書かれている。

重松清・著「きみの友だち」（新潮社）
自由読書

●――全国学校図書館協議会長賞

肩の力を抜いて

埼玉県越谷市立富士中学校
二年　安発　沙友里

「関わらなくてもいい人とは、関わらない」主人公である日都子のこの言葉に私は衝撃を受けた。なぜなら、私は、今までずっと人との関わりは人生において絶対に欠かせないものだと思っていたからだ。多くの人との関わり合いによってこそ自分が成長する、友達がいればいるほど学校生活が楽しくなる、そう信じてきた。「関わらなくてもいい人」を自分の人間関係から切り捨てるなどという選択肢について考えてみたこともなかった。だから、本の中の日都子と出会い、いきなり新しい考え方の渦の中に放り込まれたように感じたのだ。そもそも私の周りに「関わらなくてもいい人」などいるのだろうか。日都子は金魚事件以来、自分には味方がいないと諦め、自ら心の殻に閉じこもってしまった。そして、人とは関わるまいと決めて、それがエスカレートしていったのだろう。私はなぜ日都子があんなにも頑なな態度をとるのか初めは理解できなかった。

今年度のクラス分けで、仲が良い友達とは皆クラスがバラバラになってしまった。新しいクラスでは、既にほとんどの人が仲良し同士でまとまっていて、私はその輪の中に入れずにいた。それでも、多くの人に話しかけて、関わりを持とうとした。クラスメイトともっと仲良くならなければいけない、もっとクラスに溶け込まなくてはいけないという考えしか頭になかったのである。それは一種の強迫観念にも似ていた。学校生活を十分に楽しめず、初めて人間関係に悩まされることになったのだ。クラス内にも打ち解けられる友達がいることが良いことだと思い込み、焦っていた。このようにもがいていた私に、担任の先生が薦めてくれたのが『ヒトリコ』だった。

もし、今の私が実際に日都子に出会ったらどう接するのだろうか。明仁や冬希君のように話しかけて、ヒトリコに関わろうとするのだろうか。きっと私は話しかけてみるに違いない。日都子も私と同じようにもがいていると感じるからだ。初めは日都子に「関わりたくない」と言われてしまうだろう。しかし私は諦めない。周りの人の目には、日都子は一人で淡々と生きているように映るのだろう。キュー婆ちゃんからも日都子のピアノの演奏は「ロボットみたいだ」と言われていた。だが、私なら内側からわずかに光っている彼女の人間らしい温かい感情を感じ取れると思う。なぜなら、日都子と私には共通点があるからだ。それは、自分が傷つかないように必死に自分を守っているという点だ。日都子は人との関わりで傷つかないようにあんなにも頑なな態度をとっていたのだ。一方、私は一人になって傷つくのが怖いから、無理にでも話しかけて友達を作ろうとした。一人でいることに対する考え方は対照的だが、どちらも自分を守るために行動しているという点は同じだ。本当は日都子もヒトリコでいることを望んではいない。人との関わりを諦め、殻に閉じこもってヒトリコだと宣言しているだけである。それは、冬希君から「俺と関わっていてほしいな」と言われた日都子が「信じていいと思う?」と自問する場面からも読み取ることができる。なぜ明仁や冬希君は日都子に関わろうとするのだろう。二人はそれぞれ日都子と同じように葛藤を抱えていたからだと思う。明仁は、自分が金魚の酸素の機械を壊したことを言い出せなかった。また、冬希君は母親に対する恐怖から、やりたいことができずにいた。こうした葛藤が二人の心の殻である。自分と通じるものがあるからこそ殻にこもる日都子に関わろうとするのだ。日都子もまた彼らが自分に似た近い存在だと無意識のうちに認めていたのかもしれない。私も同じだ。友達をたくさん作るべきだという先入観に囚われていたが、日都子の考え方を知り、私の心の殻は破られた。

『ヒトリコ』を読み終え、私は自分の心の芯が少し強くなったのを感じる。以前ほど焦らなくなったのだ。冬希君が歌う合唱曲『怪獣のバラード』の怪獣が旅立ったように、日都子は新たな一歩を踏み出した。私も踏み出そう。日都子の理解者は初めはキュー婆ちゃんだけだったが、冬希君と再会したことで理解者が増えた。周りの環境の変化で新しい風が吹き込まれ、その風に自ら乗ることで踏み出せるのだ。いじめられていた日都子にキュー婆ちゃんが言った「ほどほどに頑張んなさい」という言葉の意味がやっと分かった。「ほどほど」とは、頑張り過ぎて傷つかないようにという意味だ。辛いときには無理をしなくても良い。私は意に反して人と関わろうとしたことで自分らしくいられず、苦しんだ。しかし、肩の力を抜いてほどほどに頑張って新たな風を待つのも良いだろう。その風を受け流すのも、それに乗って前に進むのも、全ては私の心次第だ。今後切り拓く道がどんな道でも、自分の心に素直に向き合い、傷つくことを恐れずに進んでいきたいと思う。日都子も私もまだスタート地点に立ったばかりだ。

額賀澪・著「ヒトリコ」(小学館)自由読書

●――全国学校図書館協議会長賞

「海と毒薬」を読んで

宮城県黒川郡大衡村立大衡中学校
三年　九嶋偲月

腹が立つ。勝呂医師に、私は心底腹が立つ。それが、例え戸田に流されるように決めたことだったとはいえ、実験に参加することを決めたのは自分ではないか。それなのに、土壇場で逃げ出そうとするなんて、呆れてものも言えない。すると、

「じゃあ、君が僕の立場なら、どうしたと言うのだ。」

そんな風に彼に問いつめられた気がして、私はふと考える。私は、いったい何に腹を立てているのか、と。

私は、周囲の人から「真面目だ。」と言われる。しかし、本当の私は、物事を深読みして勝手に落ち込み、面倒なことからは逃げたくなってしまう、どうしようもない人間だ。見せかけの明るさで場をやり過ごすこともあって、中途半端な責任感から成り行きで物事を承諾する、断り下手の優柔不断……。

だからこそ、彼が断り切れずに引き受けてしまった気持ちがよく分かる。引き受けてしまってから、後悔に苛まれたのも、悩み果てたのも、私には自分のことのように分かるのだ。

私だって、もし実験に誘われたなら、間違いなく参加するだろう。特段考えることもなく、成り行きで承諾してしまうに違いない。

しかし、「絶対、決定的に違う。」と思うのが、私なら、麻酔マスクを付けることを決して止めないということだ。きっと、突如襲いかかってきた恐怖心から、彼は麻酔マスクを付けることを躊躇したのだと思うが、「やると決めたのならやりきるべきだ。」と私は思う。

そうだ。彼に対して、こんなに腹が立つのは、自らやろうと決めたくせに投げ出そうとして、実験で役に立たなかったからだ。

私は人体実験を賛成している訳ではない。しかし、麻酔マスクを装着するという役回りを取り止めてしまったら、誰かがそれをやらなくてはならない。自分が逃れられたからといって、実験は止まらない。自分が少し、罪の意識から目を逸らすことができるだけだ。

責任から逃れようとして、これまで何度となく注意されてきた私にとって、任務を投げ出そうとするこの行為は、「やらない。」と判断するより、ずっと罪深いと感じる。途中で投げ出すくらいなら、始めから引き受けなければいいのだ。ぐずぐずと葛藤するなら、もっと前

に、意思表示をすべきだ。

しかし、こんなに彼を責め立てたくなる私も、大概性格が悪いと思う。彼のような優しさを、優柔不断だと感じてしまう潔癖さが、私の欠点でもあり、長所でもある。

私は、なぜか、人体実験を躊躇したり止めたりした人達よりも、強い使命感で行った人々に惹かれる。「神さまがこわくないか。」と叫んだ、慈悲深いヒルダの信心よりも、上田看護婦のように、「責務を全うする」ことに何かしらの意義を感じる。多分、私は、私情と任務は別物だと捉え、自分をコントロールできる人に強く惹かれるのだ。

どんな人も、今に至るまで様々な経験をし、時に忸怩たる思いを抱き、時に葛藤する。辛くて忘れたいこともある。しかし、それは皆同じだ。自分一人がこんなに苦しいと思うのであれば、それはあまりにも周囲を客観視できていないと、私は言いたい。彼女が、最初から、感情を殺して任務を遂行できたわけがない。辛いことがあっても、自分の中でけりをつけて、すべきことに集中できる彼女の潔い生き方の方が、勝呂医師より何倍も素敵だと、私は思う。それが、例え、人道に反する生体実験だったとしても、だ。彼女は、それら清濁全てを合わせて飲んだ、と思うのだ。そんな彼女に、私は畏敬の念を抱かずにいられない。

病院の屋上から、「海」が見える。海はどこまでも広く、どこまでも続いている。一度深く沈みこんでしまえば、地上へは、もう戻れない。「海」は、運命を飲み込む抵抗し難い力なのだ。

だとしたら、「毒薬」とはいったい？

「毒薬」は、一人一人の胸にある、人の心の醜さだ。

「海に毒薬」ではない「海と毒薬」なのだ。一度深く沈んだら、二度と戻れない「海」と、その味を知ったら、どんなに後悔を重ねても逃れることのできない「毒薬」だ。この二つに飲まれたまま、生きていくのだ。

「戦争はだめだ」とか、そんな簡単な言葉で済ませられるような問題ではない。

混乱した世の中では、「あり得ない」と思うようなことも、なぜか許される空気が漂う。これが「非常事態」の怖さだ。

そして、もっと怖いのが、真面目な性格であればあるほど、その空気にのまれやすいということである。「何をおいても、すべきことを遂行しなくてはならない。」という確固たる意志をもつ者ほど、あっという間に、無意識に、溺れていく。私は、「毒薬」にのまれず、自分自身の意志を大切にして、抗いたい。

遠藤周作・著「海と毒薬」（角川書店）
自由読書

●――サントリー奨励賞

孤独感と戦う子供達

島根県益田市立横田中学校
二年　安立　葉

「人は一人では生きていけない」

よく耳にする言葉だ。何か困難にぶつかったとき、「あの人がいてくれたから」と思う場面は、十四年しか生きていない私でも何度か経験している。では、その「あの人」たちがある日突然私の背中にすとんと乗っかってきたら。私という存在が、その人たちにとって究極の「なくてはならない」存在になったとしたら。私は自分の役割を受け容れ、彼らを支えることができるだろうか。そしてそれは、お互いにとって、幸せなことなのだろうか。

　私と同じ中学二年生の朱音は、母を背負っていた。そして小さな妹も。家族を一人で支えようと、家事をし妹の面倒もみて、朱音は生きていた。朱音は家族のために、自分の大切な時間を少しずつ少しずつ削っていった。

　彼女と私はまるで正反対だ。考えてみれば、私の生活の中にはいつも自分のための時間があった。大好きな歌手の歌を聴く時間。息抜きとしてたまに開く自分のためのお茶会。朝早く起きて勉強するテスト期間。もちろん毎日が幸せであふれているわけではないけれど、たまに起こる小さな出来事も受け容れることができる。どうしても苦しくなったら、家族や友達に話せばいつしか心が軽くなっている。そうやって私は、なんとなく上手に生きているのだ。

　朱音のための時間は、真夜中の公園で過ごす短い間だけだった。その時間彼女は、何も考えず頭を空っぽにしてブランコに座っていた。そこで出会ったのが、中学三年生の悠人だった。彼は寒い中上着を着ていなかった朱音に近づいて、彼女に関わりたいと思った。朱音が何かを抱えている気がしたからだ。しかし朱音は、はじめは悠人を拒んだ。自分が不幸だと思われたくなかったからだ。「かわいそうだと思われたくない」という感情は、私も少し感じたことがあった。

　私には父親がいない。それを人に話したら、私の事を「かわいそう」と言われそうで、ずっと隠していた。父親について聞かれたら、単身赴任しているとうそをついた。（私はかわいそうな子供ではない。特別でもない。皆とおんなじ、小学生だ。）その気持ちは、朱音と似ていたと思う。

　きっと朱音は、あの時の私のように、自分は一人なんだと決めつけていたのだ。母親のように家事をして、家族の面倒を見なければならない子供は、世界に朱音ひとりだと。そして、今を乗り越えるために頼れるのは自分しかいないと。だから差し伸べられた悠人の手を振り払ったのだ。

　朱音のように、十八歳未満で家族のケアなどをしている子供を、ヤングケアラーという。朱音のような子供は、実は世界にたくさんいたのだ。それにもし気付いていれば、朱音はもっと早く悠人の手を掴めたかもしれない。私も、もっと早く一人親の子供がたくさんいることを知っていたら、うそをつかなくてもよかったかもしれない。朱音も私も、決して一人ではなかったのだ。

　朱音のように、自分でやり遂げねばと思う子供たちはきっとたくさんいる。私もそうだった。そう思うことは悪いことではない。けれど孤独感はたまに、私たちが前に進むのを邪魔する。そして周りから差し伸べられた手を遠のけ、私たちが独りぼっちだと錯覚させる。それでも朱音が未来へ進めたのは、手を差し伸べた悠人のおかげだけではなく、一番は朱音がその孤独感を捨てたからだ。

「人は一人では生きていけない」

いつか誰かが教えてくれた、この言葉の本当の意味が、分かった気がした。私たちに、誰かに頼ってもいいんだと言っているのではなく、私たちは一人ではないと、だから生きていけるのだと伝えてくれていたのだ。なんて素敵な言葉なんだろうと、私は改めて思った。

　私は離れて暮らす祖父母を思い出した。ある日、祖父が突然入院をすることになり、同時に祖母は一人の生活になってしまった。私は、不安からか一人で大泣きをしていた祖母のもとを訪ね、話を聞いた。すると、私との会話を重ねていくうち、少しずついつもの元気な祖母に戻っていった。入院中の祖父はコロナ禍で会えないため電話をかけると「私の声を聞いて寿命が五年延びた」と言ってくれた。私はあの時、祖父母の孤独感に手を差し伸べていたのかもしれない。そして、私の手を掴んでくれた祖父母の存在に、私自身も一人ではないと気付けた。

　大丈夫じゃないのに大丈夫なふりをする私とはもうさよならだ。朱音は勇気を出して悠人の手を握りしめ、自分の未来を切り開いていった。自分は一人ではないことに気付いて、自分の世界を変えた。私と朱音は、まったく違うようで、少し似ていたところもあった。だからもし、私に孤独感が降り注いできたときには、朱音と、そしてあの言葉を思い出して差し伸べられた手を握りしめてみようと思う。

濱野京子・作「with you（ウィズ・ユー）」（くもん出版）課題読書

●――サントリー奨励賞

『「ウィズ・ユー」を読んで』

福井県大野市陽明中学校
三年　髙石悠人

本屋の目立つ場所に平積みされていたこの本の帯に、「中学生の悠人」と書いてあるのが目に飛び込んできた。珍しく漢字まで僕と同じ名前だなと思いながら本を手に取り、ページをめくると、小さなカラー刷りの紙が挟まれていた。それにはこの本の紹介と共に、「恋をするって、かっこわるいことかもしれない。」というキャッチフレーズが書かれていた。まだ恋をしたことがない僕はそれを見て、僕と同じ名前の主人公がどんな恋をするのか知りたくなり、すぐに読み始めた。テレビの恋愛ドラマが始まる前のそわそわするような感じで。

だが僕のそんな浮ついた気持ちはすぐに地面に叩きつけられた。ヤングケアラーという言葉を初めて知り、その人達の存在を初めて知った。そんな矢先、家でテレビを見ていたらACジャパンのCMを目にした。CMの流れはこうだ。広場で野球をしている同級生達を横目に、僕と同じ年頃の男の子が溜息をつく。彼が家に帰ると洗濯、ベッドに横たわる母親の世話、食事作りなど、休む暇なく介護と家事をしている。「これが僕の日常。このことは誰も知らない。」という彼の声がした後、彼は疲れて机の上に倒れこむ。その机には閉じたままの数学の教科書が置いてあり、彼の右手は野球ボールを握りしめている。このCMを見ている途中で、これは朱音と同じ状況かもしれないと僕ははっとした。僕の予想通り、ヤングケアラーについてのCMだった。朱音の生活を垣間見たようで、あまりのショックに言葉を失った。朱音も母親の介護と家事と妹の世話を突然一人で背負うことになり、部活動のテニスを辞めざるを得ず、勉強する時間も入浴する時間も、睡眠時間も十分に取れない状況にいる。このことを周りの大人も友達も知らなくて、一番近い存在である父親でさえも、名古屋に単身赴任しているために、彼女を取り巻く本当の状況を分かっていない。「せめて父親には言えよ。」と僕はいら立ちながら思ったけれど、突然何もかも背負うことになった朱音を責めるのは間違っているとすぐに気付いた。朱音のやりたいことを諦めさせ、彼女を精神的に大人にしてしまった状況、そして介護している母親のことを何のためらいもなく大好きだと言う彼女のまっすぐな気持ちに胸を締め付けられた。僕のこの感情は、朱音が悠人に言い放った「同情」というものなのだろう。

では、悠人が朱音に対して抱く気持ちは、同情ではなくどういう気持ちなのだろうか。友人の渉から「悠人、覚悟がたりなかったんじゃね?」と言われた悠人は、そのあと自分の気持ちを深く考えた末、朱音宛てに出した手紙の中で、「同情じゃない。けど、もし同情だったら、それっていけないことだろうか。朱音の状況が、少しでもよくなってほしいと、そう願うことが。」と書いている。これこそ悠人の覚悟だと僕は感じた。朱音から聞く辛い状況を悠人自身が全身で受け止め、朱音の状況が良くなるためなら自分にできることを何でもしたいという覚悟。この覚悟は、悠人が朱音を心から大切に思う気持ちと、朱音を助けたいと強く願う気持ちから生まれる、同情をはるかに超えた愛情だと僕は思う。

気持ちの上では悠人の愛情を僕は理解できた。しかし、中学生の悠人に実際のところ一体何ができるのかと疑問に思った。僕自身が悠人と同じ中学三年生なので、僕のできることを考えてみた。例えば朱音の代わりに買い物に行く。情けないことに、これ以上思い浮かばなかった。しかもこれだけでは根本的な解決に繋がるわけがない。悠人も自分には朱音の話を聞くことしかできないと感じていたけれど、朱音のことを自分の母親に話してみたことがきっかけで、朱音の状況が少しずつ良い方向へと動いていった。悠人の母親が「わたしには、その子を直接助けてあげることはできない。でも、何かアドバイスはできるかもしれない。」と言ったように、自分の大切な人が困難な状況にいる場合、自分が直接できることを考えて行動するのも重要だけれど、それが難しい場合は、相談できる人や支援してくれる場所を探して紹介することも助けになるのだと僕は気付かされた。

悠人と朱音がお互いに惹かれて恋をする様子を通して、僕はこの本の「恋をするって、かっこわるいことかもしれない。」というキャッチフレーズの意味が少し分かったような気がする。相手の前で本当の自分をさらけ出し、相手のために自分ができることをして、楽しい時だけではなく、辛い時や苦しい時こそ一緒に寄り添い、共に悩みながら前へ進んでいく。これはお洒落な服を着てレッドカーペットを歩くのではなく、Tシャツとジーンズ姿で凸凹道を泥だらけになりながら歩くのに似ているようで、決してかっこいいものではないかもしれない。しかし、悠人と朱音のような泥だらけのかっこわるい姿こそ、人間の究極にかっこいい姿だと僕は心から思う。

濱野京子・作「with you(ウィズ・ユー)」(くもん出版)課題読書

●――サントリー奨励賞

牧野博士の贈り物～草木を愛する心の種～

徳島県立富岡東中学校
二年　土井優理

「雑草という名の草はない。」

「日本の植物学の父」と呼ばれる牧野富太郎博士が残したこの言葉と出合い、私の世界は大きく変わった。今まで「雑草」と一括りにしてきた数多くの草木たちに、初めて意識を向けることができたからだ。辞書によると、「雑草」とは「栽培しないのに生える名も知らない雑多な草」とあるが、以前の私は、この定義を疑うことも、彼らの名を一つひとつ知ろうとすることもなかったのだ。

交通機関が未発達な時代に日本全国の野山を駆けめぐり、一生をかけて四十万点もの標本採集と一五〇〇種類の植物命名を行った牧野博士。西洋に遅れをとっていた日本の植物相を解明するという強い志。植物を誰よりも正確に、精密に美しく表現する描写力。貧乏でも惜しまなかった植物関連書籍の博覧。そして、大衆に植物の魅力を広めた教育普及活動。「植物分類学」に不断の情熱を注いだ博士の足跡をたどりながら読み進めるうちに、私はすっかり「牧野ファン」になっていった。

そんな偉大な牧野博士が、隣県の高知出身であると知り、とても誇らしかった。彼のペンネーム「結網子」は「泳いでいる魚を得たいなら淵から眺めるだけではなく、網を作ってすぐに行動を起こすべきだ」という中国の古典が由来だそうだ。私は、まるで博士にそう言われたような気がして、早速、家族で高知県立牧野植物園へと足を運ぶことにした。

植物園のある五台山からは、牧野博士も眺めたであろう高知市街や浦戸湾が一望できた。園内には三千種以上もの野生植物が植わっていたが、まずその名札の数に驚いた。人目を引く鮮やかな草花だけではなく、地味で目立たない茂みの中にも、たくさんの名札が立っていて、植物たちが「私はここにいるよ」とアピールしているようだった。一つひとつの名札にある解説を読むと、牧野博士の名調子が聞こえてきそうで、まるで博士主催の植物採集会に招かれているような気分になった。

常設展示では、博士が実際に使用した胴乱や吸い取り紙などの採集道具のほか、直筆の手紙や精密な植物図などが当時の面影のまま展示されていた。東京大空襲の時でさえも疎開を拒み、ともに心中すると言うほど大切にしていた本や標本が山積みされた書斎の再現展示は特に印象的だった。あまりの重さで床が斜めに傾いていたとまで言われている大量の資料に囲まれて、蝋人形になった晩年の博士が一心不乱に植物図を描いていた。私が今回の参考文献として読んだ博士の随筆『若き日の思い出』の中にある、「もうこの年になったとて決して学問を放棄してはいない」という言葉が思い出され、胸がジーンと熱くなった。私も博士のように、死の間際まで手放さない何かに出合えたなら、幸せな人生だ。

植物園から戻り、真っ先に私が思い立ったのは近所の植物採集だった。夏の日差しが照りつける中での採集作業だったが、実際に体験することで、牧野博士がどれだけ偉大な業績を成し遂げたのか、実感することができた。

まず、種類の判別だ。近くまで足を踏み入れて注意深く観察しなければ、単なる緑の集合体にしか見えない。また、一度採集した植物の特徴を覚えていなければ、同種のものを何度も採集してしまう。根っこも手強い。標本には必ず根っこが必要だが、「雑草魂」という言葉の通り、かなり頑丈で引き抜くのに一苦労だった。最後は雑草と私との綱引き合戦になったが、私の尻もちで試合終了、ということも多かった。日差しも大敵だ。どんどん増えていく採集物を手に、汗だくで歩いて散策を続けるのは本当に大変な作業だった。

妻の壽衛をはじめ、家族や知人の支えも得ながら独学で植物を学び、肩書きや学歴といった立場の上下を問わず、まっすぐに学問と向き合った牧野博士。大学の中だけではなく、全国の植物愛好家も巻き込んだ新しい研究スタイルを築いた彼の生き様は、周囲の妬みを買うことがあったかもしれない。それでも日に照らされ、風に吹かれ、雨に濡れながら、名も無き草木に命名し、その存在を世に知らしめた博士の功績は、決して揺るがない。

ランタナ、ツユクサ、オシロイバナ。メヒシバ、カタバミ、エノコログサ。ホトケノザ、コニシキソウにハルジオン…。採集活動を終えて、私がそれまで「雑草」と一括りにしてきた近所の草木たちの名前が明らかになった。彼らはもはや名も無き集合体ではなく、私の大切な「ご近所さん」になった。そしてその瞬間から、私の心にポッと明かりが灯った。植物の名前を知るだけで、こんなにも温かい気持ちになれることを、博士は教えてくれた。

私たちが草木を好きになり、植物を知ることで、思いやりの心が育ち、世の中はもっと平和で豊かになると牧野博士は信じていた。私はこの夏、博士から草木を愛する心の種を確かに受け取った。今後、それが周囲への思いやりの芽を出し、平和で豊かな社会へと花開くよう、仲間と共に大切に育てていきたい。

清水洋美・文　里見和彦・絵「牧野富太郎：日本植物学の父」（汐文社）課題読書

●――サントリー奨励賞

私のモットー

静岡県富士市立吉原第一中学校
一年　松　永　琉　凪

「悩み解決は個人戦」

これが私のモットーだった。重要な悩みであればなおさら一人で解決しようとする。自分を一番よく知っているのは自分自身だと思うし、自分に喝を入れられるのも、自分を立ち直らせるのも自分自身だと思うから。自分が変わることができるかどうかですべての明暗は決まってくると思うから。でも、この本は私のモットーを崩しにかかった。

母親が病気になったことで生活が一変し、やることが多すぎる毎日と変わり果てた母親の姿に一人戦う「朱音」。優秀な兄の存在から、家族との距離を感じ、周りからの理不尽な期待に不満を持ち、自分の存在意義を見出せずにいる「悠人」。お互いに孤独の中に生きているということに共感しつつも、打ち明けることも踏み込むこともできずにいた。同じような悩みを抱える似た者同士だったとしても、親近感が湧き、自分の胸の内を包み隠さず話そうと思うことはないのだろう。周りから向けられる憐れみを避けるばかりに、二人が抱く孤独感の強さを感じた。

人に自分の悩みを完全に理解してもらうことは不可能だと思う。そのことを知っているからこそ、他人に打ち明けることにはためらいが生まれる。「相談すれば楽になれるのかも」という期待と「どうせ相談しても」という諦めの中で揺れ動く自分がいる。

私は、他人に面倒をかけたくない、同情されたくないという気持ちから自分一人で何とか解決しようと努力している。しかし、モットーを守ることによって思い悩んだり、息詰まったりすることだって多くあるのだ。異国に飛び込んだように理解しがたかった二人の話だが、そんなときの自分が、それぞれの抱えているものをお互いに隠して、自分の力でどうにかしようと葛藤している二人の姿と重なり、二人の心情が手に取るようにわかった。

普通に生活できている悠人と、それさえもままならない朱音。この違いが私の中では大きかった。それに加えて朱音の表情や纏う空気から感じる寂しさによって、私は勝手に「朱音」を助けなければという気持ちになった。

「同情していってるんだって思う。柏木さんがやさしくしたいのは柏木さんの都合なんだなって思っちゃうんだ。」

朱音を支えようと告白した悠人に対し

て、この朱音の言葉は、私には強がっているようにしか感じられなかった。素直に悠人の助けを受け入れられない朱音に、もどかしさや嫌悪感を覚えるほど、朱音が周りの力を借りられるようになることを強く願う自分がいた。それと同時に自分のモットーと真逆のことを考えている自分にも気づいた。でも、やっぱり悠人を頼ればもっと楽になれるのにと、朱音を応援する自分のほうが強くなっていった。

しかし、悠人一人では朱音を救うことはできなかっただろう。悠人には朱音の置かれている状況を理解するだけの知識も経験もなかったのだから。その点、悠人の母や友人の「渉」には豊富な知識や経験があった。力強い味方が増え、二人だけで分け合っていたものを今度は四人で分け合える。一人分の負担が減ることはもちろん、二人にはなかったもので解決の糸口を見つけることだって可能になった。悠人と朱音だけだったつながりが力強いチームとなった。

そして、朱音が悠人に悩みを打ち明け、悠人が朱音を助けようと奮闘するようになってから、さまざまなことが連動して良い方向に向かっていったように感じた。助けようとした悠人の悩みまでもが解決に向かったのだから。自分が助けを求めることで周りをも巻き込み、自分を中心に前向きにさせることができる。自分がたった一言、人に相談することによってできることの大きさに衝撃を受けた。「自分の悩みは一人で戦うもの」という、今までの考え方が大きく裏返った瞬間だった。

「悩み解決はチーム戦」

私のモットーはこの本によっていとも簡単に崩され、新しいモットーとなった。モットーと言いながらも、大人になろうと努力する今だからこそ、ただ強がっていただけなのかもしれないと思うことができた。なんでも口にすることができ、いくらでも泣くことができた幼いころ。そこから私は数多くのことができるようになり、成長した。当たり前のことだろう。けれど、人を頼ることは圧倒的に下手になったという実感がある。年がたつにつれ、強く感じてきた疎外感を払拭したい。本気でそう思うようになった。

私もチームを作りたい。安心して打ち明けられるだけの強力なチームを。弱く泣き虫な自分を受け入れてくれる暖かいチームを。それならば、できることは「困った時は人を頼って積極的に相談する」これに限るだろう。自分の気持ちに正直になる努力を精一杯しよう。もしもの時の力強い味方となるチームを築き上げるために。

濱野京子・作「with you（ウィズ・ユー）」（くもん出版）課題読書

●――サントリー奨励賞

ありがたみを心に刻み込んで

福島県いわき市立泉中学校
三年　石本愛琴

読み始めてすぐ、美しい自然の描写に引き込まれました。澄み渡った空のもと、ヒツジや鳥たちの鳴き声が聞こえてくる村の情景が目に浮かび、心地良かったのです。しかし、この雄大な風景とは対称的な、戦争というとてつもなく大きく暗い不安が、村に近づいていました。緊迫感が伝わってきて、十二歳のジョーにこれから何が起こっていくのだろうと、ハラハラしながら読み進めました。

何より印象的なのは、ジョーの存在や行動によって、救われる人々の様子です。それは、命をつなぐために国境を越えさせようとしているベンジャミンと、その時を待つユダヤの子ども達であり、一方では村に駐屯する敵のドイツ兵でもありました。

ジョーは、身を隠すユダヤの子ども達にとって、希望であったと思います。共に過ごしている僅かな時間でも、子ども達はここから逃げ延びられた後の自分の姿をジョーに重ねて力をもらっていたように感じるからです。危険を承知で食料を届け続け、子ども達ともっと仲良くなりたいとさえ思うジョーの純粋な気持ちに、心を動かされました。

フランス語が話せる敵兵のはずの伍長は、ジョーとワシを見ている間、三人娘の父親という本来の姿に戻ることができているようでした。それは戦争を忘れ、人間性を取り戻せる大切な時間であったのだと思います。空襲で娘を亡くした伍長は、ジョーの前では涙を流し、戦争の意義を自問し苦しむ姿を隠しません。そこまでできるのは、ジョーが相手の思いを敏感にくみ取って、そしてごく自然に寄り添うことができるからだと強く感じます。そのしるしに、楽観的に振る舞うベンジャミンが、ふとした瞬間に見せる不安をしっかりと感じ取り、またユダヤの子ども達が、心の奥深くに自己を押し込めているのも理解したうえで、彼らを尊重して接することができていました。

このように救う存在であれたのは、まだ十二歳ながら自ら考えて行動し、決して諦めない心の強さと、何があっても秘密を守るジョーの誠実さゆえに違いありません。彼が悩みながらも何が正しいと思うのか、今できることは何かを常に考え行動してきたからこそ、それを知った村のみんなも、命をかけた選択をすることができたのだと分かりました。この先の未来を必ず良くしたいと、村人それぞれが願いを込めて一丸となった時の行動力は圧倒的で、怖いものなしでした。

　しかし物語の結末は、決して期待したような幸せなものではありませんでした。苦しささえ残るものでした。最も強烈に訴えかけてきたのが、ドイツ兵に見つかってしまったベンジャミンが、ジョーと最後に交わす挨拶の場面です。ベンジャミンはジョーの手を握り、「ありがとうございました」としか口にできませんでした。そこには数えきれないほどのありがとうと、「これからの未来とアーニャをよろしく頼みます」という願いが込められていたはずです。きっとベンジャミンの手の感触は力強かっただろうと思います。自らの命はなくなろうとも、無事に国境を越えられた子ども達には希望に満ちた明日があり、次の世代へと確実につなぐことができる自信が彼にはあったと感じるからです。そして何より、ジョー達ならばアーニャも心配ないという安心感があったと思います。

　どこまでも相手を思いやることのできるジョーは、ベンジャミンが心から伝えたかったたくさんの気持ちを、痛いほど感じ取ったはずです。彼の手の感触と共に一生忘れることはできないだろうと思います。ベンジャミン達が、残された者に与えた宿題は、彼らが望んだ未来を作っていくことなのだと考えさせられました。

　しかし今も、内戦や難民、人種差別といった問題は無くなっていません。アフガニスタンでは、戦闘に巻き込まれた多くの市民が死傷していると報じられています。この本を通して、私がいかに恵まれているのか改めて気付かされると共に、自分の中で変わったことがあります。それは、ナチスや戦争といった情報が目に止まるようになったことです。身近な問題として、自ら情報を取り込むことで、同じ時代に世界中でユダヤの人々に対して危険を顧みず差しのべられた、多くの手があったという事実を知ることができました。

　中学最後の夏に読んだこの本は、これから先も私にヒントをくれたり、励ましてくれたりするでしょう。予定通りにいかず、制限ばかりの毎日ですが、何もできなかったと後悔しないよう、大切に過ごしていきたいです。それは、本気で何かに取り組むことができ、夢や目標を持って明日のことを考えられる日々のありがたさを、ベンジャミン達が教えてくれたからです。今思うこと、感じていることは今挑戦してみようと思います。過去に学び、つながれた今を大切に生きることで、この手を差しのべられる人でありたいです。

マイケル・モーパーゴ・作　佐藤見果夢・訳「アーニャは、きっと来る」（評論社）課題読書

●――サントリー奨励賞

本当の豊かさを知る

山形大学附属中学校
三年　湯村真菜

「こんなええとこ、独り占めしてええんかな。」本の表紙の写真で微笑んでいるおばあさんのうれしそうな、それでいて少し寂しそうな声が聞こえてくるような気がした。そして本当の豊かさとは、本当の幸せとは何なのだろうかと考えた。

私は、日本最大の徳山ダムに沈んだ岐阜県徳山村の集落に最後の一人で生き続けた廣瀬ゆきえさんを追いかけた記録「ホハレ峠」を読み終えた。本を閉じて、表紙のおばあさんの顔を見る。たくさんのシワがあるけれどもそのシワの顔がとても誇らしく美しく見えた。この本はカメラマンである大西暢夫氏が三十年をかけて徳山村に通い、現地の人々と交流する中でゆきえさんとも出会い、なぜゆきえさんが最後の一人になるまで集落に住み続けたのかを追い続けた記録である。それを読み終えたとき、プロのカメラマンである大西氏のゆきえさんに対する尊敬と愛情がこの表紙の写真に表れていて胸がいっぱいになった。

一九八七年日本最大のダム建設により、徳山村の八集落は廃村が決まった。村がダムに沈むのである。徐々に集落の人たちは近隣の街に引っ越していく。ほとんどの家が壊されコンクリートの基礎だけになる中、数世帯のお年寄りがまだ暮らしていた。村には店もないし、民家もない。携帯も通じないし、お金を使える所もない。お年寄りの一人が言う。「電気もガスも水道もここには何もないんじゃ。日があるうちに仕事をし、暮れれば寝るという生活やな。母屋はダムに契約してしまったで壊してしまった。しょうがないんじゃ。でも、ええ暮らしやろ！こんな幸せを一人占めしてええんかなって思っとるよ。」

集落の住人のゆきえさんご夫婦も山に入って山菜を収穫する。コゴミから始まり、わらび、ぜんまい、ミズ、ウド……。自分たちが今食べる分と、冬から来年の春まで食いつないでいくための保存用の山菜も採っておく。塩漬けしたり、乾燥させたり……。また農作物を育て、昨年とっておいた種を畑にまく。そんな当たり前のくりかえしで先祖からこの地を守ってきた。春が来ること、夏が来ること、秋が来ること、冬が来ること。それぞれの季節に大切な役割がある。当たり前といえば当たり前の話である。

なぜ、ゆきえさんはご近所の人が引っ越してもご主人がなくなってもこの地に留まろうとしたのだろうか。なぜ、最後の一人になってもこの地での生活を選ぼうとしたのだろうか。私は、二つの理由があったと思う。

一つは人生の最後まで豊かに生きたいと思っていたからだと思う。電気もガスも水道も店もない、生活するには不便で決して豊かとはいえないような村だけれどもそこには本当の豊かさがあったからだと思う。

私の家でも山菜採りをする。ゆきえさんと全く同じ種類の山菜を採り、祖母が冬に備えて乾燥したり塩漬けにしたりする。山菜採りは時間も手間もかかる。朝早く起き準備をして車に乗って山に行き、手間と時間をかけて山菜を採る。スーパーで山菜を買った方が断然効率が良い。しかし、私も家族も山菜採りが大好きだ。なぜなら命を感じることが出来るからだ。山菜はその年によって生える時期もスピードも違う。長い冬が終わり山の植物に命が芽生え始める。その自然のエネルギーを感じながら、その命を食する。自分の命が食物によって支えられていることに感謝する。大自然に感謝したくなる。山には山菜採りにはそんな力がある。本当の豊かさとは、物質的なものではなく、自然とともに生き、自然に感謝する心を持つことではないかと考える。

ゆきえさんが村に留まった二つ目の理由は先祖に対する申し訳なさだと思う。ダム建設という国の政策であったとはいえ、必死に祖先が繋いできた血縁が染み込んだ大地を国に売り、仕方なく補償金を受け取った。違う土地に新しく家を建て二十年も経ってしまえばお金は全く無くなってしまっている。「先代が守ってきた財産をすっかりこと一代で食い遺してしまった。金に変えたら全てが終わりやな。」ゆきえさんの言葉が私の胸に突き刺さる。ダムは、治水の面では安全に生活するため、経済面では電気エネルギー確保のために必要とされている。しかしそういったより良い暮らしのために、先祖から代々受け継いできた土地を手放さなければならないゆきえさんのような人達がいる。より快適な生活、贅沢な生活、人類のとどまることを知らない欲が、本当に豊かな暮らしをしている人々の生活を奪ってしまったことに深い悲しみと自分にはどうすることもできない虚しさを感じる。

本当の豊かさとは、春夏秋冬、巡る季節に感謝し、自然に感謝し、繋がっているたくさんの人々に感謝する心を持ち続けて日々の生活をおくっていくことだと思った。そして心に留めておきたい。大切な何かを犠牲にしながらも自分を支えてくれている人々がいることを。

大西暢夫・写真・文「ホハレ峠：ダムに沈んだ徳山村 百年の軌跡」（彩流社）自由読書

●――サントリー奨励賞

仲間

松江市立第二中学校
二年　室田一真

「辞書は言葉の海を渡る舟だ。」

　印象に残った本文の一節である。僕が頭の中をめぐる海から選んだ言葉を贈りたい相手は、仲間だ。しかし、「仲間」とは、一体どのような存在なのだろうか。「一緒に物事をする人」「同じ種類に属する人」……。どうもしっくりこない。それほど僕が「仲間」という存在を深く考えるようになったのは、この夏『舟を編む』との出会いがあったからだ。

　新たなる辞書「大渡海」の編纂をめざす出版社の辞書編集部に異動した馬締。人とは違う視点で言葉を捉える彼は、部署の即戦力となる。一方で同僚の西岡は、仕事に対する情熱もなく、単調な日々を過ごしていた。

　物語を読むうちに、僕はいつしか西岡と自分を重ねるようになった。僕が卓球部に入った理由は、「なんとなく」だった。当初は友達と一緒に軽く運動ができれば良い程度に思っていた。だが、先輩達の妥協しない姿。県内トップレベルの同級生の熱意に圧倒された。一定のリズムで何百回も続くラリー、台上における相手との駆け引き。練習を重ねるごとに、卓球は僕の生活の一部になっていった。

　西岡も僕と同じだったのだろう。「なんとなく」仕事をこなす中に、突如として現れた刺激的な日々。辞書に生活の全てを捧げる人々と過ごすうちに、彼自身も一つ一つの言葉の奥深さを知り、仕事への情熱が生まれたのだ。辞書作りに魅了された西岡の心の輝きは、卓球にのめり込んだときの僕のように、言葉では言い尽くせないものだったに違いない。

　だが、西岡は志半ばで辞書編集部を去ることになる。無念さをこらえながらも、西岡は精力的に動き、編纂に携わる大学教授に関する情報の全てをファイルにまとめた。それは、人付き合いの苦手な馬締が今後、順調に辞書作りを進められるようにするためだった。

　なぜ、西岡はこれほどまでに同僚に尽くせたのだろう。言葉のセンスに長けた馬締は必要とされる一方、「凡人」の彼は、部署から見放されたようなものだ。おそらく、今の僕が西岡の立場なら、悔しさをにじませた「頑張れよ」の一言しかかけられない。

　卓球に情熱を注ぐからこそ、気づくことがある。経験の差、才能の差、気持ちの差。嫉妬にかられ、憎まれ口を叩かないとやっていられない時もある。先日も、僕は大会の初戦で敗れた。一緒に練習してきた友達は勝ち進んだにもかかわらず……。「あいつだけいいな、ずるいな」と心の中で舌打ちをした。なかなか上達しないし、もうやめてしまった方が気が楽なのではないか、とさえ思った。

しかし、大会のたびに、不思議なことが起こる。散々悪態をついていたのに、気づけば勝ち上がる彼らを応援し、西岡のように支えようとする自分がいるのだ。一体なぜだろう。

その理由が知りたくて、ページをめくり続けた。西岡と馬締のやりとりをじっくり見ているなかで、自分なりの考えに辿りついた。

初めは西岡も、馬締の才能に嫉妬したに違いない。だが、それ以上に、西岡にとって馬締は、言葉の奥深さを教えてくれたかけがえのない仲間だった。だからこそ「あいつだけなぜ」というひがみを捨て、「あいつならきっと」と、馬締の背中を押すことを選んだのだろう。自分の思いを、馬締の才能に託して。

ふり返れば、僕も同じだ。「現実は不平等だ」と嘆きたくなる。しかし、自分は敗退しても、まだ戦い続ける仲間がいる。卓球の魅力を教えてくれた彼が、誰よりも前を向き、他の人の何倍もの練習を重ねてきたことを僕は知っている。僕の分まで挑んでほしい、諦めないでほしい、「あいつならきっと。」鮮やかに点を取る姿を見ていると、嬉しさがこみあげてくる。まるで自分も戦っているような感覚。それはどこか西岡と馬締の関係に似ているような気がして、思わず胸が熱くなった。

「理想の仲間の姿」とは。僕が当初抱いた疑問だった。けれども、物語に思いをはせるうちに、次第に答えは見えてきた。濃密な時間を過ごす中で芽生えた信頼と感謝を、声援や協力の形で表出し合える関係。本音と本音でぶつかり合う姿勢。衝突や葛藤を乗り越え、チームメイトのことを我がごとのように喜び、さらなる飛躍を心から祈る一体感。そうだ。これらこそ、僕が求める仲間の姿だ。

十数年の時を経て、「大渡海」は完成し、そのあとがきに、馬締は西岡の名を残した。陰で支え続けてくれた彼への感謝を込めて。僕も西岡のように、ひたむきに仲間に心を傾け、支え続ける人でありたい。他人のことを優先して行動していくこと。自分の想いだけを先行させることなく、相手の想いを、会話や表情から慮ること。その取組一つ一つが互いを結びつける鍵となる。関係を築きあげた先の展開は、誰にも分からない。しかし来年の夏、僕の憧れた二人のような関係が、僕たちの間にも存在すると、僕は確信している。大丈夫。僕はもう頭の中をめぐる言葉の海から、「仲間」の定義を見つけ出したのだから。

三浦しをん・著「舟を編む」(光文社)
自由読書

● サントリー奨励賞

O・ヘンリー『賢者の贈り物』を読んで

高知市　土佐女子中学校
三年　山本　麻優子

アメリカの有名な作家O・ヘンリーの代表作『賢者の贈り物』と私の出会いは、記憶する限り、これまでに四回ある。

初めてこの作品に触れたのは、私がまだ幼稚園生だった頃のクリスマスの夜だった。母が買ってきた金の星社の絵本で、中身はすべて平仮名とカタカナで書かれていたのだが、自分で読んだことは一度もなかった。当然、話の内容もよくわからず、憶えていたのは、表紙に散りばめられていたキラキラ光るお星様と赤いリボン。冬の夜の布団の温もりだけがこの本のイメージだった。

小学二年生の十二月、学校の読み聞かせボランティアで、母がこの絵本を持ってクラスを訪れ、この作品と再会を果たした。しかし、まだその頃は、クリスマスになると思い出すプレゼントについてのお話という程度の理解だったと思う。

中学生になった私は、この作品が講談社の青い鳥文庫に収められていることを知り、朝の読書の時間に改めて読んでみることにした。三度目の出会いである。

貧しくも仲睦まじい若夫婦ジムとデラ。二人が誇りにしているものは、ジムが祖父の代から受け継いできた素晴らしい金時計と長くて美しいデラの髪だった。

相手へのクリスマスプレゼントを買うお金を工面するために、彼らはそれぞれが最も大切にしていたものを売り払ってしまう。デラは、ジムの金時計を吊すプラチナの鎖を買うために自分の美しい髪を切って、かつら屋に売り、一方のジムはデラへのべっこうの櫛を買うために金時計を質に入れてしまったのだ。

「賢い」とは言いがたい形で、行き違いになってしまう贈り物を選んでしまった「愚かな」二人だが、作者のO・ヘンリーは、彼らこそが最も賢明な人、「この二人こそが東方の賢者である」と結んでいる。

O・ヘンリーは、本名をウィリアム・シドニー・ポーターといい、一八六二年九月、アメリカ南東部のノースカロライナ州に生まれ、その後、ニューヨークに移り住み、大新聞や週刊誌に三百近い短編を書きあげた。

『賢者の贈り物』は、一九〇五年十二月十日に新聞に掲載されて、翌年、有名な作品集『四百万（The Four Million）』に収められた彼の代表作である。

ジムとデラの行為は、一見すると愚か

で、お互いのためにと思って贈った物が結局、無駄になってしまっている。これがどうして賢い者の贈り物なのか。まるで反対の意味ではないか。私は不思議で仕方なかった。

物語の最後の部分で「東方の賢者」という言葉が出てきた時、私はやっと気がついた。そして急いで冒頭のタイトルに書いてある原題『The Gift of the Magi』を見つけ出し、手元に置いていた英和辞典で「Magi」という単語を引いてみた。

ここでいう「賢者」とは、新訳聖書に出てくる東方の三博士のことで、キリストの誕生を祝いに贈り物を持って来たエピソードをベースに書かれていたのだ。

翻訳された文学は、その背景にある文化や歴史、地理などの知識がないと本当の意味を理解するのが難しいと感じた。訳された日本語だけに頼っていると読み違えてしまうこともある。O・ヘンリーの作品であれば英語で書かれているのだから、中学生の私でも原文のまま読めるのではないかと思った。これが四回目の出会いだ。

インターネットや辞書の力を借りて、何とか英文のまま読んでみると、作品がより身近に感じられ、日本語訳では不自然な言い回しだと感じていた部分も「そうか、なるほど」と納得できた。

この物語の主題は、賢い人間が贈る賢いプレゼントのことではなかった。相手を思いやり、相手にとって大切なものは何かを真剣に考え、自分を犠牲にしても相手を思い行動する尊さがテーマだと思う。

二人が失ったのは、美しく豊かなデラの髪とジムの金時計という物質的な物である。では、そのかわりに得られた物は何だろう。

愛、思いやり、強い絆、信頼、敬意……。二人の今後の幸福につながる精神的な宝物を充分に交換できたのではないだろうか。

東方の三博士が持参したイエスへの贈り物は、黄金と乳香と没薬だったという。黄金は王位の象徴、乳香は祈りの象徴、没薬は死の象徴だそうだ。いずれにしても生まれたばかりの幼い子がすぐに喜ぶ物、必要としている物ではなかった。イエスの未来を祝った贈り物だったという。

O・ヘンリーの作品は、どこにでもいる慎ましい生活を送る人々の小さな愛情の物語が多い。静かにささやかれるように控え目に描かれているが、読んだ人の多くが間違いなく心を動かされている。語り手である第三者の視点で展開される点も心にすっと入り込んでくる理由のひとつだと思う。

O・ヘンリー・作　飯島淳秀・訳　そらめ・絵「賢者の贈り物」（講談社）

自由読書

●――サントリー奨励賞

五年ぶりのモモ

甲府市　駿台甲府中学校
二年　角田藺璃

「猫になりたい。」

そう呟いた私に、母は含み笑いをしながら、新聞記事を差し出した。それは女優の常盤貴子さんのコラムだった。その中に懐かしい言葉が入っていた。それは時間泥棒。この言葉をみて、ふと「モモ」を思い出した。

幼い時から読書が大好きで、時間があれば本を読んでいた。特に小学校高学年の頃は、図書館に向かい、本を借りに行くのが日課のようになっていた。けれど、中学生になってからはまだ一度も学校の図書室に行っていない。気になって購入した本さえゆっくり読む時間が無くなってしまった。いったい何が変わってしまったのだろう。モヤモヤした胸のつかえのヒントが「モモ」にあるような気がして、改めて読んでみた。「ああそうだった。」と読み始めてすぐにモモの世界が蘇ってきた。

モモが暮らす世界は私が住んでいる町とは少し違う。その世界はどこか穏やかで、その場所にいるだけで落ちつくような雰囲気だ。周りの人たちも個性があり、モモ自身も少し変わっていた。決して恵まれた環境ではないのに、モモが幸せそうに人の話を傾聴する姿を当時の私は、理解が出来なかった。今なら、わかる。同じ本を読んでいるのに、あの時と違う感覚だ。

この物語のキーワードは、もちろん時間泥棒達だろう。正確には、時間貯蓄銀行に勤める外交員の人達だ。彼らは人々に時間を出来るだけ節約させ、余った時間を自分たちの為に使おうとする。時間を節約するために人々は楽しむことを忘れ、ただひたすら仕事をし、好きな事をする時間はほぼ無くなっていく。私は、「モモの世界」の話だけでなく、私達が過ごすこの世界にも同じことが起こっていると感じた。私達は、大人になるにつれて、しなければならないことが増え、幼いころにたくさんあったように感じた時間が、今では一瞬のように感じられることもある。

もしかすると、私にも時間泥棒がいるのかもしれない。けれど、彼らと話した記憶は消されてしまうのだから、私達はそのことを覚えていない。時間を節約するという事だけ記憶に残り、夢中で取り組むのだろう。

モモが名案をくれた。それはただ一生懸命に物事に取り組むのではなく、空想やちょっとしたお話をするくらいの時間をつくってみるということだ。確かに一生懸命になることはいいことだが、それだけをずっと続けていては、楽しめるものも楽しめない。

　私達には毎日、二十四時間が平等に配られている。それが一か月、一年、十年、いつか死ぬ時までずっと同じように配られる。けれど、同じはずなのに時間の感じ方は違う。

　モモは、たくさんの時間を大好きな人たちと過ごすことが出来る。ひとりの時間も有意義に楽しみ、たとえ親がいなくても、ボロボロな服を着ていても、幸せと感じることが出来る。今を大切に、身近な人を大切にしているのが伝わってきた。私も気づいていないだけで、本当は心の奥底で今以上の幸せを感じているのかもしれない。

　この本の中でマイスター・ホラが言ったお気に入りのなぞなぞがある。それは、「過去、未来、現在」を指すもので、私自身もこれらの時間という概念には深く考えさせられた。

「一番上は今いない、これからやっと現れる。二番目もいないが、こっちはもう出かけた後。三番目のちびさんだけがここにいる、それというのも、三番目がここにいないと、あとの二人は、なくなってしまうから。でもその大事な三番目がいられるのは、一番目が二番目の兄弟に変身してくれるため。」

　この話はとても興味深い。つまりは、私達は過去から未来ではなく、未来からも過去へと繋がっているというのだ。時間とは、目に見えないとても神秘的なものだ。

「猫になりたい」

　そんな風に自由な猫をうらやむほど何でも効率化が優先され、新型コロナウイルスの感染拡大防止対策によりオンライン化が急速に進み、移動時間なしで学校、仕事が始まるようになってきた。確かに時間短縮は素晴らしい一面もあるが、登下校時の道草や職場の雑談が素晴らしい発見に繋がる事もあるし、何より楽しい笑顔あふれる貴重な時間だと思う。

　何かの為に義務的に黙々と過ごすのではなく、自分の未来に向かって、時には脱線しながらも笑顔に繋がる時間を過ごしていきたい。

　私はこの忙しい時の流れの中でも合間を縫って好きなことをしていこうと思う。たとえつらい時が来たとしても、その時間は笑顔に繋がるはずだ。

　久しぶりに読んだ「モモ」は違った感動を与えてくれた。同じ本なのに面白い。数年後読んだら、また違う何かが感じられるかもしれないと思うとワクワクする。この本は、私に上手な時間の使い方「その2」を教えてくれた。

ミヒャエル・エンデ・作　大島かおり・訳「モモ」（岩波書店）自由読書

●――サントリー奨励賞

母と子を繋ぐもの

和歌山県御坊市立河南中学校
三年　西山友梨

「僕は捨て子だ。」という主人公、育生の独白でこの話は始まる。私はこの一文を読んだ瞬間、とても深刻な問題を抱えた、かわいそうな少年の話だろうと想像した。しかし、私の想像とこの話は全く違うものだった。

　育生は、一緒に暮らす母が本当に自分の母親なのかとずっと疑っている。私も育生と同じように、本当の母親なのか、もしそうでないなら、なぜ一緒に暮らしているのか、本当に育生を愛して育てているのかなど、すごく気になった。真実を知りたいけれど、全て知ってしまうのも怖いような複雑な気持ち。私が育生なら、そう感じていただろう。育生もきっとそんな思いで、少しビクビクしながら生活していたのではないだろうか。

　ある日、育生は親子の証であるへその緒を見せてほしいと母に頼む。本当の母親なら見せて当然だと思う。でも、見せられたのはへその緒ではなく卵の殻だったので、私はすごく驚いた。しかし、もっと驚いたのは育生だったと思う。育生は納得できず戸惑っていたが、母は本当の親子の証を見せてあげると言って育生を力いっぱい抱きしめる。そして、「母さんは、誰よりも育生が好き。それはそれはすごい勢いで、あなたを愛しているの。今までもこれからもずっと変わらずによ。ねえ、他に何がいる？それで十分でしょ。」

と言うのだ。この時の母の行動と言葉からは紛れもない深い愛情が感じられた。

　育生の捨て子疑惑は晴れなくても、その言葉は絶対に嘘ではないと感じた。産んでくれた母親ではないかもしれないが、こんなに愛情を持って育てられているということは、とても幸せだと思う。へその緒を見るのも良いが、母に優しく抱きしめられることは育生にとって、とても意味のあることだと感じた。

　私も幼い頃、母の膝の上に座ってギュッとされて、「大好きよ。」と何度も言われていた記憶がある。それは雨粒が大地に染み渡るように私の心の奥深くに染み込んでいる。

　育生の母も、日常生活のあらゆる場面で、いつも育生に「好きだ。」という気持ちを伝えている。その言葉は優しく、でも真剣に胸を打つ言葉のように感じた。そして、やっぱり本当の母親なのではないかなとも思った。

　しかしある日、ついに母は育生との関係を全て話す。血が繋がっていないという真実を知らされた後の育生の目からは、ぽたぽたと涙がこぼれる。でも、それは悲しい涙ではないと感じた。不思議な気持ちだった。もし私が育生だったら、むしろとても幸せな気持ちになるのではないかとすら感じた。なぜなのか。育生の母と育生は血が繋がっていないということだったが、なぜかそれが悲劇的でないのは、母の次のセリフからも感じられる。「想像して。たった十八の女の子が一目見た他人の子供が欲しくて大学辞めて、死ぬのをわかっている男の人と結婚するのよ。そういう無謀なことができるのは尋常じゃなく愛しているからよ。あなたをね。これからもこの気持ちは変わらないわ。」

　心から愛してくれる母と一緒に暮らせていることほど、幸せなことはないと思う。育生が泣いたのも、きっとそう感じ、強く感動したからではないだろうか。そして、育生の母も本当のことを話すことができたのは、育生を愛していると確信しているからだと思った。

　育生は、強い愛情によって母の子になった。つまり、強い愛情が育生の母と育生を繋ぐものになったのだ。前に親子の証として育生を強く抱きしめたのは、そういう意味があったからなのだと私は後から納得した。それと同時にすごく感動した。親子の証でこれ以上のものはないと思った。もしかすると卵の殻を見せたことにも意味があったのだろうか。卵の殻はすぐに割れてしまうから、大切に扱わなければならない。だから、育生のこともそれくらい大切に思っているという意味もあったのかもしれない。

　育生の母は再婚し、妹となる育子を産む。

「僕は何一つ繋がりのない妹、育子ととても仲が良い。」という育生の独白でこの話は終わる。育生は初め、血が繋がっていないということを深刻な問題だと思っていたが、きっと母に真実の話を聞いてから心の中で何かが変化したのだと思う。この話はただ日常を描いていて、劇的な展開はほとんどない。けれど、読んだ後に私の心は揺さぶられていた。血の繋がりよりも親の愛情がどれほど確かで大きく、大切なものかということを教えてくれた。私はこれから今の心に芽生えたこの芽を大切に、大きく育てて生きていきたい。

　この本を読んだ後、私は改めて母に自分のへその緒を見せてもらった。それはとても小さいもので、きれいな形をしているというものではなかったけれど、なぜか誇らしく感じられた。私と母を繋いでいた紛れもない親子の証だけれど、それ以上に確かで大きな愛情を注いでもらっていることが何よりも幸せなことだと感じられた。

瀬尾まいこ・著「卵の緒」（新潮社）自由読書

高等学校の部

●——内閣総理大臣賞

流れる水のように

長野県松本深志高等学校
一年　河西　俊太朗

川を流れ行く水のように、僕はこの本を一気に読み終えようとしていた。清澄が姉の水青のウエディングドレスの刺繍を完成させる最後の場面で、ドアのチャイムが鳴る。

そこにやってきたのは一体誰だったのだろう。僕は想像する。紺野さんならきっと、そのドレスを身にまとった水青の美しい姿を見るために息を切らして駆けつけてきただろう。完成を楽しみに待つ黒田さんだったら、「いい刺繍はできたか」と、ためらう全を引きずるようにやってきたかもしれない。初めての一人旅を堪能した文枝であれば、ドレスを気にかけながらも、たくさんのお土産を抱えて旅の話をし始めるに違いない。皆がこのドレスの完成を待ち焦がれていた。

でもこの後、清澄はこう言っている。「誰が来たとしても、ドアを開けるのは僕だ。」この言葉は眩しい光の矢のように僕の胸に突き刺さった。どんなことがあろうと、これからの未来は自分の足で歩いていこうという決意だからだ。自分の心に正直に生きていこうとする新しい一歩を踏み出した。刺繍が好きで中学時代には友達もなく、母や祖母に心配されて高校に入った。一時は無理をして周りに溶けこもうとしていたが、やっぱり自分の好きを貫く決心こそが、この言葉につながったのだろう。

この本を読みながら考えることは、「普通」や「らしさ」だ。これまで男「らしい」服を着て、振る舞いをして、「普通」に勉強もしてきた僕であって、特段無理をしてきた覚えもそれほどない。しかし時折、周りの「普通は、さあ」という言葉に少し引っ掛かりを感じたこともある。僕はこの三月まで受験生であったが、「受験生らしく」頑張れと言われることには、一体どんな基準でそんなことを言うのかと腹立たしく思ったこともあると、正直に白状しよう。

一方で、「自分らしさ」という憧れのような気持ちで持っていた考え方にも、少し修正が加えられた。これまで僕は揺るぎない芯のような「自分らしさ」を見つけて貫くことは、とても格好いいことのように思い込んでいた。

しかし、ここに登場する人物たちは時に急激に、またゆるやかに自分を変えていった。文枝はマキちゃんとの偶然の出会いから、今まで封をしてきた自分の理想を実現しようとする。それまでは時代や親や配偶者の圧力で、自分の心のままにあることができなかった。水青の「かわいいものは無理」というような頑ななあり方も、過去の心の傷と向き合うことから、ゆっくりとウエディングドレスへと流れ着くことができた。

考えてみると、揺るぎない「自分らしさ」など本当はないのかもしれない。僕は二年ほど前、アメリカを訪れた。ほんの少しでも外国に行ったら、世界のことも自分のこともこれまでと違う見方ができると大いに期待していた。けれども、街を行きかう大勢の人々に圧倒されるばかりで、かえって自分が小さな存在だと思い知らされるだけであった。胸を張ってこれが自分だなどと言うことはとてもできない。

だから、その時々の姿こそが全て自分だと考える。水のように、環境や状況によってしなやかに形も変わるし、水蒸気や氷にも変化する。

肝心なのは、前へと流れていこうとすることに違いない。僕自身も、外国で必死にコミュニケーションを取ろうとした経験は、自信となって、何でも挑戦していこうとする原動力になっている。文枝も水青も、思い出したくない過去の自分の姿や出来事があっても、それに縛られることなく、次のステージへ滑らかに進んでいる。清澄も自分の心に素直に向き合い、前を向いている。その時の自分こそがまぎれもない真実の自分であるから、今を大切に生きることが本当に大事なことだと思う。自分「らしさ」は水のように変幻自在であろう。

であるからこそ、「普通」であること、「らしく」あることを自分自身にも他者にも強く求めるのは間違っている。枠にはめ込もうとすることも、一部分だけを見て評価したり全否定したりすることはもうしない。

今は、世界中がコロナ禍という暗くて長いトンネルの中にあるが、誰もが自分の心に素直に向き合うことを忘れなければ、水のように姿かたちを自在に変えながら、きっと大きな海まで流れ着くことができるとこの本に教えてもらった。「流れる水は淀まない。」は全の言葉だが、一瞬一瞬を大切にしたり、わずかでも努力し続けたりすることができれば、今の苦しさややり切れない思いが浄化されるときも必ずやってくる。それは人に対しても同じだ。その人の「流れ」に寄り添うことでしか、本当の姿に触れることはできない。そして、その先にはきっと僕たちの新しいドアが開け放たれるのを待ってくれているはずだ。

課題読書
寺地はるな・著「水を縫う」（集英社）

●――文部科学大臣賞

世界を変えるために

富山県立富山中部高等学校
二年　北林　愛里咲

　私は医師になることを目指している。しかし最近、大学受験のための勉強が将来何の役に立つのだろうかと疑問を抱くようになり、何のために必死で勉強をしているのか、本当に自分は医師になりたいのか分からなくなり、勉強に対するやる気を失っていた。そんなとき、図書館の一角で微笑む少女に出会った。名前はマララ、十六歳。私は、七年前に国連本部において演説する彼女の姿がテレビで放映されていたことを思い出した。私と同じ歳の少女がなぜ、全世界を前に怖気づくことなく、あのような力強いスピーチができるのか。命の危険にさらされながら、教育の大切さを訴え続けることをやめなかった彼女の芯には何があるのか、私は強烈に知りたいと思った。

　この本を読んで、マララに大きく影響を与えたものが二つあることに気づいた。一つ目は、学校へ行けない子供たちとの出会いである。マララがまだ小学校低学年の頃、近寄ることもできないほどの悪臭を放つごみの山で働く子供たちに出会った。マララはこれらの子供たちを学校に通わせてほしいと父に頼んだ。なぜなら父は学校の経営者で、家庭の事情で学校へ行くことが困難な子供たちを無料で自分の学校に通わせていたからだ。しかし父は、ごみの山で働く子供たちは働かなければ、たとえ授業料が無料でも家庭が飢えることになると説明した。私は、この出会いがマララの信念の土台を作ったのだと思う。なぜなら、彼女の心から、これらの子供たちをすべて学校へ通わせてあげたい、という思いがずっと消えることがなかったからである。

　二つ目は、自分自身が学校へ通えなくなった経験である。マララが小学校五年生の頃、彼女が住んでいた町はタリバンに支配され、政府軍との戦いで町は破壊され、学校は閉鎖された。後に学校は再開されたが、タリバンは五年生以上の女子が学校へ通うことを禁止した。このタリバンの妨害によって、学校へ行くことが、ただ勉強に時間を費やしているというだけではなく、未来を作るためにあるのだということにマララは気づいた。その未来とは、自分の未来だけではなく、自分が暮らしている地域の未来、国の未来、世界の未来でもある、とマララは確信したに違いない。なぜなら、このときから彼女はタリバンの迫害を恐れず、子供たちの教育を受ける権利を守るために、その大切さをメディアを通じて国内外に発信するなど自分のできる限りのことをするようになったからである。

マララは自分のあげる声にどれほどの力があるかに気づくようになったが、その言葉の力を、彼女は「世界を変えるための闘いの武器」と言っている。ごみの山で働く子供たちとの出会いや、タリバンによる学校の破壊や女子教育の妨害によって、変えなければならない世界があることや、最も大切なものは何かをマララは知った。彼女の芯にあるのは、「教育こそが世界の未来を作る。だから、すべての子供たちが教育を受けられるように、世界を変えなければならない。その闘いのために自分の力をすべて捧げる。」という信念なのだと私は思った。

マララが国連本部で行ったスピーチの全文を読み、私は涙が止まらなくなった。彼女の言葉が私にこう迫ってきた。「戦争や貧困、無知、病気によって苦しむ大勢の人たちがいる世界があることを忘れないで。自分の中にある無限の可能性を信じ、知識という武器を持ち、強くなってください。そして、このような世界を変えるために共に闘いましょう。」

私がなぜ、小学校の頃から医師を志すようになったか。それは、私が最貧国の一つと言われるバングラデシュで育ち、病気になっても十分な医療を受けられずに苦しむ人々を幼い頃から大勢見てきたからだ。私も、変えなければならない世界があることを知っていた。そのことに、マララのスピーチは気づかせてくれた。私は、苦しむ人がひとりでも多くこの世界からいなくなることを願って医師を志したのだ。私にとって医師になることは、変えなければならない世界に向き合い闘うことができる、ひとつの生き方である。私が今、もがきながら勉強をしているのは、医師という職業に就くためだけではなく、苦しむ人の役に立つために必要な知識を蓄え、世界を変えようと協力して奮闘するマララたち仲間の一員になるためでもあるのだ、と思えるようになった。「変えるべき世界から目を離さず、苦しむ人に寄り添い続ける。」この思いが私の中のゆるがない芯となり、生き方となるように、自分の中にある可能性を信じ、今与えられている恵まれた教育の機会を最大限に生かして知識という武器を身に着けていきたい。マララがごみの山で出会った子供たちを助けようとして友人に語った言葉が今後の私の支えとなるだろう。「わたしがひとりかふたりを助けて、ほかの人が別のひとりかふたりを助ける。そうやってみんなが力を合わせれば、子供たちみんなを助けてあげられる。」

マララ・ユスフザイ　クリスティーナ・ラム・著　金原瑞人、西田佳子・訳「わたしはマララ：教育のために立ち上がり、タリバンに撃たれた少女」(学研パブリッシング) 自由読書

●——毎日新聞社賞

未知を傾聴す

島根県立松江商業高等学校
三年　小谷風香

　毎晩眠りにつく前に、一日の出来事が走馬灯のように駆け巡る。そして私は、自分らしく過ごせたかと問うのだが、答えは大抵ノーだ。周りの視線を気にしながら、その素振りは見せないようにして、臆病に、慎重に日々を送っている。他者の眼に写る自分を、私たちは己の物差しでしか測ることは出来ない。周りからどう思われているのかを知ることは出来ないのにも関わらず、評価を気にしてばかりいる。未知の相手にありのままの自分をさらけ出すのは恐ろしい。だが、分かって欲しい。誰しもがその葛藤の渦の中で生きている。

　トランスジェンダーであることをカミングアウトしたジェイソンは、一人の女性、ジェシカとして生きたいと家族に告げるが、困惑した両親は頑なに拒絶し、弟のサムは、これを理由にいじめられてしまう。サムにとってジェイソンはサッカーが上手くて学校一の人気者、自慢で憧れの兄だ。故に告白を受け止められないサム、両親、自分をさらけ出せないジェイソンの苦悩が描かれている。この物語の特徴は、ジェイソンではなくサムの視点から語られることだ。サムにとって、女性に興味を持ち始める思春期であったことがより事を難しくさせたのだろう。理解したいのに、頭が追いつかない。サムの迷いもよく理解できる。

　昔、小学校のランドセルの色を選ばせて貰えなかった。手元に届いた濃いピンク色のそれが嫌という訳ではなかった。だが、選択の余地すら与えられないことに対し、幼いながら疑問を感じたことを覚えている。本が好きな私に対して「女の子らしい」なんて言われると、そう思われたくて読んでいる訳ではないと悪意がないと分かっていながらも何故か反発したくなった。今思い返してみると、自分の生まれ持った変えようがない性質を理由に自己を固定されるのが悔しかったのだ。我ながら頑固だったと思うが、その自分の考えに私は誇りを持っている。私が私であることは、自分が決めたことだ。しかし、幼い頃は主張出来た感情を、今は周りからの視線を理由に押し殺している。幼い頃は気にしないでいられた周りの目を、こうも気にするのは何故だろう。きっと、周りの異質なものに対する視線を今までの人生の中で知ってしまったからだ。そうなると、常識の範疇から一歩踏み出すのには大きな勇気を要することになる。

サッカーが上手ければジェイソンが男でも女でも、何でも構わないという監督の考えは自分勝手とも取れるが、真理をついている。一番大事なのは、何を最重要視するかだ。女の子は女の子らしく、男の子は男の子らしくなど、そのようなことはどうでも良くて、むしろ暗黙のステレオタイプを積極的に壊すことが、どの分野においても新たな発見には不可欠だ。現に、ジェイソンがジェイソンでもジェシカでも、本質は変わらない。このサムの気付きを、監督は後押ししたと感じる。

「人間はわからないものに対してそういう態度をとるんだ」

　ジェイソンはこう言った。ヒトの恐怖の根源は未知である。正体を知らないという事実が恐れを抱かせる。理解出来ないと切り捨てる者、見て見ぬふりをする者、主観でラベリングし心の安寧を保つ者と様々だろう。ＬＧＢＴＱに限った話ではない。何かを打ち明けられた時、知ろうともせず否定するのは愚かなことだ。しかし、もし自分の身に同じようなことが起きたら、動揺しないとは断言できない。だから私は、苦しんでいる人が現れた時に受け容れられるように、「聞く準備」がしたい。直接出来ることはなくとも、誰かが耳を傾けることが、苦しんでいる人の救いに繋がって欲しい。何よりも、歩み寄ろうとする姿勢が大切だ。だが、昨今のメディアからは過度に許容する流れを感じる。そのような人々が求めているのは、無理矢理世界に溶け込ませようとする圧力や大きな話題性ではなく、様々な人々が私たちの普通として受け容れられることではないだろうか。

　眠りにつく前、己への問いに誠実にイエスと答えられるように、周りを信頼し、かつ信頼を得られるような姿勢を持って、少しずつマイノリティという概念ごとなくしていきたい。調和すれば少数派も何もないのだから。

　ランドセルの色は私が幼かった頃に比べ、カラフルになった。黒を背負う女の子、赤を振り回す男の子を街中で見かけ、つい笑みが零れた。オレンジに水色、緑に黄色、そこに性別など関係ない。ランドセルを自由に選べるように、生き方だって自由に選んで良い。世界は、もっと鮮やかが良い。皆、息を詰めながら生きている。ありのままの自分を否定されることを恐れている。私は未知の世界に耳を傾け、たくさんの人の生き様、考え方を知り、私に出来ることは何かを考え続けたい。そして少しずつ世界の価値観がアップデートされて行き、今苦しんでいる人々が自分らしく羽ばたける世界の実現を、願って止まない。

ジョン・ボイン・著　原田勝・訳「兄の名は、ジェシカ」（あすなろ書房）

課題読書

● 毎日新聞社賞

「知ること」と「知られること」を両立する

茨城県立鉾田第一高等学校
一年　佐伯陸斗

『水を縫う』奇抜なタイトルと表紙のさわやかな青につられて、安易にこの本を感想文の題材に選んでしまったことを軽く後悔した。自分の「多様性」に対する認識の浅さを、きれいさっぱり見抜かれた気がしたのだ。読み終えたあと、表紙に広がる青に対してさわやかさを感じる余裕はなかった。「多様性」という三文字の言葉にすら多様性が備わっていることに気づかされ、しばらく呆然とした。

現代の社会において、「ダイバーシティ」「マイノリティ」「多様性」等の言葉が飛び交い、人のありとあらゆる性質を認める流れが加速している。「『ふつう』じゃなくたっていい。自分の生まれ持った個性を尊重しよう」という主張が、力を持つようになった。私はその流れにおいて、完全なる部外者であった。性的マイノリティとしての悩みをもっているわけでも、身体に障害を抱えているわけでもない。自分が男として扱われることに違和感を感じたことはないし、「男らしく」と言われることにもそれほど抵抗感はない。いわゆる「ふつうの人間」だった。だからといって、多様性を認める現代の流れに無理解なわけではない。ネット上でマイノリティゆえの苦しみを語っている人がいれば、応援するし、もし友達のなかの誰かが自分のふつうではない性質を告白してきたら、無神経な発言なんてせず、すべてを受け入れるつもりである。

この本の主人公である清澄に対しても、最初は同じ思いだった。清澄は一見ふつうの男子高校生だが刺繍を趣味にしている。その男らしくない趣味のせいで、クラスメイトからは馬鹿にされ、母親からも嫌な顔をされてきた。清澄は周囲の無理解に苦しみながらも、魅力あふれる刺繍の世界から離れられない。

私は清澄に同情した。自分なら理解してあげるのにと、もどかしさが募る。しかしその思いは、清澄自身が起こした行動によって止む。彼には、入学式のときに話しかけられて以来なんとなく共に過ごすようになった宮多という友人がいた。とはいえ自身の趣味については打ち明けられず、窮屈さを感じていたとき、清澄は凛として自分の趣味を突き詰める女生徒を見つける。勇気づけられた清澄は、宮多に刺繍が好きなことを告げる。宮多は、清澄の趣味を否定しなかったどころか、非常に肯定的な反応を返した。清澄は思う。「わかってもらえるわけない。どうして勝手にそう思い込んでいたのだろう。今まで出会ってきた人間が、みんなそうだったから。だとしても、宮多は彼らではないのに。」そして清澄は、今度は自分が宮多の好きなゲームのことを知ろうとする。

なぜだろう。清澄のその行動に、胸がざわめく。自分が思い描く「多様性」の概念をもう一度思い浮かべてみる。自分は、マイノリティ側の人たちをマジョリティの自分が一方的に承認することが、多様性の実現になると考えていなかっただろうか。そして、自分のマイノリティへの理解の裏には、時代の最先端を生きるスマートな人間になりたい、称賛を得たい、というやましさがなかっただろうか。清澄は一方的に理解される側にとどまらなかった。知ろうとしたのだ。知り、知られる関係を築こうとした。宮多は主要人物ではないためあまり話に登場しないが、このエピソードのあと、清澄の家を訪れる様子や呼び名を「松岡くん」から「キヨ」へと変えている様子がさりげなく描写される。清澄が宮多のことを知ろうとしなかったら、今の関係は築けていただろうか。ずっと「松岡くん」のままではなかったか。

「多様性」について考えるとき、自分は部外者であるという意識がいつも抜けなかった。時々日常に現れるマイノリティの人々を一方的に承認すれば、それで多様性の実現に加担したことになるものと考えていた。しかし、それだけでは不十分だ。もっと事態の中心部に行って、相手をより一層理解し、自分も理解されなければならない。お互いに理解しあう対等な関係が築けてこそ、真の多様性は実現するのではないか。「知る」「知られる」どちらか一方だけを自分の役割にして生じる状態を「多様性」と呼ぶか。誰もが両方の役割を備えて生じる状態を多様性と呼ぶか。人それぞれでいい。でも、私は後者の方に美しいものが生まれる気がする。

本を読んだ数日後、電車に乗る機会があった。車内には、年齢も性別も異なる様々な人の姿が見える。ここにいる全ての人の個性を受け入れる余裕は、さすがにない。けれども、誰か一人だけならと思う。そして、その人にも自分の個性を理解してもらえたなら、きっと嬉しくてたまらなくなって、もっとその人の個性に触れたくなるに違いない。新たな気づきを得たその日は、いつもより体が軽かった。

課題読書
寺地はるな・著「水を縫う」（集英社）

●――毎日新聞社賞

「水を縫う」を読んで

群馬県立前橋女子高等学校
一年　井上萌々子

この本は、裁縫好きの高校生清澄が、姉水青のウエディングドレスを完成させるまでの、心の葛藤や成長をみずみずしく描いていた。彼のみならず、彼を取り巻く温かいけれど少し不器用で、でも懸命になりたい自分になろうとする人々が、それぞれに抱える揺れ動く思いや悩みと向き合う。彼らの苦悩に寄り添うことは、自分の生き方についても考える良い機会となった。そして、彼らからもらったものが、私には大きく二つある。

　まず、世間に浸透している基準や限界にとらわれず、自分の心が求める情熱を大切にする勇気だ。男だから―。女だから―。性別や年齢、国籍や周りの意見、時代背景などにより育まれ、中には根付いてしまったものもある「らしさ」という縛り。これを無意識のうちに意識し、腫れものにならないように空気を読み、自分の本当にやりたいことや言いたいことを隠してやり過ごす生き方は無難だ。でも、私は、清澄や全、くるみたちが迷わず進むように、そして迷いながらも進むことを決意したみんなのように、信じた道をまっすぐに生きてみたい。「自分らしさ」を求める生き方をしたい。そう強く思うようになった。なぜなら、彼らが殻を脱し、前向きに希望の光を見つけ出す瞬間には、揺らめく水が朝の陽を浴びて輝くような清々しさ、眩しさがあったからだ。悩める自分を乗り越え、希望を胸に前向きに生きようと決意する煌めきの、なんと美しいことか。自分の心の持ち方ひとつで、なりたい自分になれるんだよと、その煌めきが優しく私の背中を押してくれた。

　だがしかし、自分の「やりたいこと」は何か。「自分らしさ」とは何なのか。見つけたくてたまらない。清澄にとっての刺繍のように―叫び出したいほどにうれしく、目の眩むような熱を感じ、息がつまるほどの幸福に満たされ、生きている、と実感するほどに没頭できるものを。でも、きっと焦ることはない。今を一生懸命生きること、それが、自分のやりたいことを見つける一本道であると信じている。そして、その道中の景色から学びを得て、成長を重ねていこう。見つけた「自分らしさ」は人生の宝物になるに違いない。胸を張って楽しむのだ。ワクワクしてきた。

　もう一つの大きな収穫は、相手の気持ちを決めつけない、「思慮深さ」への意識だ。私たちは「らしさ」の呪縛を、自分のみならず、他人の言動にもかけてはいないだろうか。それは清澄や水青の母、さつ子のように、子が悪目立ちしないように、失敗しないようにと、先回りしてしまう親の思いの中にありがちだが、子の自由な考え方や失敗から学ぶ機会、たくましい心を育む機会を奪う恐れもあるのではと思う。周囲が偏った目で他人の言動を制限する風潮が、この世の中には根付いている。しかし、大きく人道を踏み外すようなことでない限り、人の心の自由を尊重できる世の中を、私たちで築いていきたい。最近では、偏見による様々なハラスメントに声をあげる人たちのニュースを耳にするようにもなり、少しずつ、世の中の理解が進んできているように思う。この夏の東京五輪で「多様性と調和」が大会ビジョンとして掲げられたことも記憶に新しい。トランスジェンダーである女子重量挙げのローレル・ハバード選手が「私たちが新しい、より理解の深まった世界に移っていくにつれ、私のような人たちもただの人間であるということを、皆理解し始めると思う。」と語ったことも、多くの人の「思慮深さ」への意識に確かな気づきを与えたと思う。

　また、私たちは、無意識のうちに、自分が作り上げた先入観をもって、他人と接してはいないだろうか。物事の捉え方や考え方というのは、人によって実に様々で、ひとつとして同じものはないのに。「シンプル」なドレスを巡って清澄と水青がイメージを共有できなかったように、同じ言葉を使っていても、それぞれに思い描くもの、そこに込めた意味合いは異なる場合がほとんどだ。私は、清澄が一生懸命作ったドレスを解体するところがとても印象に残った。水青はドレスのことを何もわかっていない、自分なら一番水青に似合うドレスを作れる、そしてきっと姉の生き方はこんなふうなのだろうと「決めつけて」作ったドレスだと、清澄は気がついたのだ。お互いがわかり合おうとする努力をしたことで、お互いが納得できる結果が生まれた美しい瞬間には、尊さを感じた。自分も相手の本当の気持ちを知ろうとする姿勢で人と接し、理解を深め合っていきたいと思った。

　私の将来の夢は、小児科医になることだ。この夢に向かって学びを深めるうちに、私の心を揺さぶるような熱情が湧き上がってくるような気がしている。清澄たちからもらった、「自分らしく」生きる勇気と、相手の心に対する「思慮深さ」をもって、子供たちの心に寄り添い、笑顔を咲かせられる医師を目指す。そんな自分に誇りを持ち、いつまでも情熱を失わず理想を追い求める人生を送るのだ。

寺地はるな・著「水を縫う」（集英社）

課題読書

毎日新聞社賞

幸せへの虹の橋

青森県立弘前南高等学校
二年　池田ひなた

「手帳はひなたと一緒に返しに行きたい。」私はこの夏、十七年間持っていた身体障害者手帳を市役所の福祉課窓口に返却した。先天性の重い心疾患を抱えているが、多くの方の助けをいただき、症状が落ち着いたからだ。「十七年間、大変お世話になりました。」深々と頭を下げて返却する母の姿は、少し涙ぐんでいたけれど、とても嬉しそうに見えた。福祉課の窓口には、性別や年齢に関係なく、相談に訪れている人が大勢いた。帰り道、私は真っ白な背景に七本のカラフルなチョークが並んだ、「虹色のチョーク」という本を迷いなく手に取った。

　虹色のチョークは、社員の七割が知的障がい者である日本理化学工業株式会社の経営陣や社員、その家族への取材を本にしたノンフィクションである。知的障がい者を理解し、受け入れ、働きやすい環境を考案し取り組んでいくことは、並大抵の努力では成し得なかったはずだ。綺麗ごとでは済まない、文字では表せない苦難もあったことは容易に想像がつく。しかし、この本からはその困難よりも沢山の人の笑顔が浮かび上がる、不思議な感覚に捉われた。

　障害者を前に「どうしてできないんだ」と考えるのではなく、常に「どうすればできるんだと考えた。

この言葉が、私の心に強く残っている。障がい者だから無理だと決めつけるのではなく、出来る方法を見出し工夫する発想の転換だ。文字盤の時計が読めない社員のために、砂時計を設置するなど、出来る方法に変える柔軟性と勇気、見守り続ける気持ちに感銘を受けた。私自身、心疾患でみんなと同じことが出来ない自分を恥ずかしく思い、興味はあっても初めから諦めてきたことが沢山ある。運動や委員会活動。今年初めて学級委員になった。みんなの意見をうまく汲み取ることが出来ず悩み、大変なことも多かったけれども、役割があることで高校生活の充実感はより大きいものとなった。今後は壁にぶつかっても、最初から諦めず、「どうすればできるか」を考え、やりたいことには何でも挑戦したい。

　もう一つ、私がこの本を読む上で、知りたかったことがある。障がい者を持つ家族の思いだ。私が心臓病であることを、母は私以上に気にしている。眠った私に、何度も何度も泣きながら謝っているのを知っている。知的障がいと心疾患、症状や重さは違うけれど、もし私が健康に生まれていたら、母はこんなに苦しまなかったのにと思う時がある。

先日、心臓の通院で病院を訪れた際、ある親子に出会った。子どもが転んでしまい泣いているのに、お母さんは知らん顔をしている。私は起こしてあげようと思ったが、その子どもは知的障がいがあり、歩行の練習中だった。お母さんは辛抱強く、子どもが自分で立ち上がることを信じ待っていた。立ち上がった瞬間、お母さんはとびっきりの笑顔を見せた。私は目頭が熱くなった。すぐに手を差し伸べてしまうことは容易いが、本人の将来を思えば、出来ることを増やしたい。障がいがあっても出来ることや、少しの支援でできるようになることは沢山ある。この本にあった家族の言葉に共通するものだ。ふと、小学生の登下校を思い出した。母は私の将来を考え、少しでも体力をつけるために、毎日学校までの道のりを一緒に歩いてくれた。六年間ずっと。

新聞などのインタビュー記事では、話し言葉は書き言葉に改められ、崩れた話し方でも丁寧な口調に直されることが多い。しかし、この本にそれはない。「あっ！　かじり、ありました！」敬語ではあるけれど、どこか拙い短い言葉。知的障がい者のリアルと、仕事への遣り甲斐や優しさが沢山詰まっている。その言葉たちは、丁寧で改まった言葉よりも私の心にスッと入ってきた。一度も会ったことのない社員の楽しそうな笑顔がはっきりと浮かび、染み付いて離れなくなった。

講習後、ふと教室のチョークを手に取ってみた。ピンク、黄色、青、七色はなかったけれど、色の違いは一人ひとりの個性や特性を表しているように思えた。そして、ダストレスチョークは粉塵が飛び散りにくく、ゴミを出さない。私には、この世の中に不要な物や人など存在しないと訴えているように見えた。

夏休みも終わりに近づき、キットパスが届いた。私は自分の部屋の窓いっぱいに、迷いなく大きな虹を描いてみた。窓越しの眩しい光が相まって、色鮮やかに浮かび上がった私の虹。夢の実現に向けて虹の橋を一歩ずつ渡っていきたい。大山会長の人にとっての幸せとは、人に愛されること。人に褒められること。人の役に立つこと。人に必要とされること。彼らから働く幸せ、人の役に立つ幸せを教えられたという言葉を胸に、これからの世を担う私たちの手で、障がい者を一括りの概念で捉えることなく、個々の能力や特性を活かせる社会を作り上げていきたい。障がい者という区別さえもなくなる日を願って。

小松成美・著「虹色のチョーク：働く幸せを実現した町工場の奇跡」（幻冬社）自由読書

●――毎日新聞社賞

始まりの「記」

沖縄県立名護高等学校
三　年　玉　城　りんの

静謐な空気に包まれる。しかしその奥底に熱を帯びた力強い芯を感じる。「見える」ではなく、「感じる」という不確かな感覚。それが心の拠り所になり得るのだという確信を得た瞬間、私はまた一つ強くなれた気がする。

この物語は、偏屈だが研究熱心な民俗学者古谷と、古谷に振り回されながらも、堅実なフィールドワークと不思議な体験から学びを得ていく大学院生の千佳が主人公だ。民俗学といえば『遠野物語』、それくらいの知識しか持たず読み始めたが、そこに描かれた心や思いは、思いがけず、私の中に確かに息づいているものだった。

心に残る場面がいくつもある。鞍馬の紅葉を描きたいと切望する松葉杖の青年を、古谷と千佳が目的地まで電車で送る時に見た七色の紅葉のシーンもその一つだ。美しい景色と青年の笑顔が、私の胸の中に鮮やかに映し出された。彼が途中下車した駅が現実には存在しないことや、その青年が実は、思う存分絵を描きたいと願いながら病気で亡くなった方だと知った時には、千佳と共に息をのんだ。しかし、なぜかすぐに私は、普通のこととして受け入れていた。それは千佳も同じだ。科学で証明できないことよりも、死してなお思い焦がれる切なさや、願いが叶う瞬間の喜びの方が、よりリアルに感じられたからだ。目に見えない誰かの切実な思いの方が、目の前で起きている現実をはるかに超え、胸を打つ。

古谷の恩人である雲照住職の命が尽きるまさにその時、境内にある枝垂桜の老木が満開に咲き誇るシーンもまた印象的だ。老木と住職の絆、生への賛美、儚いはずのいのちの迫力と神々しさに胸がいっぱいになった。紅葉も、桜も、そこに居合わせた全ての人に見えたわけではない。見えないものに線を引かない柔軟な心を持つ人のみが、そこに「在る」風景を感じ取る余白を生み出したのだ。見えないものに線を引くことは、合理的で一見生きやすそうに見える。実際に見聞きできる事実、科学で証明できることや数値で表せるものの方が、自分にも周りにも説明できるからだ。しかし、それが真実かと問われると、心の中心が埋まらない気がしてならない。

私は、以前読んだ『リトル・トリー』という本を思い出した。風や木々の声を聞き、自然と共に生きるチェロキーインディアンの世界と古谷の言う日本人の八百万の神に対する「信仰」に共通するものを感じたからだ。全てのものに息吹やいのちを見出す感覚、目に見えないものに対して線を引かない感覚は、しなやかで力強い。古谷のこんなセリフがある。『この国の人々にとって神は心を照らす灯台だった』―風を読み、星に問い、航路を決めて進むのはあくまでも人間であり、行きたい方向があっているかどうかを自ら確認できるよう、明るく照らすのが神であるという捉え方だ。特別な信仰を持たない私は、これまで神について考えたことがなかった。手を合わせる仏壇にいるのは、神ではなく私をいつも見守ってくれる先祖の方々であり、盆正月には思い出話も聞ける親しみのある存在だ。だからこそ、日々の祈りや願いは、先者も死者を含め、日常の中にあると実感できる。私の町の樹齢三百年のガジュマルに住むという十三人のキジムナーは、会ったことはないが私たちの意識の中で市民権を得ている。集落の祭祀を担っていた母の曾祖母は、神様にウートートーをする小屋で畑や漁の合間に毎日昼寝をしていた。そう考えると、自然も人も神も一緒に生活している感覚に、そんなに違和感を覚えない。民俗学者古谷が言う「信仰」は、宗教というよりも、はるか昔から続く人の営みや生き方なのではないかと私は考えた。目に見えないものに線を引かず、いつも何かに見守られ、助けられている感覚を失わないことで、私たち人間は自然への畏敬の念や周囲への感謝を無意識のまま身の内に宿して生きてきたのかもしれない。そしてそれが、目に見える世界の不条理を乗り越え、知恵を生み出す力になったのではないだろうか。

「目に見えること、理屈の通ることだけが真実ではなく、大切なのは大事なことを感じ取る心だ」この物語全編を通して、古谷は力強く伝え続ける。人智の及ばないことに対し否定せず、諦めずに目を凝らし、先入観なく感じる柔らかい心が、現実を打破する力になるというメッセージだと私は受け取った。それは、SDGsという世界共通の意識の高まり、始まりを感じる今だからこそ、必要な心の在りようだと思う。自分の理解の枠内で線を引いてしまってはいないか―その問いを大切にすること、出来事の中にある見えない思いを大切にすること、謙虚に感じとる余白を心に持つことを、私は忘れずにいたい。それが生者も死者も自然も含めた他者を敬う気持ちにきっとつながる。そしてそのつながりこそが、誰ひとり取り残さない豊かな未来を作り出していく始まりとなると私は思う。

夏川草介・著「始まりの木」（小学館）
自由読書

全国学校図書館協議会長賞

心の模様

石川県　北陸学院高等学校
二年　那谷桃子

「自己紹介をしてもらいます」そう言われてドキドキしない人はほんの一部だと思う。みんな何を言うのかな?趣味と言えるほどのものってあるかな・・・などとあれこれ考えているうちに順番がまわってくる。この小説は、主人公松岡清澄が高校に入学した場面から始まる。刺繍が好きな彼は私から見ればとても魅力的だ。けれども「三年間つつがなく高校生活を過ごすため」には刺繍のことは言わないほうがいいと思っているらしい。たしかに、「刺繍の人」とすぐに覚えてもらえるかわりに「ちょっと変わった個性的な人」という評価もセットでついてくるかもしれない。私は彼をすごく素敵だと思うが、どう感じるかは人それぞれだから。

　ここ数年、「個性」や「多様性の尊重」という文字をよく見かけるようになった。「あなたはどんな人ですか?」「あなたの個性を見せて下さい」と世の中は言う。けれども気軽に思っていることを口にして大丈夫だろうか。皆の予想と違う意見を言った時、そんな考え方もあるんだね！といったん受け止めてくれる世の中になっているのか。そんなことを考える私だって自分と違う意見を尊重できているのか。答えの出ない私に比べ、主人公清澄は迷いがなかった。自分を隠しめんどうくさいことにならないように振る舞うより、自分を見せることを選んだ。そのあとの彼の行動はさらに彼という人間を見せてくれる。可愛いものが苦手な姉のウエディングドレスを作ろうと思い立つのだ。

　一方で、姉の「水青」はなかなか自分を見せてくれない。「それをどこからどのように説明していいかわからない。言ってもわからないだろうなというあきらめが、私の本音を奥底に押しこめる。」水青の印象的なセリフだ。波風を立てない、自分が悪く思われるような行動はしない。母である「さつ子」は水青の行動を好ましく思っている。悪目立ちしてほしくない。集団の中で浮いたところで良いことなんかひとつもない、と思っている。なんか違うなぁ～と私の心が反応した。私はどうやら水青やさつ子とは感じ方が違うらしい。ここでさきほどの問いかけがまた私を襲う。

「自分と違う意見を尊重できるか？」

　清澄はどうするのだろう。提案したドレスを納得してもらえていない。だからといって姉の意見をすべて受け入れることもできそうにない。結婚式に間に合わないのではないだろうか。

　そのような状況の中で、清澄は見事ドレスを完成させた。そしてそこには、離れて暮らす父や父の知人、祖母の協力があった。清澄が動いたからだ。それは、水青の気持ちを尊重するための行動である。

　チュール、シフォン、オーガンジー。父は次々と水青の肩に布を重ねていく。彼女の表情がやわらぐまで、何枚でも何枚でも、急かすこともなく。そこには、水青に寄り添う父の姿があった。

　読みながらはっとさせられた。これが相手を尊重するという姿なんだ。この後清澄は、父がつけた自分たちの名前の由来を、ドレスに刺繍するアイデアを思いついた。「これから生きていくあいだにたくさん泣いて傷つくんやろうし悔しい思いをしたり、恥をかくこともあるだろうけど、それでも動きつづけてほしい。流れる水であってください。」

　水は形を変える。様々なものと混ざり合う。この物語の人物はみな、不器用ながらも相手に合わせて形を変えて寄り添っていた。まるで水のように。そんな生き方でいいのだと、気持ちが楽になった。

　私はいつしか清澄に自分を重ね、共に成長しているような気分になっていた。お互いに寄り添い、認め合う未来を目指す同志として。

　彼は言った。「楽しいことがあったときの針仕事はその部屋に新しい扉や窓をつくってくれる。窓を開け放つと光が射し込む。気持ちがいい風が吹く。扉の向こうにまだ見たことのない景色が広がっている気がする」と。彼は未来を明るいと感じている。この一文を読んで、私はその未来を創っていくのは私たちだと感じた。糸だったものが、刺し重ねていくことによって、面になる。すこしずつかたちになっていく。ひと針ひと針縫うように、私たちがお互いを想い尊重する気持ちがひとつ、またひとつと重なっていけば、やがて世界は変わっていくだろう。それは見えないけれど美しい「心の模様」だ。

　物語のラスト、彼がドレスに施した刺繍を実際に見ることはできない。けれど私たちの頭の中では、それぞれの「想像のドレス」を着た水青がうれしそうに笑っているだろう。

　私は、同じ時代を生きる皆に伝えたいと思う。しっかりと目を見て、大きな声で。

「あなたのドレス、素敵ですね。私とは違うデザインだけど、とても綺麗です。」

寺地はるな・著「水を縫う」（集英社）
課題読書

●——全国学校図書館協議会長賞

文理選択を終えて

徳島県立富岡東高等学校
二年　八木　麻理奈

幼稚園の頃から高校生になった今でも変わらないこと。それは、宇宙に興味があるということだ。幼稚園の時、祖母に星についての本を買ってもらった。その時は星や惑星の存在を知ること自体が私の楽しみだったのだ。小学五年生の時にはそれだけでは足りずに宇宙の仕組みに興味を持ち始め、科学誌を読むようになった。

そして、十六歳になった今、私はそれ以外にも知りたいことがあった。世間一般に科学者と呼ばれる方達についてである。そんな時に出会ったのが『科学者になりたい君へ』という本だ。著者の佐藤勝彦さんはインフレーション理論の提唱者で何度か本を読ませていただいたことがある。科学者について知りたい、理系の者としては憧れの佐藤さんに理系を選んだことを後押ししてもらいたいと思いながらこの本を読み出した。

日本では高校生になると文理選択というものがある。自分の将来について考えて、「文系」と「理系」のどちらかを選ぶのだ。私は前述した通り理系だが、文系と少しも迷わなかったわけではない。宇宙について興味があるのだから、もちろん理系を選ぶべきだろう。しかし、文系である政治や経済にも興味があった。大学で学ぶなら理系科目がいいと自己解決したものの人生の大きな分岐点であると意識しすぎて悩んでいる友人もたくさんいた。

確かに文理選択は高校生のうちに各々の将来について深く考え、必要な科目を詳しく学ぶ機会を与えてくれる。しかし、一度選べば文系と理系との間に隔りが生まれてしまうという短所もあるだろう。

筆者はこの本で「科学」というより「サイエンス」の心構えを持つことが大事だといたる所で訴えかけているように思う。サイエンスの語源はラテン語のスキエンティア（知識）で知ることや知って得たものであるという。つまり、サイエンスは日本語の科学より学問に近いというのだ。

不思議を大切にし、常識を疑う。知りたいと思う。これは何も理系に限った話ではない。おもしろいと思う事柄を自分の意志で調べれば私達はもう立派なサイエンティストなのだ。そう考えると文系と理系の壁が少し低くなった気がした。

また、「分野融合的な研究」の重要性についても説かれていた。これから発展するには分野を超えた研究や思考が必要不可欠だが、日本では分野融合領域で世界に遅れをとっているという。

以前聞いた話ではアメリカなどの外国は文系や理系の区別がなく、自分の学びたい教科が学べるそうだ。文・理に分かれて必要な教科を詳しく学ぶ日本人はそういった国の大学へ行くと天才だと思われると聞く。それなのに日本の大学では入学が、アメリカなどの大学では卒業が難しいと言われるように日本が諸外国に追い抜かれていくのはなぜだろうか。

その一つの要因は文理選択により生まれる関係のない教科への無関心、いわば分野融合的な思考ができないからだと思う。日本ではあまり見られない光景だが、外国では科学者が政治デモをしていたりする。それは科学者としてではなくサイエンティストとしての営みなのだろう。私達がより生活を豊かにするためには文理選択後もたこつぼ化せずに多くの事に興味を持つ必要があるのではないだろうか。

『科学者になりたい君へ』は理系を選んだことを後押ししてくれただけでなく、文系科目に興味を持つことをも肯定してくれた。文理選択を終えて複雑な気持ちをゆっくりと紐解いてくれた。

私は宇宙の仕組みや地磁気、気象について研究する科学者や自分の持つ知識を生かして多くの方々の生活を豊かにできるような機関の職員になりたいと思っている。しかし、科学者になるにはたくさんの苦労があることも分かった。就職は最も大変なことだろう。博士号を取得したものの大学教員などの正規の職に就けないまま無給で研究を続けるポストドクターの問題は深刻だ。理学部で学びたい私も友人に「就職無理学部だよ。大丈夫なの。」と言われた経験がある程だ。筆者の佐藤さんもポストドクターの時期があって不安定な身分で辛かったという。

それでも佐藤さんが諦めずに研究されたのはそれ以上に楽しさがあったからだと思う。苦しみ抜いた末にニュートリノのトラッピング理論やＮＯＲＤＩＴＡでインフレーション理論を生み出す話は読んでいて思わず笑みがこぼれた。

大人になってまた自分の道に悩んだり境遇を嘆くようなことがあるかもしれない。そんな時には折に触れてこの本を読み、高校生の頃の初々しい気持ちに立ち返ろうと思う。そして科学についてだけでなく何事にも興味を持ち、知ろうとするサイエンティストとしてこれからの人生を自分らしく歩んでいきたい。

佐藤勝彦・著「科学者になりたい君へ」
（河出書房新社）課題読書

●——全国学校図書館協議会長賞

自我と他我

滋賀県立八日市高等学校
一年　森　望桜

私は、人と比べられるのが好きではない。他の人と同じ行動をとり、同じ考えを持てば、常に比較対象となり、比べられることは避けられない。だからといって、他の人と違う考えを持ち、単独行動をとってばかりでは、普通の生活ができないことは目に見えている。このジレンマに悩む私にとって、この本はとても魅力的に感じられた。

私と同じ高校一年生の主人公松岡清澄は、一歳の頃両親が離婚し、今は、仕事に追われる母、祖母、結婚を秋に控える姉との四人暮らしである。幼い頃に祖母の影響で覚えた刺繍が趣味の清澄だが、周囲に理解してもらえず浮いた存在になっている。姉は、可愛らしいものや華やかなものが苦手で、結婚式の準備段階で、そんなウエディングドレスを着ることに抵抗を覚えている。そのことを知った清澄は、姉のためにウエディングドレスを手作りすることを宣言する。自らも裁縫が好きな祖母は、裁縫や刺繍を好むことで周囲の人たちと壁ができてしまっている清澄のことを心配しながらも、孫の明るい未来を願いつつドレス作りに協力する。しかし、離婚した夫がデザイナーだということにこだわる母は、子どもに同じ道を歩んでほしくないと、猛反対する。試行錯誤を繰り返しながらも清澄はドレスを作り続けるが、なかなか姉の希望に沿ったものができない。行き詰まった清澄は、デザイナーの父を頼り、そこで今まで見えなかった父の新たな一面を知ることになる。家族のさまざまな思いや願いを縫い込みながらウエディングドレスは完成していく。

「水を縫う」この本は、水をテーマにして一つの時間軸を、主人公の視点だけでなく、その周辺の人たちの視点からも描く。一つの時間軸上で、「普通」という概念が、それぞれの人たちが生きてきた時代背景により変貌していく。例えば、祖母の生きた時代は、男女の性差そのものが生き方の重要な要因となるのが「普通」であり、母の生きた時代は、男女平等という背景のもと、男女が仲良くすることは即恋愛に直結するのが「普通」である。清澄の時代になると性差はたいして問題にされず日常生活や仕事、恋愛においても、「男だから」、「女だから」という括りは取り払われつつある。

私は清澄と同じ時間軸を生きている。しかし、私の実感では、性差がなくなったというのは表面的なことでしかない。

清澄が言った「裁縫に強いのは女子力ではなく生活力。機械に強い、数字に強いのも同じ」という言葉にとても共感を覚えたが、さまざまな世代の人たちと共に生きている以上、その人たちから受ける影響は無視できない。百人の人がいたら百種類の「普通」が存在し、その中での最大公約数が、より「権威」ある「普通」となる。少数派の「普通」は表に出すことがはばかられ、心の声となって沈殿する。それがたまりにたまるとストレスとなり、罪なき人たちを苦しめる。ただ自分なりの「普通」を持ち続けているだけの罪なき人たちを。

清澄は、興味のないことに興味があるふりをし、好きなことを好きでないように装うことはできない。私も以前、同級生との会話についていけなくなった時があった。会話の内容に全く興味がわかなかったからだ。私は同級生を避け、一人で図書館に行き、ずっと本を読んで過ごした。寂しいとは思わなかった。好きでもないことで無理矢理笑顔を作るよりはずいぶんましと思ったからだ。

しかし、この本で、姉の婚約者が姉に言った言葉を読んだとき、はっと思った。彼は言った。「伝える努力をしてないくせに『わかってくれない』なんて文句言うのは、違うと思うで」私は思った。今まで自分は「合うか合わないか」だけの物差ししか持たなかった。なぜ「合う人をさがす」とか、「合わないことに挑戦する」という選択肢を試さなかったのだろうかと。私は、友だちや周りの人たちに、自分の心の内を伝える努力をしてこなかった。友だちに理解されなかったのは当然の結果だったのだ。

清澄は、形のないもの、「水の流れ」をドレスの刺繍という形で表現していく。それは、どう表せばよいかわからない、形なき感情や思いを、言葉や行動という形あるものとして表現することでもある。清澄が丁寧に縫い上げるウエディングドレスの一針一針を思い浮かべながら、私もこれからは、「分かってくれないから」という拒絶ではなく、「分かってもらえたら」という前向きな姿勢で日々を送っていきたいと思った。今後ネット社会が進む中、多様な意見や主張があふれ、「普通」も今まで以上に増えていくだろう。それでも私は、「声高な普通」に屈することなく、「最大公約数の普通」にも妥協せず、自分だけの「普通」を周りの人たちに丁寧に伝え、理解してもらおうと思う。同じ苦労をするなら、人と比べられるストレスに耐えるより、人に理解してもらう困難を選択したいと思う。

課題読書
寺地はるな・著「水を縫う」（集英社）

●——全国学校図書館協議会長賞

科学と共に

山形県立東桜学館高等学校
二年　尾崎楓華

「科学者が人間であること」。当たり前のことだ。今更この筆者は何を訴えたいのか。何気なくこの本を手に取った私であったが、科学、そしてそれを司る科学者に対する見方が変えられてしまう本だった。

　この本と出会うまで、私にとって科学は、「万能なもの」であった。科学に憧れ、世界の謎を解明する魔法使いのような科学者になりたかった。しかしこの本は、科学に絶対はなく、万能なものではないと主張する。東日本大震災について、筆者はこう述べている。原発事故が起きてから、整備の不備、立地選択、導入した科学技術は適切だったのかと科学者は批判されたが、そもそも科学が全てを見通せるわけではないのだと。私達は科学を妄信してしまっていたのだ。私も専門家が全て知っているはずだと考えがちだった。科学が扱っているのは、想定された内側の、狭い世界であることに初めて気づかされた。

　現代では「役に立つ科学」が求められているとある。研究の多くが税金や企業の資金で進められている以上、役に立つことを売りにして予算獲得につなげなければならない。私はこれを知って、窮屈さを感じた。もっと自由に自分の「知りたい」を突き詰めていく科学もあっていいのではないか。これは学校の探究活動を通しても感じたことであった。「この実験って本当に必要ですか。」この言葉がすごく嫌だった。もちろん、時間や資金が有限である限り、優先順位を考えなくてはならないのも事実だ。やりたいだけの科学が独り歩きしてしまっては、効率よく社会の求める課題解決に資することは不可能だとも思う。しかし、今、役に立つかどうかという観点でしかものを見ないとしたら、今後役に立つかもしれないものを見落とすのではないかとも思うのだ。例えば、即社会の役に立つイメージのない藻が好きで藻の研究に没頭する科学者がいたおかげで、未来の科学技術の可能性が拓かれるということがあるかもしれない。効率や役に立つかどうかというのはその時代や文化の文脈に依存する。私達はそれ以外の価値というものを見落としてしまっているのではないか。

　筆者は、科学・科学技術を生き物としての人間のあり方に沿う形へと変えていく必要があると述べており、機械論的非人間化を否定している。出来るだけ効率的で合理的なものを優先し続けることによって、数値信仰を招いただけでなく、人の生き物としての側面が軽視されるようになった。例えば、原子力は人体に悪影響のある物質であるのにも関わらず、エネルギーを効率よく生産するために使われてきた。科学の恩恵を受けるはずの人間が科学によって傷つけられるという皮肉な状況を超えて、人間に寄り添う科学が生まれていくことを望みたい。

　加えて筆者は、肉眼で見る日常の世界と、拡大鏡や顕微鏡などといった科学の目で見えるようになった世界との重ね描きが必要であると述べている。科学の力によって、人間の世界を超えた目を獲得し、見えないものが見えるようになった。そして人間は科学のもたらす目の前の利益や謎に夢中になって日常をつまらないものとして見てしまい、私達が生きる日常生活の場を軽視する結果となった。科学の目をもっと日常に向け、日常としての科学を大事にすることが求められている。

　私はこの本を通じて科学者を何でも叶えられる「魔法使い」として見るのではなく、一人の人間として捉え直すことが必要であるという筆者の主張に共感した。科学者はわからないものと向き合い、肉眼を超えた世界を見ることが許された存在だ。それゆえ、恩恵を受ける人間が生き物であることを認識し、日常における科学を見落とさない科学者が求められるのだと感じた。

　また同時に、科学を語るには様々な分野の知識が必要であると感じた。理系、文系という枠に留まらず、知の世界を自在に越境する人になることが、科学をもっと面白く、豊かにするのではないか。今、私には夢がある。それは、ただ科学の専門家として生きるだけでなく、専門家と一般の人を繋ぐ仕事に就くことだ。文理選択に迷いつつも、理系を選択した私は、周りの優れた友人を見て、私は科学の研究者としてよりも、言葉で伝えるという私の強みを生かして、科学の本質をより多くの人に伝えていく仕事が向いているのではないかと考えた。専門家以外の人々は、研究室の中を覗くことが出来ないため、科学の限界に気づかず、そこに妄信が生まれる。しかし、私達人間は想像力を持つ。効率や目先の利益に目を奪われず、もっと謙虚に科学と向き合うことはできるはずだ。私は科学の専門家たちと共に、生き物としての人間や日常生活に寄り添った、人間にしか創ることのできない世界を創っていきたい。問い直された科学と共に、一人一人の人間の価値が尊重される、より良い世界の実現を目指して。

中村桂子・著「科学者が人間であること」（岩波書店）自由読書

●——全国学校図書館協議会長賞

ブルーな世界とグリーンな私たち

東京都　八王子学園八王子高等学校
三年　山口　ここも

「ぼくはイエローでホワイトで、ちょっとブルー」

　これは日本人として生きてきた著者を母に、アイルランド人を父にもちイングランドに暮らす息子がノートの隅にひっそりと記した落書きだ。私はこの一見真意を測りかねる風変わりな表題に惹かれたのだが、本書はただ色鮮やかな日常を綴ったものではない。「イエロー」であり「ホワイト」でもある彼は「ブルー」、つまり沈んでいるというのだ。

　幼少期を「底辺託児所」で過ごし、小学校は市のトップを走る名門カトリック校に入学するも「元底辺中学校」への入学を決めた彼が目の当たりにしたのは、日常を取り巻く様々な問題にさらされる周囲の人間たちによる、社会の分断を映したような事件の数々だ。同級生のレイシズム丸出しの発言、空腹に堪えかねた少年により繰り返される万引き、制服を買う余裕もない生徒、ひとたび道を歩けば「ニーハオ」とからかってくるホームレス——例は枚挙に暇がない。

　ただ他のどの問題とも異なる角度から痛切に感じたのは、著者が息子と共に母国日本へと帰省した際の妙な体験だ。

　彼女は父親と息子と共にレンタルビデオ店を訪れるのだが、彼女が話す日本語は長い海外生活により不自然で、現住所を示す身分証明書を提示できず、また息子は日本語を話せない。それを見た店員は彼らのことをぴしゃりと「他の人」と言った。「ＵＳ（我々）」に対する「ＯＴＨＥＲＳ（他者）」。ハーフ、ガイジン、部外者、不審者——この世界には様々な「ＯＴＨＥＲＳ」が存在する。

　また別の場面では、日本料理店で居合わせた酔っ払いの中年男性が、彼女の息子が日本語を話せないと知ると周りの諫めも耳に留めず、なぜ教えないのか、日本に対して失礼だと言い放った。

　人種差別というと無意識のうちに他国における例を思い浮かべてしまう。しかしそれは他人事ではなかった。これがフィクションでないという事実が、日本人としての帰属意識をもつ自分にとってある種のショックだった。

　それでもこの著者の息子は現状を嘆くのではなく、受け入れた上で冷静に問題のその先を考える。母親から、体外受精で誕生した子なのだと伝えられた時には「クール。うちの家庭も本物（オーセンティック）だなと思っちゃった」という言葉を発したが、彼らの周囲ではなにかしらの問題を抱えていることが当たり前であり「本物」なのだ。

数々の未知と遭遇し壁にぶち当たっても自分なりに答えを模索する息子。そんな彼を子供扱いし相手にしないのではなく自らも同じ目線で社会から与えられた宿題に取り組むという彼らの前向きな姿勢には一冊を通じて感心させられるばかりだ。

「老人はすべてを信じる。中年はすべてを疑う。若者はすべてを知っている」に付け加えるなら、「子どもはすべてにぶち当たる」になるだろうかと著者は言う。本書にも様々な「本物（オーセンティック）」な子どもが登場するが、その誰もがそれぞれ直面する問題とともに精一杯生きている。「ヤバい」と悪評の公営住宅に住む少年による、自嘲にまみれたバッドなラップは痛快そのもので思わずほれぼれしてしまった。日本から遠く離れた環境の大きく異なる場所で、ただ自らを取り巻く現状に順応するのではなく、疑問を持ち、考えを共有し、抵抗し今日も前へと進む人がいることに少し希望を持った。

私が自分の周りの環境を一言で表すなら、「普通の」「平凡な」などという言葉に頼るだろう。しかしその普通とは何だろう。自分が思う普通が他の誰かにとっての普通と同じはずがないということを、ありふれた日常の中でつい忘れてしまいがちになる。この一冊のうちには、人権、宗教、階級、移民、ジェンダーに関する差別や格差など現代社会にはびこる問題がひしめきあっており、思わず目を背けたくなってしまう。しかしこれが紛れもない現実なのだ。今この瞬間も、私たちが知り尽くしていない、ただ解決の時を待つ問題が渦巻く世界で生きる人がいる。多様性はなぜ大事かと息子に聞かれ、「多様性は大変で面倒だが無知を減らす」と著者は言った。無知とは恐ろしい。無知に甘え、まさに自分が知らぬ間に多様性を否定してしまっているかもしれない。私たちはもっと自分で誰かの靴を履いてみるべきだ。このまま見て見ぬふりを続けてはいけない。

中学に入学し一年半を過ごした著者の息子は、今は「ブルー」より「未熟」の「グリーン」であるらしい。「イエローでホワイトな子供がブルーである必要なんかない」と著者は綴る。私もそう思う。本書は「きっとこの色は、これからも変わり続けるに違いない」という文章で締められているが、これからの世界がどんな色となるのかを託されたのは、未来を担う他でもない私たち若者なのである。

ブレイディみかこ・著「ぼくはイエローでホワイトで、ちょっとブルー」
（新潮社）自由読書

●——全国学校図書館協議会長賞

『夜と霧』に差す光

佐賀県立唐津東高等学校
二年　安田愛実

私は五年前にかけがえのない友人を失った。友人は理不尽ないじめに苦しんでいた。雪の吹き荒れる日の朝のことだった。友人は私に一言残した後、自殺したのだ。どうして助けてあげることができなかったのかと私は自責の念に苛まれた。以後雪の降る日で涙を流さなかった日はない。あれから私の心の中には常に強い悲鳴が響いていた。「生きている資格がない」と。その悲鳴が届いたのか、私の部活動の顧問の先生が一冊の本を勧めてくださった。

それは世界的名著と呼ばれる『夜と霧』だった。著者のフランクルはユダヤ人の精神科医であり心理学者である。そんな彼が第二次世界大戦中、ドイツのナチスによって強制収容所に送り込まれた自らの体験を心理学的な視点から観察し綴ったものである。

本を読み始めて数分、恐ろしさのあまり私は一度本を閉じてしまった。そこには戦時中、ユダヤ人が受けてきた残虐な行為、現代人の私からすれば道徳心のかけらもないような行動が数多書き綴られていた。読み進めていくうちに私の心はどんどん荒んでいった。どうしてこんな恐ろしい話を読まないといけないのか、と。それでも、先生がどうしてこの本を勧めてくださったのか理解したいという一心でなんとか私は本を読み進めていくことができた。

読み終えて実感したのは、地獄のように過酷な状況の中で人間らしい精神を保つことができた人は、例外なく心の支えとなるものを持っていたということだ。特に印象に残ったのは、一九四四年のクリスマスと一九四五年の新年の間に大量の死者が出たという事件だ。この期間中に亡くなった多くの人は、「クリスマスまでにはこの収容所を出て家に帰れるだろう」という素朴な希望によって心を支えていた人である。その希望が打ち砕かれ、生きる意味を見失い、崩れていったのだ。それでも生き残った人は自分の中にささやかな、でも確かな希望を見出していたのだと私は強く感じた。先生はきっと「どんなにつらい状況の中でも自分の中に希望を持って生きなさい」と伝えたかったのだろう。

それでも私の心は一向に晴れなかった。私の心は苦しさのあまりもう希望を見出すことができずにいた。私には生きる意味なんてもうないのではないか。そう思ったが、次の言葉を見た私ははっとさせられた。『誰もその人から苦しみを取り除くことはできない。誰もその人の身代わりになって苦しみをとことん苦しむことはできない。この運命を引き当てたその人自身がこの苦しみを引き受けることに、二つとない何かを成し遂げるたった一度の可能性はあるのだ』私はこれまで心のどこかで苦しみを悪だと捉えていたのだった。今、苦しいのは、過去の自分が誤った選択肢をとったから。間違った選択の先にこの苦しみがあると。違う、間違うこと、苦しむことは別に悪いことではないのだ。この苦しみを引き受けて、とことん自分のものとして苦しむことが大切なのだと気づいた。

『ここで必要なのは、生きる意味についての問いを百八十度方向転換することだ。わたしたちが生きることから何を期待するかではなく、むしろひたすら、生きることがわたしたちから何を期待しているかが問題なのだ』という言葉にはフランクルの思想が顕著に表れている。つまり運命という形で人生が私たちに問いかけており、私たちはその問いに行動で答えないといけないということだ。今の私に置き換えるなら、人生から「友人を失って自責の念に苛まれている。さあ、あなたは次、何をするのか?」と問われていたのにも関わらず、五年間目を逸らしていたのだ。私はいい加減、この人生の問いに答えていかないと前に進めない。そう強く思った。すると私の暗く冷えきった心に温かくやわらかい光が差し込むような気がした。五年前からずっと響いて止まなかった悲鳴は著者の優しい声にかき消されていった。私は気づかぬうちに涙が出ていた。

『夜と霧』——。それは歴史に残る恐ろしい出来事の記録であると同時に、人の心に注目し、「生きる意味」を追求した一人の心理学者の哲学の書でもあると思う。作中の人間の心には自分が生きるために他人から物を奪うような醜いところもあるが、その一方でユーモアを言ったり、人を思いやったりするような強く美しいところもあった。フランクルはおそらく、後者を強く伝えたかったのだろう。希望を捨てなかった人の心は何よりも強く、何よりも美しかった。そしてフランクルは、この逆境を生き抜き、その心を私に感じさせてくれたのだ。そんな彼の言葉は時代を超え、私たちに希望を与え続けている。あたかも霧に覆われた闇に差す一筋の光のように。

ヴィクトール・E・フランクル・著　池田香代子・訳「新版　夜と霧」（みすず書房）自由読書

●――サントリー奨励賞

流れる水のように

栃木県立真岡女子高等学校
二年　村山咲良

「水を縫う」何とも言えない不思議なタイトルに心惹かれ私はこの書籍を手に取った。表紙一面に広がるブルーな風景。そっと置かれる裁縫箱。針と糸。一体どのような物語が縫い合わされていくのだろう。そんなことを考えながら私は丁寧に一頁目をめくった。

　そこには、世の中の「普通」「当たり前」から弾かれ、心の痛みを抱えながらも懸命に生きている六人が一歩前へ踏み出していく姿が描かれていた。作者のやさしさが登場人物一人ひとりに注がれ温かい思いが溢れ出す。そして私自身もその温かさに包まれるような、そんな作品だった。

「男なのに」刺繍が好きな弟の清澄。「女なのに」かわいいものが苦手な姉の水青。「愛情豊かな母親」になれなかったさつ子。「まっとうな父親」になれなかった全と、その友人・黒田。「いいお嫁さん」になるよう育てられた祖母・文枝。（本の帯より）

　流れる水がけっして淀まないのは常に動いているから。だから清らかで澄んでいる。流れる水のようであって欲しいと願い名付けられた水青と清澄。産声が川のせせらぎのように、流れる水のように聞こえたという父親の全はなんて豊かな感性の持ち主なのだろうととても印象に残った。こんな素敵な父親なのに何故、さつ子は嫌悪感を抱き、距離を置いたのだろうか。さつ子の理想とかけ離れているからだろうか。疑問を抱きながらもさつ子に納得してしまう私がいる。交錯する私。そんな全を支える友人の黒田。黒田と家族との関わりの中で生まれる愛情。別れた家族に負い目を感じながらも向き合おうとする全。そのどれもが間違いではなく一つの家族の姿なのだと思った。流れる水のように定まった形を持たない家族の生き方を清々しく思う。

　私の家は、両親、二人の兄、私の五人家族だ。私と二番目の兄とは五歳差で、私は待望の女の子誕生だったと聞いている。年の離れた末娘だった私は相当甘やかされ、皆の愛情を一身に受けて育った。祖母と母は二人の兄たちでは叶えることのできなかった、レースやリボン、花柄の服などここぞとばかりに買ってきた。私もそれが嬉しかった。かわいいもの綺麗なものが好きだったから。それと同時に、二人の兄たちの影響で、昆虫採集や男児用の玩具、サッカーなどで遊ぶことも多くそれらも好きだった。私にとってそれが「普通」であり、「日常」だった。兄たちと過ごした日々はかけがえのないもので、楽しかった記憶として、私の中に鮮明に残っている。男だから刺繍好きをとがめられる清澄。女だけど虫採りやサッカーを容認されてきた私。この差は一体何なのだろう。世間体、常識、社会の価値観なのか。標準的な人間観に阻まれることなく自分の好きを好きと言える、嫌なことを嫌と言える多様性が認められる社会にしなければならないと思った。

　ところで本の中でも多出する「普通」「当たり前」とはそもそも何なのか。個性や多様性の価値とは何なのか。今年行われた東京二〇二〇オリンピック・パラリンピック競技大会は、多様性と調和をテーマとし未来へ継承していくというものだった。人種、肌の色、性別、言語、宗教。あらゆる面での違いを認め受け入れ、共に生きることの大切さをオリンピックを通して学んだ。オリンピックのような世界大会を目の当たりにすると「普通」「当たり前」などちっぽけなものに思えてくる。アスリートの強い眼差しや勝ち負けにかかわらず相手を称え合う姿が尊いものに感じたからだ。失ったものではなくできることの可能性を追い求めるアスリートの前では、「普通」という概念はない。この大会で私は多様性の輝きと意味を考えることができた。

　さて、結婚式でシンプルなドレスに固執する水青のために、デザイナーの全を巻き込み清澄と文枝が姉の思うドレス作りに取り掛かる。素人の二人では思うようにいかなかったドレス作りが一変する。姉と弟の気持ちのずれをいとも簡単に解決し服作りや娘と向き合う全は「まっとうな父親」そのものだった。そして、文枝がさつ子に伝えた「失敗する権利」と「雨に濡れる自由」という言葉。これも私の中で印象に残るものだった。雨予報で傘を持っていくようアドバイスするのは親心。でもその先は子供の人生。失敗や自由を奪ってはいけないという文枝の考え方にとても共感した。将来私が子供を持つ時が来たらこの言葉を伝えよう。

　最後の一文を読み終え静かに本を閉じるとそこに安堵する自分がいた。この家族の未来が拓けたような、自分の未来までもが広がるようなそんな気持ちにさせてくれる作品だった。そもそも「普通」なんて存在しないのかもしれない。だからそんな枠にとらわれることなく家族や友人を信じ、自分自身を信じ、私の進むべき道を歩んで行きたい。この家族が形のないものを縫い合わせたように、私も清々しく、流れる水のように生きて行こう。

寺地はるな・著「水を縫う」（集英社）
課題読書

●——サントリー奨励賞

「清らか」なもの

広島大学附属高等学校
一年　那須天音

『水を縫う』は、作品全体が「水」のにおいに満ちている。特に印象に残っているのは、姉弟の「名前の由来」のシーンである。

名付け親は父の全。難産の末に生まれた姉水青の産声は「川のせせらぎみたいに美しくてやさしかった」。一方の清澄は超安産で産声は「流れる水」の音のように聞こえた。「流れる水は、けっして淀まない。常に動き続けている。だから清らかで澄んでいる。一度も汚れたことがないのは『清らか』とは違う。進み続けるものを、停滞しないものを、清らかと呼ぶ」というのが全の思いである。

姉の水青は幼少期の事件がトラウマで「女なのに」「『かわいい』が苦手」である。そんな姉が結婚を決意した時、清澄は「ウェディングドレスをつくる」と言い出した。姉のためというよりは興味本位で。

そんな甘い気持ちだからか、結局は上手くいかず、縫製工場のデザイナーである全に助けを求める。清澄が小一の時に母と離婚し、養育費を届けにくる勇気さえも持たない父に。

「『かわいい』が苦手」の姉ゆえ、注文は事細かい。「胸元があいているのは嫌」「リボンはつけないでほしい」と、「ふつう」のウェディングドレスの要素が全くない。しかし、全は真摯に娘と向き合い、出来上がったドレス。それは、トラペーズラインと呼ばれるワンピースのようなシンプルなものだった。

姉のドレス制作に全く関われなかった清澄。父が勤務する縫製工場の社長に勧められて、ドレスに刺繍をほどこす。悩んだ挙句、考えたデザインは「流れる水」であった。

ウェディングドレスは、純白で華やかだ。「純真」「無垢」といった花嫁のイメージが象徴されている。一見すると姉弟の名前と結びつきそうだが、この物語の中では相反する。全は「流れる水」の清らかさは「一度も汚れたことのない」「清らかさ」とは違うと言っているからである。そう考えると、清澄がドレスに刻む「流れる水」は、「清らかさ」を誇る無垢のドレスに「汚れ」た経験としての「流れる水」を刻むことになる。なぜ?

よく考えると、この小説の登場人物は「汚れ」た経験を持つ。清澄は趣味の刺繍のせいなのか、クラスに本音で話せる友達もいない。姉の水青は「まじめそう」で「武装」する一方、母は自分の子供にすら愛情が注げない。父の全は「家庭」に関心がないばかりか、仕事もだめだ。そんな父だか、二人の名前の由来に関してこんなことも言っている。「これから生きていくあいだにたくさん泣いて傷つくんやろうし、くやしい思いをしたり、恥をかくこともあるだろうけど、それでも動き続けてほしい。流れる水であってください。」と。

私自身、楽しく学校生活を送っている面もあるが、素の自分を出せているわけでもなく、周りに馴染めないのは清澄と同じだ。水青のように「まじめそう」を演じる陰で、言葉に出せないどす黒い感情を心の奥底に抱くこともある。全の言葉で言うならば「汚れ」た部分を持っているのだ。しかし「汚れ」すら感じないくらい、楽しい日や集中して勉強に打ち込む時もある。やはり、これが人間なのだ。

そう考えると、清澄が水青のドレスに刺繍することは、「流れる水」という「汚れ」を刻む行為なのではないか。「無垢」で「純白」の布に刺繍は穴をあける。一針一針は、一日一日の痛みを刻むことだ。また、清澄は白だけでなく銀の糸も使う。輝く銀色は光の角度によっては鈍くよどんだ色に見える。輝きの中にある「汚れ」と捉えられる。糸と糸との交わりが人との出会い、一縫一縫の軌跡がその人が歩んだ軌跡ならば、ドレスには人生の厚みが加わることになる。つまり、清澄は姉のドレスに「流れる水」としての人生を刺繍したのである。もちろん、その人生は、「進み続ける」ことで「清らか」になるのだ。

私たちは、常識や規則に縛られるあまり、「汚れ」を避けて生きている。「傷つくこと」への恐怖ゆえである。「汚れ」が人生に不可欠であるのに、この恐怖は人々の「寛容さ」を失わせるのだ。現代社会には、その「汚れ」を避けて生きる人がいかに多いことか。もちろん、この私も含めて。

私の言う「寛容さ」とは現実逃避の口実ではない。「汚れ」を受け止め、「汚れ」と共に生きる人間自体を慈しむ姿勢のことである。頭ではわかっていても、その理想と現実の中で私は苦しんでいる。「傷つくこと」を恐れ、初めの一歩すら踏み出せずにいる。

新型コロナウィルス感染拡大の影響下で開催された東京オリンピック。「編み物王子」に代表されるように、世間一般の価値観に対して一石を投じ、活躍する選手に私は勇気をもらった。その姿とこの作品の登場人物は、どこか重なっている。まさに、「水を縫う」生き方だ。私も「流れる水」のような人生を歩みたい。傷つくことがあっても悔しくて涙する時があっても、前を向いて「進み続け」、私自身の「水を縫」おう。

寺地はるな・著「水を縫う」（集英社）
課題読書

●――サントリー奨励賞

「水を縫う」を読んで

香川県立丸亀高等学校
一年　守田　輝

近年、多様性という言葉を頻繁に耳にするようになった。今夏開催された東京オリンピック・パラリンピックにおいても、多様性について考えさせられる機会が何度かあった。例えば、オリンピックで性的マイノリティーであることを公表する参加アスリートが、過去最高の百八十三人にもなったこと。また、閉会式のコンセプトが「Worlds We Share（私たちが共有する世界）」とされ、違いを認め合おうというメッセージが込められたこと。世界中の人たちが改めて多様性について考えるきっかけとなったことは間違いないだろう。この本のキーワードは、「普通の男の子」や「女の子らしい」等の言葉である。ある意味これまで「普通」に使われてきた言葉に、傷つき、苦しむ人たちがいる。自分らしく生きることができる世の中にするためには何が必要なのか、この本を読んで考えてみた。

最初のシーンは高校入学後の自己紹介から始まる。ここで清澄は、自分の趣味が手芸であると言うことを少しためらっていた。初対面の人に、できるだけ良い印象を持ってもらいたいと考えるのは自然なことだろう。趣味に関してからかわれた経験があるならなおさらだ。しかし清澄は自分の好きなことを隠さず、そのまま言った。僕ならもう少し差し障りのないことを話すだろうと思う。その点において僕は清澄を尊敬する。

この本の題名は「水を縫う」だ。もちろん実際に水を縫うなんてことは不可能である。これは一体何の比喩なのだろうか。物語を読み進めていくと、結婚する姉の水青のために清澄がウエディングドレスを作るという話になった。ついに完成したドレスに清澄が得意の刺繍を施していく。決して派手なものではないが、それでいて美しい。流れる水をイメージした意匠だ。水の正体はこの刺繍のことだろう。さらに、僕なりに考えた解釈が一つある。それは、水は人の心を指しているのではないかというものだ。

心は水のように掴み所のないものだ。はっきりとした形はなく、周囲の環境などによって変化する。水の流れる速さが、同じ場所でも日によって少しずつ変わるように、人の考えも時間の経過や成長につれ変わっていくことが多々ある。ましてや自分と他人の考えが全く同じなんてことはあり得ない。同じものを見たからといって、聞いたからといって、したからといって、必ずしも相手から自分の望む反応が返ってくるわけではない。自分と違うから、相手は間違っているのか。人と違うことを考えた自分は、隠しておくべきなのか。いや、そんなはずはない。清澄が、「普通の男の子」なんて、ドラマや漫画の中にしか存在しないのではないかと考える場面がある。僕はそこではっとした。清澄の言う通りだ。たくさんの人がいて、みんなそれぞれ違っているからこそ、布を針で縫って繋ぎ合わせるように、お互いを理解して繋がることが大切なのではないか。「水を縫う」から、そんなことを連想した。

　水青がスカートを履きたがらなかったり、「かわいい」ものを嫌ったりするのは、過去の事件とそれに関するトラウマが原因だ。誰かが何気なく発した一言は、明確な悪意がなかったとしても、相手の心を傷つけることがある。それがその瞬間だけの感情にとどまらず、何年も何十年も相手の心を蝕み続け、その後の人生に大きな影響を与えてしまうこともある。心に受けた見えない傷は、体に受けた傷よりも癒えにくいのかもしれない。それほど大きな力を言葉は持っているのだ。しかし、逆もまた然りだ。言葉は誰かに力を与えてくれることもある。友達と話していて楽しい気持ちになれたことも、頑張れという言葉に励まされたことも数え切れないほどある。言葉は時として人の心を傷つける。しかし、その傷を癒すのもまた誰かの言葉なのだ。

　この物語は場面によって視点が切り替わるので、同じ出来事が綴られる中でも、関わる人々の思いのすれ違いが見てとれる。相手の普段の言動や態度から勝手に決めつけていた事も、よく話を聞いてみるとそうではなかったという事も多いのだ。それぞれが生きてきた中で身につけた価値観や世代間のギャップ、立場などもあるのだから、違いは当然ある。仲の良い友人、さらには家族でさえそうなのだから、他人を理解するということは本当に難しい。つい自分の価値観や物差しで、相手にレッテルを貼ってしまう。それは人間のよくない癖かもしれない。しかし自分と違うからといって否定や排除をしてはいけない。まずは肯定する。そのような考え方や生き方もあるのだと。そこで初めて理解が生まれる。もちろん、人の意見に頷くだけの人間になれというのではない。自分の意見を持ちながら他者を認めること。それがあらゆるマイノリティーへの偏見や差別、そして自分らしく生きることを考える上でも、大切なことだと気付かされた。忘れずに心に刻んでおきたい。

寺地はるな・著「水を縫う」（集英社）
課題読書

●――サントリー奨励賞

2つの「らしさ」の狭間で

山形県立米沢興譲館高等学校
一年　石井倖之介

人が持つ「らしさ」は二種類に分類することができる。ひとつは、「個人的ならしさ」。これは「自分らしさ」と言い換えることもできる。もう一つは、「社会的ならしさ」。みんなが世の中の普通に合わせようとして生まれた偏見や固定概念と言ってもよいだろう。この本を読むまではそう思っていた。

この本は二種類の「らしさ」の狭間で、本当の自分を見つけようとする人たちの物語だ。「男らしさ」や「女らしさ」そして「自分らしさ」。人は自分でも気づかぬうちにたくさんの役割を演じ、多くの「らしさ」を持ち合わせている。そのことを実感できる一冊だった。

主人公の清澄は大阪に暮らす高校一年生。彼の趣味は刺繍だ。しかし母のさつ子は、普通の男の子らしい趣味を持ってほしいと思っている。ある日、彼は大きなチャレンジを始める。結婚を控えた姉の水青のウエディングドレス作りだ。清澄は手芸が得意な祖母とともに、フリルがたくさんついた花嫁らしい華やかなドレスをデザインする。しかし水青は、もっとシンプルな飾らないドレスを望む。彼女は可愛いものが苦手な花嫁だったのだ。姉弟は、お互いを気にしながらも自分と向き合い、徐々に「自分らしさ」を開花させていく。

私はこの本の登場人物たちを心から尊敬する。清澄も水青も社会の「普通」に流されずに、自分を貫いているからだ。「社会的ならしさ」を強要される世の中で「自分らしさ」を保つことは本当に難しい。本来は「自分らしさ」を発揮して好きなように生活することが誰にとっても幸せなはずだ。しかし今、多くの人はそんな単純な理屈を頭で理解していても実行できていないのではないだろうか。

思えば、私のすぐ近くでも「らしさ」を強要される場面がよくある。どの学校の生徒手帳にも「高校生らしい髪型」とか「高校生らしい爽やかな挨拶」といった文言が書いてある。「あなたらしい挨拶」ではないのだ。力仕事をすると「さすが男の子」と褒められるが、これも力持ちという「男の子らしさ」があるが故の発言だろう。世の中には「個人的ならしさ」よりも、圧倒的に「社会的ならしさ」のほうが溢れている。

私自身普段から、「個人的ならしさ」のもとで振る舞えているかと問われれば、即答しがたい。特に学校では、素の自分を出し切れてはいない。学校での自分と家での自分は、もはや別人である。だがそれは、当然の話であると思う。学校と家のどちらでも、まったく同じように過ごす必要はないと考えるからだ。自分の在り様をひとつに絞っている人もいるだろうし、二つ以上あるという人もいるだろう。そのどちらも「らしさ」の一部であり、制限されるものではない。

つまり言いたいことは、人間は「自分らしさ」すなわち「多様性」を持っている以前に、「多面性」を持っているということだ。家での自分、友達といる自分、先生と話している自分……。それぞれの場面で「自分らしさ」があり、どれも本当の自分なのだ。大切なのは常に同じ自分でいることではなく、どの場面でも「社会的ならしさ」の中に「自分らしさ」を表現することなのだろう。その点で考えると清澄には豊かな多面性がある。同級生と談笑する彼はノリがいい高校生。ガールフレンドと話す彼は恰好をつけたがる。両親の離婚により別居している父とこっそり会うときの彼は、幼い息子の顔だ。どの場面の彼も、社会から求められる像の中で彼らしく振る舞っている。そして周囲の人たちのほとんどは彼の多面性を理解し、受け入れている。多面性が尊重された環境だからこそ、彼は自分を見つめ、向き合うことができたのだと思う。

本当の自分らしさって何なのだろう。そんな解のない問いの答えの一端をこの本を通して見ることができた気がする。悩み、時には遠回りをしながらも自分と向き合い成長していく登場人物は、今、不安定な時代の中で自己のアイデンティティを形成していく私たちの世代にリンクするのだ。

清澄の刺繍という趣味をあまり好ましく思っていなかった母のさつ子は、最後までそれを完全に受け入れようとはしなかった。恐らく、親として清澄のことを思うあまり、社会の中で過ごしやすい生き方を息子に求めてしまっていたのだろう。だが私は信じている。いつかさつ子が清澄の縫った刺繍を誇らしく思う日が来ることを。自分らしい生き方は周りを変える程の大きなパワーを持つのだ。

「個人的ならしさ」と「社会的ならしさ」。そして「多様性」と「多面性」。この本で出会ったこれらの価値観は、私の考えを変えた。「らしさ」は二種類だけでない。「社会的ならしさ」と「個人的ならしさ」とが時には重なり合い、複雑に「その人らしさ」を生み出しているのだ。自分らしく生きるって、簡単そうで難しい。でも、自分らしく生きたその先にはきっと、私のための舞台が待っている。

自分らしく、さあ、進め、私。

寺地はるな・著「水を縫う」(集英社)

課題読書

●――サントリー奨励賞

「器と糸」

鹿児島県立鶴丸高等学校
二年　福嶋優莉

初めにこの本のタイトルを目にした時、私は何度もそれを読み返した。水を縫う。水を縫う。一体どういうことなのか。水は縫えるのだろうか。何を使って縫うのだろうか。頭の中に様々な疑問が浮かび上がってきた。しかし、物語を読み進めていくうちに段々とその意味は明確になってきた。

この物語は各章のタイトルが水に関連したものになっており、それぞれに個人の物語や想いが詰まっている。私にはこれが、それぞれの持つ器、その形に合わせて水がどのように形を変えていくのかを表しているように感じられた。そして、その水にはそれぞれの色がある。一つも同じ水はない。しかし、全ての水に共通していることが一つある。それは、「流れ続けている」ということである。それぞれの登場人物が様々な価値観の型にはめられそうになる中で、自分を見付けようと、自分を分かってもらおうともがいている。

価値観の型。「らしさ」の型。男らしさ、女らしさ。そして、母らしさ、父らしさ。「らしさ」とは何なのか。運動部に入ることなのか。かわいい服を着て、かわいいと言われることなのか。子どもに手縫いのバッグを持たせることなのか。自分の好きなことよりも子守を優先させることなのか。

私はこの沢山の「らしさ」の中でも特に男らしさ、女らしさに興味を持った。私の友人に結びついていると思ったからである。彼女は女性でありながら「かわいい」と言われることよりも「かっこいい」と言われることを好み、スカートやワンピースを身につけるよりもズボンやシャツを着ることを好む。以前から疑問に思ってはいたが、この物語を読んだことを機に彼女にその理由を聞いてみることにした。

彼女の答えは至ってシンプルであった。

「私らしくありたいからだよ。」

やはり、である。やはり、自分らしさであった。彼女が言うには、スカートやワンピースを身につけているときよりも、ズボンやシャツを身につけている時の方がより自分らしくいられるような気がするのだという。

それでも案の定、彼女の母はそのことを気にしているらしく、フリルのついたブラウスやロングスカートを勧めてくるのだそうだ。それに、私のように彼女の服装を不思議に思う人も少なからずいるだろう。

それでも彼女は自分の服に自信を持ち続けている。私は、「女の子らしい女の子」になりたくはない。「私らしい女の子」になりたいのだと。人からどんな目で見られようとも何と言われようとも、私はこれが私だ、と胸を張って言える服を着たいのだと。

なるほど、と思った。そういうことなのか。多様性が重視されつつある世の中とはいえ、未だ「らしさ」の概念が根強く残る日本。皆それぞれ「らしさ」から外れている部分を持っているのにそれを指摘されるのが怖くて、自分を型に押し入れる。そんな風潮が残る日本において、自分はこうであると主張するのは決して簡単なことではない。しかし、だからと言って中身も見ずに型にはめて、人の価値を決めつけるような、そんな文化に身を任せるのは違うだろう。そう思った。

私たちは器も糸もそれぞれ持っている。

器は、自分自身で形作っていくもの。自分の好きなものや行動、考え方、行動から私たち自身が自分の手でそれぞれの生涯を通して創り上げてゆく。

糸は、私たちが言葉で結うもの。使い方で人を助けることもあれば、傷付けることもある。人を苦しめる言葉で結った糸は人を縛り付け、人を愛す言葉で結った糸は人と人をつなげる。

自分らしく生きること。

自分の中にある流れる水を、たとえ今は見えていなくても皆持っている清らかな水を、自らが創り上げた自分の器の中で自由に形を変え、色をつけながら、また流してゆく。そうして自分だけの川を、流れを創ってゆく。それが「自分らしく」生きることなのではないか。そうして集まった、それぞれの川を自分の言葉で結った糸で縫い合わせる。すると、様々な想いをのせた一本の流れが出来る。その流れは様々な形を持っている。それは手縫いのバッグかも知れない。フリルのついたスカートかも知れない。しかしこの物語では、それは一着のドレスとなって現れる。その形は、私たちが決めるものなのである。流れを創った私たちが。その完成形に囚われる必要はない。たとえそれが他人の目には醜く映るものであっても、創った流れは流れ続ける限り清らかであり、淀むことはないのだから。

寺地はるな・著「水を縫う」（集英社）

課題読書

●――サントリー奨励賞

綿棒さえも残らずに。

広島大学附属高等学校
二年　樋脇聡美

「推し、燃ゆ」赤く強く刻まれた文字、鮮やかなピンクの表紙。推しという言葉に反応して反射的に手を伸ばしていた。軽い気持ちだった。しかしこの本は想像を遥かに上回る圧倒的な熱量で、私を追い込んだ。私はこの本に出会えた事に感動しているが出会ってしまった事にひどく後悔もしている。掌に握らされた生々しい熱は未だに消えてくれない。

　主人公のあかりはあるアイドルを推している。彼女にとって推しは「背骨」であり、彼女は異常な自己犠牲を払って人生の「肉付き」部分を削り、推しを推す。

　私にも推しがいて、あるアイドルを推していた。なぜ推しを推すのか、今まで直視してこなかった所に向き合う機会になったと思う。

　アイドル、というのは偶像でファンは所謂偶像崇拝者。私は自身の推し方が現実逃避の類だと思っていた。偶像との隔たりは「その隔たり分の優しさ」があり、推しを推す間は現実の煩いを忘れられた。

　しかしあかりの推し方、即ち生き方は現実逃避とは少し違う。あかりは究極的には推しになりたいという欲求、彼との同一化を望んでいた。推しを分析し続け全ての行動は推しを理由に決める。彼女は生きる理由を推しに集約・単純化する事で現実を生きようとしたのではないか。まさに「推しに生かされている」状態。

　私の脳裏には次の文が強く残っている。

「その目を見るとき、あたしは、何かを睨みつけることを思い出す。（中略）生きるということを思い出す。」

　病気を患い、それをも放置するような、生きる気力の枯渇したあかり。推しの鼓動が彼女の生命を突き上げ拍動が波打ち始める瞬間、理屈ではない力の根源を見た。そして私の肉体はその衝動を知っていた。私も、文字通り推しに生かされていて同じエネルギーが体中に循環し充満しているのではと錯覚した。神秘的とすら思った。現実逃避という言葉で言い換えていた私の推し方は、生きる為の衝動を推しに求めたものなのかもしれなかった。

　ふと、私は彼女と年が一緒だなあと思った。それでなくても似ている、と思う。本の中で私と彼女の境界は曖昧になり輪郭が溶けていく。私は彼女で彼女は私だった。

　あかりは更に追いつめられる。家庭やバイトでうまく立ち回れない「皺寄せ」と自身の肉体の重さに苦しむ時、彼女は何かを完全に諦めたように見えた。自分の力では生きる事ができないという諦め。「背骨」によりかかる生活は「自分」を諦めた結果だと、私は思う。そしてそれは楽な逃げ道だと知っている。

　アイドルファンにとってこの本に削られる気力は大きい。推しの炎上・引退・結婚。世で最も恐れる文言TOP3である。一気に畳みかかってくるなんてたまったもんじゃない。あかりが「二足歩行」から「震えて崩れそうになる脚」になり「這いつくばる」姿に落ちていく様子は、推しに頼りきる生活の脆さを顔前に突き出してくるようでぞっとする。

　しかしここで終わってくれなかった。ラスト二頁、深い後悔に襲われる。

　あかりが推しを失い、自己破壊衝動に駆られた時、彼女は綿棒を投げたのだ。綿棒。「後始末の楽な、綿棒のケース」。ここに至るまでの勢いのまま彼女は自殺すると予測していた。しかし、綿棒。彼女は「後始末」をするんだ、と思った。まだ生きるんだ、生きなきゃいけないんだ、推しを失った彼女が?あかりにとっての推しは生を凝縮した存在故、そう思った。無論私が同じ状況下で自殺する訳ではないが、後の事を考える余裕はないだろうと思った。事実彼女の今後—推しのいない生活—を想像してもうまく像を結ばなかった。

　彼女が綿棒にぶつけた「怒り」「かなしみ」は何だったのだろうとずっと考えていた。私はそれを、推しを推すあの生き方しかできなかった弱い自分への怒りと悔恨だと解釈した。一つのものに縋る生活には限界がある。推しに盲目になればなる程、失った反動で推し以外の輪郭ははっきりと浮き上がる。自分自身と周りから逃げ続けて刻まれた、濃い「皺」。それは自業自得でしかない。自分の弱さだ。

　綿棒を片す時「お骨を拾うみたいに丁寧に」拾うと書いてあった。強烈な皮肉である。推しがいなくなって一度死んだあたしの骨は小さくて安価な綿棒。あたしが全てを捧げた結果残ったのは使い捨ての綿棒。

　読後はどこかに放り出されたようで虚無感だけが残った。推しを推す道程に救いはあるが果てには絶望が待っている。あかりは自分の姿だと半ば本気で思った。私は泣いた。推しに委ねていた、自分を「生かす」為の気力の莫大さを前にし立ちすくんだ。体が重かった。新しく生み出されたというより私の中に元々あった無気力感を引きずり出してそのまま放置された感覚。推す気力さえなく、推すのが怖いと初めて思った。

　その日私はアイドルファンを辞めた。

宇佐見りん・著「推し、燃ゆ」（河出書房新社）自由読書

●――サントリー奨励賞

自分のちっぽけさを感じて

埼玉県立浦和第一女子高等学校
二年　原　まりこ

衝撃を受けた写真がある。それはどこかの海岸の光景だった。プラスチックの漂流物が、まるで流木かのように海岸をうめつくしているのを見て、海洋汚染が私の想像よりもはるかに深刻なことを知った。「世界を変えられる人になりたい。」そんな思いが胸に走った。

「一人の人間の力で世界は変えられる。」このような言葉を、社会貢献活動をしている先人たちから何度聞いただろう。確かに、彼らが一人で起こした行動は、世界に影響を与えている。しかし私は、そんな力を意識するたびに、足がすくんで動けなくなるのだった。自分にそんな影響力があるはずがない。どんな方法で取り組めば良いのかもわからない。そして、自分が目指す姿と今の自分との葛藤に耐えながら、何の行動も起こさないまま、日々を過ごしてきた。

そんな私を変えてくれたのがこの本だった。中村医師は、自分の力の大きさを信じろ、とは言わなかった。彼は、自分の力の限界を見つめながら行動した人だった。

「天、共に在り。」これは彼の全てを貫く言葉だ。「天」とは、木や水といった自然と、たくさんの人との関係によって作られている、自分を取り巻く世界のことだ。自分をその中の存在としてとらえ、それらと共に生きようとする。これが彼の姿勢だ。簡単なことだと思うかもしれない。しかし私たちはさもすれば、家族が自分を支えてくれていることを忘れてしまう。自然の存在も遠くなっている。

私は、彼の地元民と共に働く姿が印象的だった。工事のリーダーに現地の人を任命し、彼らの技術を褒め称える。そこには、先進国から来た傲りや地元民との隔たりは存在しない。彼は、日本の江戸時代の治水技術を灌漑工事に採用した。普通なら考えもしない選択だが、彼にとっては自然なことだった。これならばコンクリートや重機はいらず、優れた現地の石工技術が活きる。一度技術を習得すれば、修理も現地の力で行うことができる。地元民自身の尽力があって初めて灌漑が完成すると考えた彼の選択は、まさに「天、共に在り。」を体現したものだったのだと思う。

この姿勢は、土や水、天候といった自然に対しても変わらない。アフガニスタンでは、何十年に一度大洪水が襲う。しかし中村医師は、大洪水に備えて用水路の堰を強靭に造ってはいけないことを知っていた。強靭な堰は洪水に耐えられる代わりに、河道を変え、堰の破壊以上の被害をもたらすからだ。彼は地形をよく観察し、地の利を活かして河道を決め、土手には強度を増すために柳を植えた。自然と対立してはいけない、という彼は、洪水で押しよせる水を前にしても全く動じない。急流を前にして人間のなす術がないことを知っているからだ。

　自分が支えられている人間関係や自然の偉大さを意識すると、自分がいかに小さい存在であるかが痛いほどよくわかる。中村医師は己の力の小ささを、そして、人間が周りのものと生きている存在であることを、知っていたからこそ現地の人と協力し、自然と和すことを目指したのだと思う。そしてその努力が、砂漠を緑に変えたのだ。大事業を成し遂げるのに必要なのは、自分の力の大きさを信じることではない。自分の力の小ささを知り、周りと共に歩むことだ。

　中村医師の言葉の余韻にひたりながら、私は静かに目を閉じ、自分の周りに意識を向けた。今まで聞き過ごしてきたたくさんの音と、通り抜ける風の中で、自分が確かにこの世界とつながっていること、そしてその世界の中でとてつもなくちっぽけな存在であることを知った。そして己の力のちっぽけさを感じたとき、私が「変えたい」と思った海洋汚染を解決するために、自分ができることが見えてきた。

　私たち高校生は、選挙権も経済力も持たないちっぽけな存在だ。しかし高校生の消費活動は、高校生向け商品が一大市場をなしているように、社会に大きな影響を与えている。ならば、高校生の新しい生活スタイルを、私たちの武器であるＳＮＳを使って提案してみよう。環境問題への関心を生産者に伝えられる、企業訪問も高校生の特権だ。仲間だって、少し声をかけてみれば、周りにたくさんの同志がいた。こうして私は、環境に優しい商品の選択を提案する、高校生プロジェクトを始めた。もう、心にあの葛藤はない。ただ、自分ができることを見つめ、周りと力を合わせてそれを進めていくだけだ。

　今年の夏、タリバン首都制圧の報を聞いたとき、真っ先に心に浮かんだのが中村医師の用水路のことだった。美しい水を湛えた命の道は、今も無事だろうか。あの緑ゆれる地で、今も変わらず生活が営まれているだろうか、と。それほど、この本は、私の心の中に根を下ろしていたのだ。中村医師は、紛れもなく私の人生の師となっていた。

中村哲・著「天、共に在り：アフガニスタン三十年の闘い」（ＮＨＫ出版）

自由読書

●——サントリー奨励賞

媒介者

大分県立杵築高等学校
三年　山方海香

あなたは最近、空に浮かぶ朝日を目にして「綺麗だな」と感じることが、あっただろうか。また、目にした朝日を紙に描きおこしてみたり、曲のイメージとして楽器を使い演奏することが、あっただろうか。私は、美術に携わる身として、よくそんなことがある。毎日、見慣れた通学路でも、赤く咲いた花や工事中の機械音、その時の気分で感じ方は大きく変化する。その些細な感動を何か形にしたいと私は思う。だから、私は「音楽を連れ出す」という風間塵の言葉に共感と衝撃を覚えた。

芸術―絵画・音楽など様々な素材・表現様式・技術などによって美を創作・表現する活動のこと。「芸術」という言葉で一括りにされている音楽。だが、音楽は視覚の恩恵を持たないにも関わらず、聴衆に奏者自身の曲に対する想いや、イメージを伝達し得る事実に衝撃という名の畏怖の感情を抱いた。この本は、そんなシビアな世界に生きるピアノ奏者の少年、少女を描いた話だ。その中でも、風間塵が奏でるピアノは多くの聴衆を虜にし、天才少女・栄伝亜夜のピアノ奏者としての覚醒を促した。互いに影響し合った彼らは、「音楽に音楽を返さなくちゃいけない。」と作中で述べている。その一文を読んで、私たちは「美の媒介者」であると自覚した。芸術を追求する私たちは、日常的に感じた感動を、「美」と称して、衝撃を受け、模索することで「美」を自身のオリジナルにし、連れ出し、「美」に帰依するために、人々を芸術を通じて感動させる必要がある。まさに人と「美」を仲立ちしていると感じた瞬間であった。

あるミュージシャンが、「こんなクソみてぇな世界で…。」と不満を嘆いている姿を目にした。だが、果して本当にそうなのだろうか。世界は、あなたや私たちが生きるこの世は、不満をぶつけるほど魅力のない、むなしく、寂しいものなのだろうか。私は、決してそうではないと否定したい。早朝の日の出が海を紅く染め上げ、澄んだ空におかれた雲が風に流され、いつもは通ることのない道に、知らないきれいな花が咲き乱れ、何処かで鳥の声が木霊する、あなたの知らない田舎の山道。ビルが建ち並び、キレイに整備された街並で、ネオンの光に包まれた人々が賑わう私の知らない都会の街路。まだこの世界には、私やあなたが知らない、まだ価値を見いだせていない

「美」が、すぐ側にあるかもしれない。そうとも知らず、この世界に不満を抱くのはまだ早いのではないだろうか。この事実を伝えるために、芸術に携わる私たちは、まだこの世界に私たちを感動させる「美」があるという証明を、人々に芸術でもって明言しなければならないのだ。そう、私たちは「美」を「美」に返さなくてはならないのだ。

近代化により、暮らしが便利で効率の良い世の中になった。さらにAIの導入によって、人々の個性も社会において重要視されるようになった。その個性を生かす手段として、芸術に対する関心も徐々に高まっている。だが突然、一から何か新しいものを創作・発明することは、容易なことではない。そのことは、芸術を追求する者たちならば、身に染みていることであるだろう。私たちは、まず日常にある「美」を自身のもとに連れ出すこと、すなわち自身の中で、「美」を模索することから始めるのだ。一見、難しく感じるかもしれないが、そんなことはない。日常にある風景や音を一回立ち止まって、見直し聴き直すだけでいい。感覚的に言えば、以前、読んだ本をもう一度読み返してみると、新しい発見を得る感覚と同じである。その感覚で、あなたの日常に埋もれている「美」、すなわち感動や些細な気付きを、大切に拾い上げてほしいのだ。ただ、その「美」を機械仕掛けのレンズ越しでのぞいてはいけない。本作でも、「今の子たちは、とにかくなんでも写真に撮る」「まるでカメラ越しでないとその存在を確認できないとでもいうように」と著わされている。「美」の証明は媒介者の役目であり、存在意義そのものである。写真に切り取られてしまった「美」は、「美」に返すことはできないのだ。写真は、一時的なその場しのぎの虚構にすぎない。私たちは、自身の目に映る生きたままの感動だけから衝撃を受けるのだ。あなたが感じた偽りのない衝動で、何かを創造し、発信することを促すことこそ、風間塵だけでなく私たち「美の媒介者」が背負った最大の天命なのだ。

あなたが、感じた感動や衝撃を追求し、そして芸術を通して今度は、あなた自身が周囲に伝えるのだ。レンズ越しでもなく、機械がその過程に携わることのないあなただけの「美」。私は、美術を追求する「美の媒介者」として、この世界が、どれほど「美」に満ちあふれているのか、あなたのすぐ側に埋まっている「美」を芸術でもって証明し、「美」に「美」を返し続けることを、ここに約束しよう。

恩田陸・著「蜜蜂と遠雷」（幻冬舎）自由読書

●——サントリー奨励賞

障害とともに生きるとは

京都府立福知山高等学校
一年　辰巳讃良

私がこの本に出会ったのは、中学二年生の時だ。それ以来、この本は、私にとって特別な存在だ。嬉しいことがあった時や悔しくてたまらない時、そして涙がこぼれるほど寂しい時に、いつでも本を開けられるよう、手元に置いている。なぜなら、それは、本を開くと父に会えるからである。

私の父は、私が三才の頃、病気で脳にダメージを受け、高次脳機能障害となった。博士と同じく、倒れるまでの記憶――つまり長期記憶は保持されるが、短期記憶――最近あった出来事は覚えておくことができない。だから私は、父の中では、いつまで経っても三歳の女の子のままだ。初めてこの本を読んだ時、私は、父がここにいると思った。

そのためだろうか。私は『博士の愛した数式』を、一つの家族の物語として読んだ。実は、この物語の登場人物たちには、血のつながった本当の家族との縁が薄いという共通点がある。未婚の母である「私」は、自身も母子家庭の出身だ。そればかりか、「私」も、「ルート」も、父親の顔さえ知らない。「博士」もまた両親が早世し、兄が父親代わりだ。「博士」の義理の姉である「未亡人」も、「博士」の兄である夫に先立たれ、子どももいない。仮に、両親と子どものいる家を一般的な家族像とするならば、彼らはその誰もが、「当たり前」の家族を持つことができなかった人たちだと言える。そんな彼らが、「ルート」を中心に大きな輪となり、手を結ぶ。

『博士の愛した数式』は、一人の子どもの成長を見守るために、互いに何のつながりもない者同士が家族となる、そんな物語だと思う。

そう考えた時、「博士」が書き付けたオイラーの公式は、彼らを「家族」として結びつける重要な役割を担っていたと言うことができる。その公式は、「私」と「未亡人」の言い争いを収めるために示されたものだ。しかし、それは「未亡人」から私に対する疑いを消し去ったばかりか、以後「ルート」を守る協力者にしてしまう。「《$e^{\pi i}+1=0$》」の「+1」は「ルート」であり、すべての子どもたちだ。子どもを守るのは大人の義務であり、それを果たすためには、どんな時でも大人は一致団結しなければならない。数字をコミュニケーションの手段とする「博士」は、そのことをオイラーの公式によって、主張したかったのではないだろうか、と私は考える。

なぜなら、そのことは、「私」の息子に「ルート」と名付けたこととも通じるからだ。そこに、子どもをいつどんな時も守るべき、か弱い存在として捉える「博士」の心情が表れている。

この物語の中で、私が、胸を衝かれるような思いに駆られた場面が一つある。それは、野球観戦をした翌朝、すべてを忘れている自分に気づいた「博士」が、泣く場面である。自分の障害を自らが書いたメモによって知り、ひっそりと泣く「博士」の姿に、私は思わず父の姿を重ねてしまった。父もまた、私たちが無意識に発した心ない言葉や態度によって、毎回、自らの障害の宣告を受け続けていたのかもしれない。そう考えると、それまでの自分の無神経さに、いたたまれなくなった。

施設で療養している父にとって、成長した私は、常に初対面だ。障害のためとは言え、自分が忘れられていることを受け入れるのは、簡単ではない。悲しい気持ちと、父に対する腹立たしい気持ちが、いつも私の中で混ぜこぜになっていた。しかし、この場面を読んで、初めて、私の父の苦しみに触れた気持ちがした。止まってしまった「時間の淵に墜落」した苦しみや絶望は、本人にしかわからない。その父の苦悩を思うと、それまでの自分の言動が、あまりにも子どもっぽく思え、恥ずかしくなった。ある日突然、障害を負い、その後の人生を断たれた人の苦しみに、本当の意味でやっと気づくことができたと思う。

この物語は「ルート」の名づけの場面に始まり、彼の就職が決まったことを報告する場面で幕を閉じる。生産性を重視する現代社会において、障害者は迷惑な存在として扱われることが多い。だが、子どもの自立を見届けることが大人である親の役割だとすると「博士」はその役目を立派に果たしたと言える。

障害は、誰にとっても地続きだ。それを否定する考え方は、人間そのものを否定することにつながる。「私」が「博士」の数学の才能と記憶障害を対等に扱ったように、障害も一つの個性として捉えられる社会になったら、どんなにいいだろう。弱者を閉め出す社会はもろいと聞く。人を障害の有無や、性別、年齢、肩書や地位などで区別することなく、人間としての姿に気づき、それを皆と共有していく――そのことが何より大切だと私は思う。

そのためにも、互いの個性を認め合い、物事を見極められる心の目を養えるよう、様々なことに挑戦し、自分の視野を広げる努力をしていきたい。新しい社会を築いていくのは、次世代を担う私たち自身なのだから。

小川洋子・著「博士の愛した数式」（新潮社）自由読書

●——サントリー奨励賞

「わたし」を考える

静岡県立浜松北高等学校
三年　大石琳菜

　現代において、私たちは複数の「顔」を持てるようになった。それは化粧の工夫や整形手術など、物理的なことだけでなく、精神的なことにおいてもそうだ。ＳＮＳ上に複数のアカウントを持ち、「顔」を選んで使っている人は多い。私もその一人である。しかし、もちろんこの「顔」たちはすべて個人から派生したものであり、本体である人物がそこに存在することに変わりはないと当たり前のように思っていた。それに対し、疑いを持つきっかけになったのがこの「他人の顔」という本であった。

　化学実験の失敗により顔一面がケロイド瘢痕に覆われた男は仮面、つまり「他人の顔」を被り、妻の愛を取り戻そうと試みる。弁解にも、被害妄想にも思われる、男の過剰なまでに緻密で暗鬱な心理描写。「顔の喪失が、べつに本質的なものの喪失ではありえないだろう」そうは言っても、それを意識すればするほど男は顔というものに執着していくのだった。

　「怪物の顔が、孤独を呼び、その孤独が、怪物の心をつくり出す」、これは私がこの本を読んで一番心に残った言葉だ。人間にとって顔がどれだけの役割を果たしているか、そして他人から受け入れられないことが私たちにとってどれだけ恐ろしいことなのか、考えさせられた。人の印象が外見、その中でも特に顔に左右されることは否定できない事実だと思う。美しいものを好み、醜いものを嫌うのは当たり前のことだ。赤ちゃんはあどけない顔をしているから可愛がられるのであり、俳優はかっこいい顔を持っているから人気が出る。一目惚れで恋が始まるのも、化粧品が飛ぶように売れるのも、やはり社会ではまず顔が重視されるからなのだと思った。そして、終盤の妻の怒涛の論破は圧巻であった。結局はすべて男の独り相撲だったのだ。しかし私はこの男を滑稽だと笑うことはできない。様々な「仮面」を被れるようになり、簡単に「誰でもない他人」になれるようになった今、「わたし」は一体どこへいくのだろう。顔を晒さなくても他人と関係が持てるＳＮＳでは発言や行動がそのまま「わたしという人物」を構成する。たとえ自分の中身が受け入れられ難いものでも、誰も現実の自分を特定できないのだから安心できる。むしろ自らの顔を隠したときに現れる自分の本心や欲望こそが「素顔」なのかもしれない。しかしその「素顔」が自分そのものだと言われると、私たちは得体のしれない不安を覚えずにはいられない。「この素顔は本来のわたしではない」と足掻き始めるのだ。自分の顔を隠す私たちは、その顔の「生きながらの埋葬」を試みるが、現れた「素顔」で自分がどんな人間か決定づけられてしまうのは何だか怖い。そんな矛盾を抱え、堂々巡りしている私たちも、よほど滑稽な独り相撲をとっているのだろう。

そして、この「わたしという人物」のいわゆる「宙ぶらりん」状態に対する不安から逃れるために生み出されたのが、現代人の「普通」であることへの執着であると私は思う。他人の中に紛れてしまえば、「異常だ」と指を指される恐怖もない。「他人の顔」を求めた男も、顔が今まで通りだったのなら、もしくは周囲の人間も同じように顔にひどい傷を負っていたのなら、あんなにも卑屈で粘着質な思考には陥らなかったはずなのだ。また、他人にもそれぞれ自己意識があり、互いを認め合えば認め合った分だけ自分の居場所が確固たるものになったようで安心できる。なにより、「わたし」を形成するものとはなにか自ら探して守る必要がなく、他人に合わせるだけで居場所を得られるのだからこの上なく楽だ。そう考えると、男の妻の言う通り、私たちが本当に欲しがっているのは受け入れてくれる他人ではなく、自分自身を映す鏡なのかもしれない。自分は普通だ、周りに溶け込めている、自分の居場所がある、ここに自分はいる、という安心感を確実に得られる。だがもちろんそれは錯覚で、実際には自分自身というものが空になり、「自分の顔」、そして「わたし」はどんどんなくなっていってしまっているのだろう。

物理的にも精神的にも「顔」を隠せるようになり、新たな「顔」を作ることも可能になった現在、自分のアイデンティティ、「わたしとは何か」を見失う人が増えているのではないか。私自身もどの「顔」が「わたし」なのかはこれから先もはっきりと分かることはないと思うし、「わたし」が明確に定義できるものではないことも知っている。しかし、何も考えずに他人に同化することに慣れてしまう前に、この本に出会えて良かった。絶望の告白を読んだ後の感想としては男に冷たいかもしれないが、これから先「わたしとは何か」を考え続けていくことは、私の大きな生きがいになるだろう。楽な方へ流れようとせず、考えることを諦めない姿勢を貫いて、私は「わたし」の人生を歩んでいきたい。

安部公房・著「他人の顔」(新潮社)自由読書

第67回コンクールのあらまし

この青少年読書感想文全国コンクールは、青少年の良書に対する関心を高め、読書指導の一助になればと、一九五五（昭和三〇）年に創設されました。約五万編の応募作品からのスタートでしたが、今回、第六十七回のコンクールには、全国の小学校・中学校・高等学校・海外各地の日本人学校など合わせて二万四千百四十校から、計三百十七万千三百六十七編（内訳は次ページ表参照）の作品が寄せられました。

本書のタイトル『考える読書』は、一九六五（昭和四〇）年、第十一回コンクールの折、当時の皇太子殿下（現在の上皇さま）より「みなさんが〝考える読書〟の習慣をりっぱに身につけていることを知り、ほんとうに心強く思いました」とのおことばにちなんだものです。

応募作品は各学校や市区町村で選抜され、都道府県のコンクールを経て、その上位入賞作品が代表として中央審査会に送られます。今回の都道府県代表作品は、小・中・高合わせて五百七編でした。その中から百十五編が、内閣総理大臣賞（最優秀作品）、文部科学大臣賞（優秀作品）、毎日新聞社賞（優秀作品）、全国学校図書館協議会長賞（優良作品）、サントリー奨励賞（奨励作品）の各賞に選ばれました。本書には、小学校・中学校・高等学校の部のすべての入賞作品を収めました。

■審査のしくみ■

応募作品 ←提出 学校 ←審査 市区町村 ←審査 都道府県 ←審査 中央審査会 ←審査 入賞者

※6月上旬、応募要項を毎日新聞紙上に発表

※9月中旬、応募作品締め切り（9月下旬～11月中旬審査）

●主催　毎日新聞社・公益社団法人全国学校図書館協議会

●後援　内閣府・文部科学省

●協賛　サントリーホールディングス株式会社

中央審査会から

中央審査会では、各都道府県の代表として寄せられた感想文について、一次審査から最終審査に至るまで、多くの審査委員が様々な観点から厳正に審査を行い、各賞の受賞作品を決定した。

内閣総理大臣賞や文部科学大臣賞を受賞した感想文に共通する優れた点は次の三点である。第一に、発達段階に応じた等身大の物語を読んでおり、ノンフィクションでも自分の興味に基づいた選書をすることで、本をしっかり読み込んでいた。第二に、本の内容と自分の経験を対比しながら自分の考えを広げたり深めたりしていた。第三に、題名・書き出し・文章構成などをよく考え、読書の楽しさや読書によって得た自己変革が伝わるように工夫していた。

今後の課題は次の二点である。第一に、不正確な引用、書き言葉と話し言葉の混同、誤字・脱字といった表記に関する誤りが散見された。こうした誤りは児童・生徒の問題というよりは指導の問題と考え、各学校・各地区審査の段階で修正するように働きかける必要がある。第二に、ワークシートに当てはめて書いているようなパターン化された作品が散見された。読書をした後の感動を人に伝えたいという思いを大切にしながら自分自身の表現を生み出させるような指導の工夫が求められている。

結びに、コロナ禍の中、読書感想文に取り組んだ児童・生徒の皆さん、それを支えてくださった保護者やご家族の皆様、ご指導くださった先生方、本の出版に携わった皆様、本コンクールを支えてくださった皆様に心からの敬意と感謝をささげたい。

中央審査委員長　大島　康正

★第67回青少年読書感想文全国コンクール集計★

●全国応募総数

小学校	15,475校	1,808,830編
中学校	6,922校	979,471編
高等学校	1,683校	382,244編
海外日本人学校	60校	822編
計	24,140校	3,171,367編

●中央審査会応募数(都道府県代表作品)

	小低	小中	小高	中学	高校	計
課題読書	52	52	51	51	45	251編
自由読書	52	52	52	51	49	256編
計	104	104	103	102	94	507編

第67回青少年読書感想文全国コンクール入賞者・入選者一覧

自由読書、課題読書を通じて各部一編

最優秀作品（内閣総理大臣賞）

小学校低学年	自由	おねえちゃん大すき	横浜市立瀬ケ崎小学校 一年	大塩理奈	いとうみく・作 つじむらあゆこ・絵「おねえちゃんって、いっつもがまん!?」	岩崎書店
小学校中学年	自由	オーバーテーブルでつながる気持ち	岡山県倉敷市立倉敷東小学校 四年	面﨑千青	前田海音・文 はたこうしろう・絵「二平方メートルの世界で」	小学館
小学校高学年	自由	人生をより豊かにするために	千葉県市川市国府台女子学院小学部 五年	泉奏花	金田一秀穂・著「15歳の日本語上達法」	講談社
中学校	課題	本気の「好き」のその先に	茨城県洞峰学園つくば市立谷田部東中学校 八年	廣瀬健伸	清水洋美・文 里見和彦・絵「牧野富太郎：日本植物学の父」	汐文社
高等学校	課題	流れる水のように	長野県松本深志高等学校 一年	河西俊太朗	寺地はるな・著「水を縫う」	集英社

優秀作品（文部科学大臣賞）

自由読書、課題読書を通じて各部六編（一編は文部科学大臣賞、他の五編は毎日新聞社賞）

小学校低学年	課題	おばあちゃんとわたしのワンピース	松山市立桑原小学校 二年	弘田愛子	とみながまい・作 たかおゆうこ・絵「あなふさぎのジグモンタ」	ひさかたチャイルド
小学校中学年	課題	カメムシが教えてくれたこと	鳥取市立賀露小学校 四年	河﨑美空	鈴木海花・文 はたこうしろう・絵「わたしたちのカメムシずかん：やっかいものが宝ものになった話」	福音館書店

小学校高学年	自由	幸せに生きることと心の在り方	奈良市　近畿大学附属小学校　六年	北村優季	ミヒャエル・エンデ・作　上田真而子、佐藤真理子・訳「はてしない物語　上・下」	岩波書店
中学校	自由	言葉に思いをこめて	福島県郡山市立富田中学校　二年	武藤さくら	森谷明子・著「春や春」	光文社
高等学校	自由	世界を変えるために	富山県立富山中部高等学校　二年	北林愛里咲	マララ・ユスフザイ　クリスティーナ・ラム・著　金原瑞人、西田佳子・訳「わたしはマララ：教育のために立ち上がり、タリバンに撃たれた少女」	学研パブリッシング

優秀作品（毎日新聞社賞）

自由読書、課題読書を通じて各部六編（一編は文部科学大臣賞、他の五編は毎日新聞社賞）

小学校低学年	課題	「かんしゃの気もちをこめて」	東京都足立区立栗原小学校　二年	篠田心琴	鈴木まもる・作・絵「どこからきたの？おべんとう」	金の星社
小学校低学年	課題	ジージーは本当のプリンセス	奈良県橿原市立耳成南小学校　二年	村上駿太郎	スーザン・ヴァーデ・文　ピーター・H・レイノルズ・絵　さくまゆみこ・訳「みずをくむプリンセス」	さ・え・ら書房
小学校中学年	課題	カラスとくらす	東京都杉並区立天沼小学校　三年	渡辺朱宇	嶋田泰子・著　岡本順・絵「カラスのいいぶん：人と生きることをえらんだ鳥」	童心社
小学校中学年	課題	カラスの言い分とぼくの言い分	栃木県那須塩原市立埼玉小学校　四年	濵田慈恩	嶋田泰子・著　岡本順・絵「カラスのいいぶん：人と生きることをえらんだ鳥」	童心社
小学校高学年	課題	自由とは	群馬県沼田市立升形小学校　五年	峯川芽依	加藤多一・作　大野八生・絵「エカシの森と子馬のポンコ」	ポプラ社
小学校高学年	課題	ポンコから学んだこと	名古屋市立平和小学校　六年	柚之原健介	加藤多一・作　大野八生・絵「エカシの森と子馬のポンコ」	ポプラ社

小学校高学年	課題	「不安」と共に生きていく	宮城県気仙沼市立津谷小学校	六年	井上東咲	アンナ・ウォルツ・作 野坂悦子・訳「おいで、アラスカ！」	フレーベル館
中学校	課題	信じる力	名古屋市立川名中学校	三年	佐藤満花	マイケル・モーパーゴ・作 佐藤見果夢・訳「アーニャは、きっと来る」	評論社
中学校	課題	楽しくて楽しくて	千葉市立川戸中学校	三年	鈴木ももか	清水洋美・文 里見和彦・絵「牧野富太郎：日本植物学の父」	汐文社
中学校	課題	人を想う	東京都葛飾区立水元中学校	三年	大角奏歩	濱野京子・作「with you（ウィズ・ユー）」	くもん出版
高等学校	課題	未知を傾聴す	島根県立松江商業高等学校	三年	小谷風香	ジョン・ボイン・著 原田勝・訳「兄の名は、ジェシカ」	あすなろ書房
高等学校	課題	「知ること」と「知られること」を両立する	茨城県立鉾田第一高等学校	一年	佐伯陸斗	寺地はるな・著「水を縫う」	集英社
高等学校	課題	「水を縫う」を読んで	群馬県立前橋女子高等学校	一年	井上萌々子	寺地はるな・著「水を縫う」	集英社
小学校低学年	自由	大すきがつたわりますように	兵庫県姫路市立大津茂小学校	一年	福井陽乃	サム・マクブラットニィ・ぶん アニタ・ジェラーム・え 小川仁央・やく「どんなにきみがすきだかあててごらん」	評論社
小学校低学年	自由	りっぱな大ず王子さま	津市立新町小学校	二年	西山奈々子	はしもとえつよ・作・絵「おおいなるだいずいちぞく」	偕成社
小学校低学年	自由	ちがっていいんだ	岩手県北上市立南小学校	二年	髙橋みひろ	フィフィ・クオ・作・絵 まえざわあきえ・訳「ぼくだってとべるんだ」	ひさかたチャイルド
小学校中学年	自由	自然のサイクルはすごいな	島根県浜田市立三隅小学校	三年	吉原脩都	三輪一雄・作・絵「こちらムシムシ新聞社：カタツムリはどこにいる」	偕成社
小学校中学年	自由	「神様のパッチワーク」を読んで	松山市立湯築小学校	三年	入船将治	山本悦子・作 佐藤真紀子・絵「神様のパッチワーク」	ポプラ社

小学校中学年	自由	ぼくのゆめはわかめりょうし	岩手県大船渡市立末崎小学校 三年	鈴木龍海十	青木優和・文 畑中富美子・絵 田中次郎・監修「わかめ：およいでそだってどんどんふえるうみのしょくぶつ」 仮説社
小学校高学年	自由	神様からのごほう美	東京都板橋区立上板橋第四小学校 五年	水島凜子	岩貞るみこ・文 松本ぷりっつ・絵「わたし、がんばったよ。：急性骨髄性白血病をのりこえた女の子のお話。」 講談社
小学校高学年	自由	大切な場所	長野市立篠ノ井東小学校 六年	高村ことは	マイク・トムソン・著 小国綾子・編訳「戦場の秘密図書館：シリアに残された希望」 文溪堂
中学校	自由	海色を航る	山口県熊毛郡田布施町立田布施中学校 二年	倉橋和希	ヘミングウェイ・著 高見浩・訳「老人と海」 新潮社
中学校	自由	その一歩を踏み出せば	岐阜県立岐阜聾学校中学部 三年	藤川心花	今村彩子・著「スタートラインに続く日々」 桜山社
高等学校	自由	幸せへの虹の橋	青森県立弘前南高等学校 二年	池田ひなた	小松成美・著「虹色のチョーク：働く幸せを実現した町工場の奇跡」 幻冬社
高等学校	自由	始まりの「記」	沖縄県立名護高等学校 三年	玉城りんの	夏川草介・著「始まりの木」 小学館

優良作品（全国学校図書館協議会長賞）

自由読書、課題読書を通じて各部六編

小学校低学年	課題	「そのとき」がくるかな	山形県東田川郡三川町立東郷小学校 二年	中村麻亜紗	すずきみえ・作 くすはら順子・絵「そのときがくるくる」 文研出版
小学校低学年	課題	こんどはぼくが、おうえんしたい	福島県双葉郡富岡町立富岡第二小学校 二年	佐藤貞二郎	スーザン・ヴァーデ・文 ピーター・H・レイノルズ・絵 さくまゆみこ・訳「みずをくむプリンセス」 さ・え・ら書房

小学校低学年	課題	みえない人にもかんしゃして	岩手県北上市立笠松小学校　一年	小田島　榮万	鈴木まもる・作・絵「どこからきたの？おべんとう」	金の星社
小学校中学年	課題	ゆりの木荘の約束	東京都国分寺市立第七小学校　四年	根本　恵衣	富安陽子・作　佐竹美保・絵「ゆりの木荘の子どもたち」	講談社
小学校中学年	課題	ぼくなら「くずまき町ずかん」	福岡県北九州市明治学園小学校　三年	宗　佑樹	鈴木海花・文　はたこうしろう・絵「わたしたちのカメムシずかん‥やっかいものが宝ものになった話」	福音館書店
小学校中学年	課題	しっぱいをおそれずに	富山県砺波市立出町小学校　四年	松田　理沙	ミヒャエル・エングラー・作　はたさわゆうこ・訳　杉原知子・絵「ぼくのあいぼうはカモノハシ」	徳間書店
小学校高学年	課題	私たちとオランウータンの未来のために	宇都宮市立西原小学校　六年	高橋　倖大	久世濃子・著「オランウータンに会いたい」	あかね書房
小学校高学年	課題	新しい自分で「明日を造る」	山形大学附属小学校　六年	富樫　晃仁	長江優子・作「サンドイッチクラブ」	岩波書店
小学校高学年	課題	将来の夢を育てたい	新潟市立上山小学校　五年	東樹　和賀子	長江優子・作「サンドイッチクラブ」	岩波書店
中学校	課題	変人～信じた道を貫く～	山形県南陽市立沖郷中学校　三年	片桐　貴洋	清水洋美・文　里見和彦・絵「牧野富太郎：日本植物学の父」	汐文社
中学校	課題	夢から始まる生き方	長崎大学教育学部附属中学校　二年	水﨑　晨陽	清水洋美・文　里見和彦・絵「牧野富太郎：日本植物学の父」	汐文社
中学校	課題	今の私にできること	東京都世田谷区　田園調布雙葉中学校　三年	村井　彩夏	濱野京子・作「with you（ウィズ・ユー）」	くもん出版
高等学校	課題	心の模様	石川県　北陸学院高等学校　二年	那谷　桃子	寺地はるな・著「水を縫う」	集英社
高等学校	課題	文理選択を終えて	徳島県立富岡東高等学校　二年	八木　麻理奈	佐藤勝彦・著「科学者になりたい君へ」	河出書房新社
高等学校	課題	自我と他我	滋賀県立八日市高等学校　一年	森　望桜	寺地はるな・著「水を縫う」	集英社

小学校低学年	自由	みえるとかみえないとかじゃない	石川県七尾市立朝日小学校　一年	阿部奏和	ヨシタケシンスケ・さく　伊藤亜紗・そうだん「みえるとかみえないとか」	アリス館
小学校低学年	自由	まほうのえんぴつはどこにある	宮崎市立大塚小学校　二年	迫田那陸	マララ・ユスフザイ・作　キャラスクエット・絵　木坂涼・訳「マララのまほうのえんぴつ」	ポプラ社
小学校低学年	自由	「にじいろのさかなとおおくじら」をよんで	高知県安芸郡田野町立田野小学校　一年	上村博也	マーカス・フィスター・作　谷川俊太郎・訳「にじいろのさかなとおおくじら」	講談社
小学校中学年	自由	子ぎつねヘレンがぼくにのこしたもの	大阪府吹田市立片山小学校　四年	脇田悠生	竹田津実・著「子ぎつねヘレンがのこしたもの」	偕成社
小学校中学年	自由	心の目に見えるうつくしいもの	福井県今立郡池田町立池田小学校　三年	杉本陽飛	あまんきみこ・作　菅野由貴子・絵「おかあさんの目」	ポプラ社
小学校中学年	自由	「お菓子な学校」って何？	静岡県浜松市立入野小学校　四年	稲垣里渚	ラッシェル・オスファテール・作　ダニエル遠藤みのり・訳　風川恭子・絵「ジャコのお菓子な学校」	文研出版
小学校高学年	自由	知ること。知って思うこと。	山形県東根市立東根中部小学校　五年	平田雪乃	森達也・著「いのちの食べかた」	KADOKAWA
小学校高学年	自由	普通って何？	北海道旭川市立高台小学校　六年	佐藤開生	東田直樹・著「自閉症の僕が跳びはねる理由：会話のできない中学生がつづる内なる心」	エスコアール出版部
小学校高学年	自由	わたしらしさを探して	岐阜県各務原市立蘇原第一小学校　五年	中島颯良	稲垣栄洋・著「はずれ者が進化をつくる：生き物をめぐる個性の秘密」	筑摩書房
中学校	自由	友だち	愛知県丹羽郡大口町立大口中学校　二年	樋口和留	重松清・著「きみの友だち」	新潮社
中学校	自由	肩の力を抜いて	埼玉県越谷市立富士中学校　二年	安発沙友里	額賀澪・著「ヒトリコ」	小学館
中学校	自由	「海と毒薬」を読んで	宮城県黒川郡大衡村立大衡中学校　三年	九嶋偲月	遠藤周作・著「海と毒薬」	角川書店

高等学校	自由	科学と共に	山形県立東桜学館高等学校 二年	尾崎　楓華	中村桂子・著「科学者が人間であること」	岩波書店
高等学校	自由	ブルーな世界とグリーンな私たち	東京都　八王子学園八王子高等学校 三年	山口　ここも	ブレイディみかこ・著「ぼくはイエローでホワイトで、ちょっとブルー」	新潮社
高等学校	自由	『夜と霧』に差す光	佐賀県立唐津東高等学校 二年	安田　愛実	ヴィクトール・E・フランクル・著　池田香代子・訳「夜と霧　新版」	みすず書房

奨励作品（サントリー奨励賞）

自由読書、課題読書を通じて各部一〇編以内

小学校低学年	課題	たからもののくつした	北海道小樽市立山の手小学校 一年	佐々木　深悠	とみながまい・作　たかおゆうこ・絵「あなふさぎのジグモンタ」	ひさかたチャイルド
小学校低学年	課題	3つのチームへ「ありがとう」	神奈川県足柄下郡湯河原町立吉浜小学校 二年	中村　友香	鈴木まもる・作・絵「どこからきたの？おべんとう」	金の星社
小学校低学年	課題	ぼくにもそのときがきたかも	徳島県吉野川市立学島小学校 二年	本田　千真	すずきみえ・作　くすはら順子・絵「そのときがくるくる」	文研出版
小学校低学年	課題	ジージーのみずとぼくのみず	和歌山市立三田小学校 一年	渡部　稜大	スーザン・ヴァーデ・文　ピーター・H・レイノルズ・絵　さくまゆみこ・訳「みずをくむプリンセス」	さ・え・ら書房
小学校低学年	課題	「そのときがくるくる」は、まほうの言ば	富山市立藤ノ木小学校 二年	中村　仁美	すずきみえ・作　くすはら順子・絵「そのときがくるくる」	文研出版
小学校中学年	課題	「ゆりの木荘の子どもたち」から教わったこと	愛知県豊田市立朝日小学校 三年	堀　美咲	富安陽子・作　佐竹美保・絵「ゆりの木荘の子どもたち」	講談社

小学校中学年	課題	カラスと共に生きよう	愛媛県西予市立多田小学校	四年	星　心咲	嶋田泰子・著　岡本順・絵「カラスのいいぶん‥人と生きることをえらんだ鳥」	童心社
小学校中学年	課題	たからものにかえちゃおう	埼玉県春日部市立武里小学校	三年	篠﨑惺空	鈴木海花・文　はたこうしろう・絵「わたしたちのカメムシずかん‥やっかいものが宝ものになった話」	福音館書店
小学校中学年	課題	時代をこえても大切にしたい気持ち	神奈川県藤沢市立湘南台小学校	四年	寺内瑠偉	嶋田泰子・著　岡本順・絵「カラスのいいぶん‥人と生きることをえらんだ鳥」	童心社
小学校中学年	課題	大切なやくそく	宮崎市立西池小学校	三年	増田菜香	富安陽子・作　佐竹美保・絵「ゆりの木荘の子どもたち」	講談社
小学校高学年	課題	ピリ辛サンドイッチ	鹿児島市立草牟田小学校	六年	山田慶吾	長江優子・作「サンドイッチクラブ」	岩波書店
小学校高学年	課題	カッコ悪い私	福井県越前市武生南小学校	六年	川本一翠	アンナ・ウォルツ・作　野坂悦子・訳「おいで、アラスカ！」	フレーベル館
小学校高学年	課題	「世界をもっと広げよう」	埼玉県三郷市立吹上小学校	六年	阿部晃成	久世濃子・著「オランウータンに会いたい」	あかね書房
小学校高学年	課題	オランウータンを守りたい	徳島県阿波市立伊沢小学校	六年	中野夏実	久世濃子・著「オランウータンに会いたい」	あかね書房
小学校高学年	課題	明るい未来へ	静岡県富士市立吉原小学校	五年	渡辺　吏	アンナ・ウォルツ・作　野坂悦子・訳「おいで、アラスカ！」	フレーベル館
中学校	課題	孤独感と戦う子供達	島根県益田市立横田中学校	二年	安立　葉	濱野京子・作「with you（ウィズ・ユー）」	くもん出版
中学校	課題	『ウィズ・ユー』を読んで	福井県大野市陽明中学校	三年	高石悠人	濱野京子・作「with you（ウィズ・ユー）」	くもん出版
中学校	課題	牧野博士の贈り物～草木を愛する心の種～	徳島県立富岡東中学校	二年	土井優理	清水洋美・文　里見和彦・絵「牧野富太郎‥日本植物学の父」	汐文社
中学校	課題	私のモットー	静岡県富士市立吉原第一中学校	一年	松永琉凪	濱野京子・作「with you（ウィズ・ユー）」	くもん出版

中学校	課題	ありがたみを心に刻み込んで	福島県いわき市立泉中学校 三年	石本愛琴	マイケル・モーパーゴ・作 佐藤見果夢・訳「アーニャは、きっと来る」	評論社
高等学校	課題	流れる水のように	栃木県立真岡女子高等学校 二年	村山咲良	寺地はるな・著「水を縫う」	集英社
高等学校	課題	「清らか」なもの	広島大学附属高等学校 一年	那須天音	寺地はるな・著「水を縫う」	集英社
高等学校	課題	「水を縫う」を読んで	香川県立丸亀高等学校 一年	守田輝	寺地はるな・著「水を縫う」	集英社
高等学校	課題	2つの「らしさ」の狭間で	山形県立米沢興譲館高等学校 一年	石井倖之介	寺地はるな・著「水を縫う」	集英社
高等学校	課題	「器と糸」	鹿児島県立鶴丸高等学校 二年	福嶋優莉	寺地はるな・著「水を縫う」	集英社
小学校低学年	自由	「か」も人のやくにたっている	東京都港区 聖心女子学院初等科 二年	内海寿々	栗原毅・ぶん 長新太・え「やぶかのはなし」	福音館書店
小学校低学年	自由	先生、しゅくだいわすれました	高松市立林小学校 二年	池内伸太朗	山本悦子・作 佐藤真紀子・絵「先生、しゅくだいわすれました」	童心社
小学校低学年	自由	みんなのちからで	福井県越前市大虫小学校 一年	中嶋奏太	ダビッド・モリション・作 小宮悦子・訳「だいじょうぶ？だいじょうぶさ！」	小学館
小学校低学年	自由	うんこダスマンのじゅつ	青森市立佃小学校 一年	荒木直太	村上八千世・文 せべまさゆき・絵「うんこダスマン：うんこのえほん」	ほるぷ出版
小学校低学年	自由	だんごむしのだんちゃんへ	福島市立瀬上小学校 一年	長澤杏奈	得田之久・ぶん たかはしきよし・え「ぼく、だんごむし」	福音館書店
小学校中学年	自由	平和のバトンをたくします	長崎市立南陽小学校 三年	江口瑛太	坂口便・作 村上新一郎・画「世界でいちばん悲しいクラス」	あらき書店
小学校中学年	自由	「幸太朗のニセモノをつくるには」	北海道岩見沢市立栗沢小学校 三年	成田幸太朗	ヨシタケシンスケ・作「ぼくのニセモノをつくるには」	ブロンズ新社

小学校中学年	自由	認め合う心	仙台市 聖ドミニコ学院小学校 四年	碇石和奏	朝比奈蓉子・作 水元さきの・絵「わたしの気になるあの子」	ポプラ社
小学校中学年	自由	スポーツの力	千葉県佐倉市立志津小学校 四年	高橋優乃葉	杉田七重・文 国連UNHCR協会・監修 ちーこ・絵「難民選手団：オリンピックを目指した7人のストーリー」	KADOKAWA
小学校中学年	自由	「八月のひかり」を読んで	奈良市 近畿大学附属小学校 四年	脇坂心	中島信子・著「八月のひかり」	汐文社
小学校高学年	自由	「ありがとう」の価値	愛知県江南市立古知野南小学校 五年	横溝理紗	奥野一成・著「先生、お金持ちになるにはどうしたらいいですか？：15歳から学ぶお金の教養」	ダイヤモンド社
小学校高学年	自由	「親友のつくり方」	埼玉県北葛飾郡松伏町立松伏第二小学校 五年	野水咲笑	今井福子・作 いつか・絵「友だちをやめた二人」	文研出版
小学校高学年	自由	素数ゼミの進化を知る	栃木県那須郡那珂川町立馬頭小学校 六年	和知侑吾	吉村仁・著 石森愛彦・絵「素数ゼミの謎」	文藝春秋
小学校高学年	自由	何のために学ぶのか	秋田県大館市立山瀬小学校 六年	佐藤蓮	長倉洋海・写真・文「アフガニスタンの少女マジャミン」	新日本出版社
小学校高学年	自由	本当の優しさ	沖縄県名護市立大北小学校 六年	古堅ほのか	藤井輝明・著「この顔でよかった：コンプレックスがあるから人は幸せになれる」	ダイヤモンド社
中学校	自由	本当の豊かさを知る	山形大学附属中学校 三年	湯村真菜	大西暢夫・写真・文「ホハレ峠：ダムに沈んだ徳山村百年の軌跡」	彩流社
中学校	自由	仲間	松江市立第二中学校 二年	室田一真	三浦しをん・著「舟を編む」	光文社
中学校	自由	O（オー）・ヘンリー『賢者の贈り物』を読んで	高知市 土佐女子中学校 三年	山本麻優子	O・ヘンリー・作 飯島淳秀・訳 そらめ・絵「賢者の贈り物」	講談社

入選作品

中学校	自由	五年ぶりのモモ	甲府市　駿台甲府中学校	二年	角田藺璃	ミヒャエル・エンデ・作　大島かおり・訳「モモ」	岩波書店
中学校	自由	母と子を繋ぐもの	和歌山県御坊市立河南中学校	三年	西山友梨	瀬尾まいこ・著「卵の緒」	新潮社
高等学校	自由	綿棒さえも残らずに。	広島大学附属高等学校	二年	樋脇聡美	宇佐見りん・著「推し、燃ゆ」	河出書房新社
高等学校	自由	自分のちっぽけさを感じて	埼玉県立浦和第一女子高等学校	二年	原　まりこ	中村哲・著「天、共に在り‥アフガニスタン三十年の闘い」	NHK出版
高等学校	自由	媒介者	大分県立杵築高等学校	三年	山方海香	恩田陸・著「蜜蜂と遠雷」	幻冬舎
高等学校	自由	障害とともに生きるとは	京都府立福知山高等学校	一年	辰巳讃良	小川洋子・著「博士の愛した数式」	新潮社
高等学校	自由	「わたし」を考える	静岡県立浜松北高等学校	三年	大石琳菜	安部公房・著「他人の顔」	新潮社

小学校低学年	課題	わたしがたすけられる人になるために	東京都足立区立西伊興小学校	一年	碓井愛梨	スーザン・ヴァーデ・文　ピーター・H・レイノルズ・絵　さくまゆみこ・訳「みずをくむプリンセス」	さ・え・ら書房
小学校低学年	課題	まほうのことば	熊本県山鹿市立菊鹿小学校	一年	内村芽生	すずきみえ・作　くすはら順子・絵「そのときがくるくる」	文研出版
小学校低学年	課題	わたしの「そのとき」	鹿児島県大島郡知名町立田皆小学校	一年	重水瑠乃	すずきみえ・作　くすはら順子・絵「そのときがくるくる」	文研出版
小学校低学年	課題	「そのときがくるくる」をよんで	名古屋市立植田小学校	一年	住田　渉	すずきみえ・作　くすはら順子・絵「そのときがくるくる」	文研出版

小学校低学年	課題	たくまくんへ	宮崎県延岡市立旭小学校 一年	田中利奈子	すずきみえ・作 くすはら順子・絵「そのときがくるくる」	文研出版
小学校低学年	課題	きもちがつまったおべんとう	新潟市立両川小学校 一年	豊岡千歩	鈴木まもる・作・絵「どこからきたの？おべんとう」	金の星社
小学校低学年	課題	わたしにもそのときがくるくる？	広島市立緑井小学校 一年	灘恵茉	すずきみえ・作 くすはら順子・絵「そのときがくるくる」	文研出版
小学校低学年	課題	おふるだってすてきなおもいで『あなふさぎのジグモンタ』をよんで	大阪府茨木市立水尾小学校 一年	長谷部円佳	とみながまい・作 たかおゆうこ・絵「あなふさぎのジグモンタ」	ひさかたチャイルド
小学校低学年	課題	「おいしい」をありがとう	横浜市立日枝小学校 一年	平山芽依	鈴木まもる・作・絵「どこからきたの？おべんとう」	金の星社
小学校低学年	課題	わたしのおべんとう	福岡市 西南学院小学校 一年	藤見はなの	鈴木まもる・作・絵「どこからきたの？おべんとう」	金の星社
小学校低学年	課題	そのときまで、いっぽずつ	山口県周南市立富田東小学校 一年	松尾啓秀	すずきみえ・作 くすはら順子・絵「そのときがくるくる」	文研出版
小学校低学年	課題	「どこからきたの？おべんとう」をよんで	青森県十和田市立北園小学校 一年	松尾葉子	鈴木まもる・作・絵「どこからきたの？おべんとう」	金の星社
小学校低学年	課題	せかい中からきたおべんとう	高知県安芸郡馬路村立魚梁瀬小学校 一年	森脇和心	鈴木まもる・作・絵「どこからきたの？おべんとう」	金の星社
小学校低学年	課題	「そのとき」にちかづくために	静岡県磐田市立磐田南小学校 一年	山田樹輝	すずきみえ・作 くすはら順子・絵「そのときがくるくる」	文研出版
小学校低学年	課題	「そのときがくるくる」を読んで	津市立豊が丘小学校 二年	青木琉生	すずきみえ・作 くすはら順子・絵「そのときがくるくる」	文研出版
小学校低学年	課題	思い出のつまったふでばこ	福井県鯖江市鳥羽小学校 二年	天谷純玲	とみながまい・作 たかおゆうこ・絵「あなふさぎのジグモンタ」	ひさかたチャイルド

小学校低学年	課題	ぼくだってしんじるよ	茨城県守谷市立守谷小学校 二年	上田 悠	すずきみえ・作 くすはら順子・絵「そのときがくる」	文研出版
小学校低学年	課題	「ジージーのねがい」	埼玉県鶴ヶ島市立栄小学校 二年	大江 みなみ	スーザン・ヴァーデ・文 ピーター・H・レイノルズ・絵 さくまゆみこ・訳「みずをくむプリンセス」	さ・え・ら書房
小学校低学年	課題	「どこからきたの？おべんとう」を読んで	大津市立瀬田北小学校 二年	大川 直晃	鈴木まもる・作・絵「どこからきたの？おべんとう」	金の星社
小学校低学年	課題	そのときがくるために	千葉県浦安市立見明川小学校 二年	岡野 莉音	すずきみえ・作 くすはら順子・絵「そのときがくる」	文研出版
小学校低学年	課題	どこからきたの？おべんとうを読んで	信州大学教育学部附属長野小学校 二年	片桐 彩絢	鈴木まもる・作・絵「どこからきたの？おべんとう」	金の星社
小学校低学年	課題	プリンセス・ジージーへ	佐賀県西松浦郡有田町立有田中部小学校 二年	金岩 亮成	スーザン・ヴァーデ・文 ピーター・H・レイノルズ・絵 さくまゆみこ・訳「みずをくむプリンセス」	さ・え・ら書房
小学校低学年	課題	ぼくの（そのとき）は、いつかな	金沢市立長坂台小学校 二年	上端 祐太郎	すずきみえ・作 くすはら順子・絵「そのときがくる」	文研出版
小学校低学年	課題	ジグモンタへ	島根県邑智郡美郷町立邑智小学校 二年	黄金﨑 民衣	とみながまい・作 たかおゆうこ・絵「あなふさぎのジグモンタ」	ひさかたチャイルド
小学校低学年	課題	あなふさぎやはすてきなおしごと	栃木県那須塩原市立埼玉小学校 二年	小河原 梗	とみながまい・作 たかおゆうこ・絵「あなふさぎのジグモンタ」	ひさかたチャイルド
小学校低学年	課題	おべんとうには人の想いがつまっている	秋田県鹿角市立花輪小学校 二年	佐藤 想一朗	鈴木まもる・作・絵「どこからきたの？おべんとう」	金の星社
小学校低学年	課題	あたり前だと思っていた	京都市立伏見板橋小学校 二年	佐藤 涼星	スーザン・ヴァーデ・文 ピーター・H・レイノルズ・絵 さくまゆみこ・訳「みずをくむプリンセス」	さ・え・ら書房

小学校低学年	課題	とくべつなたからもの	鳥取県米子市立福米東小学校　二年	住田知暁	とみながまいこ・作　たかおゆうこ・絵「あなふさぎのジグモンタ」	ひさかたチャイルド
小学校低学年	課題	あなふさぎのジグモンタを読んで	群馬県伊勢崎市立北小学校　二年	千輝小麦	とみながまいこ・作　たかおゆうこ・絵「あなふさぎのジグモンタ」	ひさかたチャイルド
小学校低学年	課題	かんしゃの気もちでいただきます。	那覇市立天久小学校　二年	知念由依	鈴木まもる・作・絵「どこからきたの？おべんとう」	金の星社
小学校低学年	課題	「そのときがくるくる」	大分市立明治小学校　二年	築山洋也	すずきみえ・作　くすはら順子・絵「そのときがくるくる」	文研出版
小学校低学年	課題	自分と向き合う強さ	仙台市　聖ウルスラ学院英智小・中学校　二年	中村友馬	すずきみえ・作　くすはら順子・絵「そのときがくるくる」	文研出版
小学校低学年	課題	「どこからきたの？おべんとう」を読んで	兵庫県尼崎市立武庫東小学校　二年	西川心晴	鈴木まもる・作・絵「どこからきたの？おべんとう」	金の星社
小学校低学年	課題	おべんとうはせかいちず	山梨県上野原市立島田小学校　二年	西村花菜	鈴木まもる・作・絵「どこからきたの？おべんとう」	金の星社
小学校低学年	課題	お魚くるくる	愛知県みよし市立天王小学校　二年	花井奏介	すずきみえ・作　くすはら順子・絵「そのときがくるくる」	文研出版
小学校低学年	課題	ぼくがなすをたべられるとき	岐阜県瑞穂市立穂積小学校　二年	廣瀬蒼人	すずきみえ・作　くすはら順子・絵「そのときがくるくる」	文研出版
小学校低学年	課題	水の大切さ	長崎県諫早市立西諫早小学校　二年	松井莉子	スーザン・ヴァーデ・文　ピーター・H・レイノルズ・絵　さくまゆみこ・訳「みずをくむプリンセス」	さ・え・ら書房
小学校低学年	課題	やくそく	岡山市立旭東小学校　二年	森下允喜	スーザン・ヴァーデ・文　ピーター・H・レイノルズ・絵　さくまゆみこ・訳「みずをくむプリンセス」	さ・え・ら書房

小学校低学年	課題	ぼくのねがい	愛知県春日井市立松原小学校　二年	山口遼馬	スーザン・ヴァーデ・文　ピーター・H・レイノルズ・絵　さくまゆみこ・訳「みずをくむプリンセス」	さ・え・ら書房
小学校低学年	課題	「あなふさぎのジグモンタ」を読んで	大阪市立鷺洲小学校　二年	山本時生	とみながまい・作　たかおゆうこ・絵「あなふさぎのジグモンタ」	ひさかたチャイルド
小学校低学年	課題	ぼくにもそのときがくる	香川県坂出市立東部小学校　二年	和田朔太郎	すずきみえ・作　くすはら順子・絵「そのときがくるくる」	文研出版
小学校中学年	課題	カラスって、すごいな	高知県香南市立夜須小学校　三年	相原清治	嶋田泰子・著　岡本順・絵「カラスのいいぶん‥人と生きることをえらんだ鳥」	童心社
小学校中学年	課題	無限の思い出	横浜市　慶應義塾横浜初等部　三年	太田萌彩	富安陽子・作　佐竹美保・絵「ゆりの木荘の子どもたち」	講談社
小学校中学年	課題	生き物の「いいぶん」を考えてみて	福島県石川郡浅川町立浅川小学校　三年	大橋和奏	嶋田泰子・著　岡本順・絵「カラスのいいぶん‥人と生きることをえらんだ鳥」	童心社
小学校中学年	課題	カラスと「イーブン」	岐阜県瑞穂市立南小学校　三年	岡田将輝	嶋田泰子・著　岡本順・絵「カラスのいいぶん‥人と生きることをえらんだ鳥」	童心社
小学校中学年	課題	わたしもカラスとともに生きたい	山形県鶴岡市立朝暘第三小学校　三年	菅原絆那	嶋田泰子・著　岡本順・絵「カラスのいいぶん‥人と生きることをえらんだ鳥」	童心社
小学校中学年	課題	ごめんねカラスさん	千葉県市川市　国府台女子学院小学部　三年	杉　彩生	嶋田泰子・著　岡本順・絵「カラスのいいぶん‥人と生きることをえらんだ鳥」	童心社
小学校中学年	課題	もっと知りたい！調べたい！	長野県須坂市立井上小学校　三年	鈴木万緒里	鈴木海花・文　はたこうしろう・絵「わたしたちのカメムシずかん‥やっかいものが宝ものになった話」	福音館書店
小学校中学年	課題	七十七年後の私への約束	広島市　なぎさ公園小学校　三年	田原香凜	富安陽子・作　佐竹美保・絵「ゆりの木荘の子どもたち」	講談社

小学校中学年	課題	やっかいものをたからものにした校長先生	奈良県生駒市立あすか野小学校	三年	中川晴琉	鈴木海花・文 はたこうしろう・絵「わたしたちのカメムシずかん…やっかいものが宝ものになった話」	福音館書店
小学校中学年	課題	生き物すべてにいいぶんはある	三重県伊勢市立有緝小学校	三年	中瀬日々翔	嶋田泰子・著 岡本順・絵「カラスのいいぶん…人と生きることをえらんだ鳥」	童心社
小学校中学年	課題	相手を知って分かること	佐賀大学教育学部附属小学校	三年	平木舞藍	嶋田泰子・著 岡本順・絵「カラスのいいぶん…人と生きることをえらんだ鳥」	童心社
小学校中学年	課題	知ることで	岡山県玉野市立大崎小学校	三年	平藤正堂	鈴木海花・文 はたこうしろう・絵「わたしたちのカメムシずかん…やっかいものが宝ものになった話」	福音館書店
小学校中学年	課題	「カラスのいいぶん」をよんで	大分県別府市立上人小学校	三年	平松優咲	嶋田泰子・著 岡本順・絵「カラスのいいぶん…人と生きることをえらんだ鳥」	童心社
小学校中学年	課題	カラスは、ただのきらわれ者じゃなかったよ	青森県十和田市立三本木小学校	三年	藤田絆鉡	嶋田泰子・著 岡本順・絵「カラスのいいぶん…人と生きることをえらんだ鳥」	童心社
小学校中学年	課題	宝ものでいっぱいの世界へ	秋田県鹿角市立尾去沢小学校	三年	藤原寛汰	鈴木海花・文 はたこうしろう・絵「わたしたちのカメムシずかん…やっかいものが宝ものになった話」	福音館書店
小学校中学年	課題	ほかにはない大切な物	京都市立朱雀第一小学校	三年	三宅花歩	鈴木海花・文 はたこうしろう・絵「わたしたちのカメムシずかん…やっかいものが宝ものになった話」	福音館書店
小学校中学年	課題	見かたをかえると宝もの	島根県出雲市立高浜小学校	三年	森蒼真	鈴木海花・文 はたこうしろう・絵「わたしたちのカメムシずかん…やっかいものが宝ものになった話」	福音館書店

小学校中学年	課題	知ることでみえてくるもの	愛知県日進市立南小学校 三年	山本柚樹	嶋田泰子・著 岡本順・絵「カラスのいいぶん：人と生きることをえらんだ鳥」	童心社
小学校中学年	課題	命	滋賀県湖南市立下田小学校 三年	吉川葵	鈴木海花・文 はたこうしろう・絵「わたしたちのカメムシずかん：やっかいものが宝ものになった話」	福音館書店
小学校中学年	課題	相手を知って、ともに生きよう	徳島市内町小学校 三年	吉本雅美	嶋田泰子・著 岡本順・絵「カラスのいいぶん：人と生きることをえらんだ鳥」	童心社
小学校中学年	課題	生きよう仲良く幸せに	大阪府堺市 賢明学院小学校 四年	秋山未野里	嶋田泰子・著 岡本順・絵「カラスのいいぶん：人と生きることをえらんだ鳥」	童心社
小学校中学年	課題	共に生きる	山梨県笛吹市立御坂西小学校 四年	梶由芽	嶋田泰子・著 岡本順・絵「カラスのいいぶん：人と生きることをえらんだ鳥」	童心社
小学校中学年	課題	耳をかたむけると…	兵庫県朝来市立東河小学校 四年	切目悠心	嶋田泰子・著 岡本順・絵「カラスのいいぶん：人と生きることをえらんだ鳥」	童心社
小学校中学年	課題	地球と人間とカラス	静岡県富士市立富士中央小学校 四年	小林桃子	嶋田泰子・著 岡本順・絵「カラスのいいぶん：人と生きることをえらんだ鳥」	童心社
小学校中学年	課題	見た目だけではんだんしないで	北海道帯広市立柏小学校 四年	佐々木花瑠	嶋田泰子・著 岡本順・絵「カラスのいいぶん：人と生きることをえらんだ鳥」	童心社
小学校中学年	課題	実はすごいカラス	福井市東安居小学校 四年	里勇輝	嶋田泰子・著 岡本順・絵「カラスのいいぶん：人と生きることをえらんだ鳥」	童心社
小学校中学年	課題	がんばれカラス	新潟県柏崎市立半田小学校 四年	品田敬太	嶋田泰子・著 岡本順・絵「カラスのいいぶん：人と生きることをえらんだ鳥」	童心社
小学校中学年	課題	まほうのスイッチ見ぃつけた！	茨城県筑西市立河間小学校 四年	柴皐	富安陽子・作 佐竹美保・絵「ゆりの木荘の子どもたち」	講談社

部門	作品名	学校・学年	氏名	課題図書	出版社
小学校中学年 課題	みんなが気持ちよくくらせる未来のために	名古屋市立相原小学校 四年	高柳大河	嶋田泰子・著 岡本順・絵「カラスのいいぶん‥人と生きることをえらんだ鳥」	童心社
小学校中学年 課題	心の「友達ずかん」のページをふやそう	山口市立平川小学校 四年	玉岡佑夏	鈴木海花・文 はたこうしろう・絵「わたしたちのカメムシずかん‥やっかいものが宝ものになった話」	福音館書店
小学校中学年 課題	「カラスのいいぶん」を読んで	熊本県玉名市立大野小学校 四年	鳥井瑠月	嶋田泰子・著 岡本順・絵「カラスのいいぶん‥人と生きることをえらんだ鳥」	童心社
小学校中学年 課題	「カラスのいいぶん」を読んで	宮城県黒川郡大和町立吉岡小学校 四年	中居颯希	嶋田泰子・著 岡本順・絵「カラスのいいぶん‥人と生きることをえらんだ鳥」	童心社
小学校中学年 課題	「カラスのいいぶん」を読んで	大阪市立本田小学校 四年	西川ひかる	嶋田泰子・著 岡本順・絵「カラスのいいぶん‥人と生きることをえらんだ鳥」	童心社
小学校中学年 課題	知るって楽しい	長崎県西彼杵郡時津町立時津東小学校 四年	濵崎彩心	嶋田泰子・著 岡本順・絵「カラスのいいぶん‥人と生きることをえらんだ鳥」	童心社
小学校中学年 課題	やっかいものの意外な一面	石川県珠洲市立飯田小学校 四年	濱田凜香	鈴木海花・文 はたこうしろう・絵「わたしたちのカメムシずかん‥やっかいものが宝ものになった話」	福音館書店
小学校中学年 課題	相手のいいぶん	鹿児島県奄美市立朝日小学校 四年	平沖千和	嶋田泰子・著 岡本順・絵「カラスのいいぶん‥人と生きることをえらんだ鳥」	童心社
小学校中学年 課題	ゆりの木荘の子どもたちを読んで	群馬県館林市立第一小学校 四年	伏見竜誼	富安陽子・作 佐竹美保・絵「ゆりの木荘の子どもたち」	講談社
小学校中学年 課題	前に進まなくっちゃいけないのよ	岩手県下閉伊郡岩泉町立小川小学校 四年	前野花歩	富安陽子・作 佐竹美保・絵「ゆりの木荘の子どもたち」	講談社
小学校中学年 課題	わすれてはいけない大切ないいぶん	高松市立浅野小学校 四年	光武優花	嶋田泰子・著 岡本順・絵「カラスのいいぶん‥人と生きることをえらんだ鳥」	童心社

小学校中学年	課題	あいぼうっていいな	沖縄県沖縄市立北美小学校 四年	村井　惺	ミヒャエル・エングラー・作 はたさわゆうこ・訳 杉原知子・絵「ぼくのあいぼうはカモノハシ」	徳間書店
小学校中学年	課題	「カラスのいいぶん」を読んで	和歌山市立岡崎小学校 四年	毛利美緒	嶋田泰子・著 岡本順・絵「カラスのいいぶん：人と生きることをえらんだ鳥」	童心社
小学校高学年	課題	「わたしにできること」	北海道旭川市立愛宕東小学校 五年	穴吹　瑠	久世濃子・著「オランウータンに会いたい」	あかね書房
小学校高学年	課題	ひたむきに	秋田県鹿角市立八幡平小学校 五年	阿部太晟	長江優子・作「サンドイッチクラブ」	岩波書店
小学校高学年	課題	素直	奈良県生駒市立鹿ノ台小学校 五年	荒井音花	アンナ・ウォルツ・作 野坂悦子・訳「おいで、アラスカ！」	フレーベル館
小学校高学年	課題	珠子とヒカルからのメッセージ	那覇市立高良小学校 五年	新垣結菜	長江優子・作「サンドイッチクラブ」	岩波書店
小学校高学年	課題	「サンドイッチクラブ」を読んで	和歌山県有田市立田鶴小学校 五年	榎本海尋	長江優子・作「サンドイッチクラブ」	岩波書店
小学校高学年	課題	全ての人が幸せな未来へ	山口県萩市立椿東小学校 五年	岡本唯花	長江優子・作「サンドイッチクラブ」	岩波書店
小学校高学年	課題	一歩一歩	横浜市立浦島小学校 五年	岡本竜治	長江優子・作「サンドイッチクラブ」	岩波書店
小学校高学年	課題	「赤だからこそ出会えたもの」	石川県河北郡津幡町立中条小学校 五年	倉知ななみ	アンナ・ウォルツ・作 野坂悦子・訳「おいで、アラスカ！」	フレーベル館
小学校高学年	課題	支え合って共に生きる―きずなの大切さ―	香川県綾歌郡宇多津町立宇多津北小学校 五年	小松万悠恵	アンナ・ウォルツ・作 野坂悦子・訳「おいで、アラスカ！」	フレーベル館
小学校高学年	課題	「おいで！アラスカ」を読んで	京都市立朱雀第四小学校 五年	齋藤壱樹	アンナ・ウォルツ・作 野坂悦子・訳「おいで、アラスカ！」	フレーベル館

小学校高学年	課題	「おいで、アラスカ！」を読んで	青森県十和田市立法奥小学校 五年	里村勝信	アンナ・ウォルツ・作 野坂悦子・訳「おいで、アラスカ！」	フレーベル館
小学校高学年	課題	火星のスフェンと血球人の私	宮崎市立潮見小学校 五年	柴田更紗	アンナ・ウォルツ・作 野坂悦子・訳「おいで、アラスカ！」	フレーベル館
小学校高学年	課題	「サンドイッチクラブ」を読んで	大阪市立鯰江小学校 五年	白井千尋	長江優子・作「サンドイッチクラブ」	岩波書店
小学校高学年	課題	負けるのも悪くない	千葉県市川市立市川小学校 五年	田中壱知	長江優子・作「サンドイッチクラブ」	岩波書店
小学校高学年	課題	珠子とぼく	熊本県上益城郡嘉島町立嘉島西小学校 五年	永戸歩夢	長江優子・作「サンドイッチクラブ」	岩波書店
小学校高学年	課題	オランウータンありがとう	東京都台東区立石浜小学校 五年	永山知秋	久世濃子・著「オランウータンに会いたい」	あかね書房
小学校高学年	課題	知ることの大切さ	三重県名張市立名張小学校 五年	西岡花佳	久世濃子・著「オランウータンに会いたい」	あかね書房
小学校高学年	課題	二人からもらった勇気—『おいで、アラスカ！』を読んで—	岡山県倉敷市立豊洲小学校 五年	根木瑛士朗	アンナ・ウォルツ・作 野坂悦子・訳「おいで、アラスカ！」	フレーベル館
小学校高学年	課題	私、ヒカルになる	甲府市 駿台甲府小学校 五年	早川紫帆	長江優子・作「サンドイッチクラブ」	岩波書店
小学校高学年	課題	夢への階段	大阪府和泉市立青葉はつが野小学校 五年	藤野陽菜	長江優子・作「サンドイッチクラブ」	岩波書店
小学校高学年	課題	エカシの森と子馬のポンコを読んで	島根県出雲市立鰐淵小学校 五年	松浦空生	加藤多一・作 大野八生・絵「エカシの森と子馬のポンコ」	ポプラ社
小学校高学年	課題	オランウータンがあぶない！僕ができることは！	岐阜県羽島郡笠松町立笠松小学校 五年	松名奏武	久世濃子・著「オランウータンに会いたい」	あかね書房
小学校高学年	課題	砂像とホームラン	東京都東村山市立久米川東小学校 五年	村形幹弥	長江優子・作「サンドイッチクラブ」	岩波書店
小学校高学年	課題	夢がかなう魔法の言葉	愛知県稲沢市立大里西小学校 五年	森知慧	長江優子・作「サンドイッチクラブ」	岩波書店

小学校高学年	課題	今を追い越して	福岡教育大学附属小倉小学校 六年	安倍一芭	長江優子・作「サンドイッチクラブ」	岩波書店
小学校高学年	課題	胸を張って歩こう	大分市立田尻小学校 六年	江口孝太朗	アンナ・ウォルツ・作 野坂悦子・訳「おいで、アラスカ！」	フレーベル館
小学校高学年	課題	ポンコが教えてくれたこと	長野県北安曇郡池田町立会染小学校六年	太田花菜	加藤多一・作 大野八生・絵「エカシの森と子馬のポンコ」	ポプラ社
小学校高学年	課題	オランウータンに会いたい	佐賀市立久保泉小学校 六年	大坪幸音	久世濃子・著「オランウータンに会いたい」	あかね書房
小学校高学年	課題	サンドイッチクラブを読んで	兵庫県姫路市立峰相小学校 六年	岡本佳大	長江優子・作「サンドイッチクラブ」	岩波書店
小学校高学年	課題	私にとっての砂像	盛岡市立北厨川小学校 六年	岡本諭行	長江優子・作「サンドイッチクラブ」	岩波書店
小学校高学年	課題	友達と支え合うために	長崎県壱岐市立瀬戸小学校 六年	川﨑脩皓	長江優子・作「サンドイッチクラブ」	岩波書店
小学校高学年	課題	「サンドイッチクラブ」を読んで	富山県高岡市立南条小学校 六年	竹部凛音	長江優子・作「サンドイッチクラブ」	岩波書店
小学校高学年	課題	不安に打ち勝つ	高知市立大津小学校 六年	戸梶紗希	アンナ・ウォルツ・作 野坂悦子・訳「おいで、アラスカ！」	フレーベル館
小学校高学年	課題	サンドイッチクラブを読んで	鳥取県米子市立車尾小学校 六年	中谷咲瑛	長江優子・作「サンドイッチクラブ」	岩波書店
小学校高学年	課題	今を生きる	茨城県稲敷郡阿見町立阿見第一小学校 六年	野口啓永	長江優子・作「サンドイッチクラブ」	岩波書店
小学校高学年	課題	自分の夢に向かって	愛知県豊田市立童子山小学校 六年	三浦日菜子	長江優子・作「サンドイッチクラブ」	岩波書店
小学校高学年	課題	アイスと私とオランウータン	神奈川県鎌倉市立山崎小学校 六年	山内愛子	久世濃子・著「オランウータンに会いたい」	あかね書房
小学校高学年	課題	「言葉と心」	大津市立長等小学校 六年	山口菫	長江優子・作「サンドイッチクラブ」	岩波書店

小学校高学年	課題	「信頼」という名の砂像	福島市立金谷川小学校	六年	渡辺奈穂	長江優子・作「サンドイッチクラブ」	岩波書店
小学校高学年	課題	砂像が教えてくれたこと	松山市立石井北小学校	六年	渡部向日葵	長江優子・作「サンドイッチクラブ」	岩波書店
中学校	課題	希望を持って生きる〜「アーニャは、きっと来る」を読んで〜	福岡県北九州市照曜館中学校	一年	小迫万智	マイケル・モーパーゴ・作 佐藤見果夢・訳「アーニャは、きっと来る」	評論社
中学校	課題	自分らしく生きる	岐阜県大垣市立興文中学校	一年	小島歩子	濱野京子・作「with you（ウイズ・ユー）」	くもん出版
中学校	課題	あなたを「思いやる」ということ	鳥取県東伯郡湯梨浜町立湯梨浜中学校	一年	杉浦友紀	濱野京子・作「with you（ウイズ・ユー）」	くもん出版
中学校	課題	人を狂わす「おもり」の存在	香川県丸亀市立南中学校	一年	鈴木我悠	マイケル・モーパーゴ・作 佐藤見果夢・訳「アーニャは、きっと来る」	評論社
中学校	課題	出会い	熊本学園大学付属中学校	一年	冨森楓葉	濱野京子・作「with you（ウイズ・ユー）」	くもん出版
中学校	課題	あなたたちと共に	滋賀県立水口東中学校	一年	中西優芽果	濱野京子・作「with you（ウイズ・ユー）」	くもん出版
中学校	課題	with you	三重県多気郡明和町立明和中学校	一年	西山真由	濱野京子・作「with you（ウイズ・ユー）」	くもん出版
中学校	課題	あなたとともに	鹿児島県大島郡喜界町立喜界中学校	一年	横山美星	濱野京子・作「with you（ウイズ・ユー）」	くもん出版
中学校	課題	人と関わることをあきらめないで	富山市立芝園中学校	一年	吉越帆高	濱野京子・作「with you（ウイズ・ユー）」	くもん出版
中学校	課題	つながり	神奈川県川崎市立井田中学校	二年	今関晟太郎	清水洋美・文 里見和彦・絵「牧野富太郎：日本植物学の父」	汐文社
中学校	課題	「気づき」の目	横浜市 横浜雙葉中学校	二年	織田心実	清水洋美・文 里見和彦・絵「牧野富太郎：日本植物学の父」	汐文社

中学校	課題	ヤングケアラーのためにできること	宇都宮市　作新学院中等部	二年	加藤夏帆	濱野京子・作「with you（ウイズ・ユー）」	くもん出版
中学校	課題	今度は、私たちの番だ	大分大学教育学部附属中学校	二年	二宮羽菜	マイケル・モーパーゴ・作　佐藤見果夢・訳「アーニャは、きっと来る」	評論社
中学校	課題	知って寄り添う	青森市立南中学校	二年	藤森葉月	濱野京子・作「with you（ウイズ・ユー）」	くもん出版
中学校	課題	当たり前の日常とは	愛知県豊川市立一宮中学校	二年	古瀬七愛	濱野京子・作「with you（ウイズ・ユー）」	くもん出版
中学校	課題	寄り添う輪を社会の中に	新潟大学附属新潟中学校	二年	本間菜々子	濱野京子・作「with you（ウイズ・ユー）」	くもん出版
中学校	課題	草木は思いやりの心を育む	石川県加賀市立東和中学校	二年	山﨑大輝	清水洋美・文　里見和彦・絵「牧野富太郎：日本植物学の父」	汐文社
中学校	課題	私がここに居る理由	秋田大学教育文化学部附属中学校	二年	山本千陽	濱野京子・作「with you（ウイズ・ユー）」	くもん出版
中学校	課題	バイカオウレン	群馬大学共同教育学部附属中学校	三年	東　花	清水洋美・文　里見和彦・絵「牧野富太郎：日本植物学の父」	汐文社
中学校	課題	「人の心を考える」	埼玉県春日部市立武里中学校	三年	天野耀優	マイケル・モーパーゴ・作　佐藤見果夢・訳「アーニャは、きっと来る」	評論社
中学校	課題	「知ること」は大きな一歩	沖縄県浦添市立仲西中学校	三年	石橋　愛	濱野京子・作「with you（ウイズ・ユー）」	くもん出版
中学校	課題	誰かと共に生きる	神戸市立御影中学校	三年	江口　諒	濱野京子・作「with you（ウイズ・ユー）」	くもん出版
中学校	課題	純粋さと劣等感	山口市立小郡中学校	三年	大久保愛芽	清水洋美・文　里見和彦・絵「牧野富太郎：日本植物学の父」	汐文社
中学校	課題	意志あるところに道は開ける	甲府市　駿台甲府中学校	三年	大島健新	清水洋美・文　里見和彦・絵「牧野富太郎：日本植物学の父」	汐文社

中学校	課題	自分への約束	佐賀県小城市立小城中学校 三年	古賀千芳能	清水洋美・文 里見和彦・絵「牧野富太郎：日本植物学の父」 汐文社
中学校	課題	声を挙げる	大阪府藤井寺市立第三中学校 三年	阪木みり	濱野京子・作「with you（ウイズ・ユー）」 くもん出版
中学校	課題	平和な世界を祈って	北海道室蘭市立桜蘭中学校 三年	佐藤優実	マイケル・モーパーゴ・作 佐藤見果夢・訳「アーニャは、きっと来る」 評論社
中学校	課題	ただひたすらに	宮崎市 鵬翔中学校 三年	柴田悠雅	清水洋美・文 里見和彦・絵「牧野富太郎：日本植物学の父」 汐文社
中学校	課題	「情熱」が生み出す力	長野県駒ヶ根市立赤穂中学校 三年	清水秀一朗	清水洋美・文 里見和彦・絵「牧野富太郎：日本植物学の父」 汐文社
中学校	課題	思いを乗せた言葉をつないで	仙台市立幸町中学校 三年	鈴木心晴	濱野京子・作「with you（ウイズ・ユー）」 くもん出版
中学校	課題	情熱をもって「生きる」	愛知県大府市立大府南中学校 三年	長澤希	清水洋美・文 里見和彦・絵「牧野富太郎：日本植物学の父」 汐文社
中学校	課題	「with you」を架け橋に	広島大学附属中学校 三年	西井はる佳	濱野京子・作「with you（ウイズ・ユー）」 くもん出版
中学校	課題	情熱の力	和歌山県日高郡印南町立稲原中学校 三年	橋本遥	清水洋美・文 里見和彦・絵「牧野富太郎：日本植物学の父」 汐文社
中学校	課題	植物に人生をささげた男	大阪市立市岡中学校 三年	松本莞奈	清水洋美・文 里見和彦・絵「牧野富太郎：日本植物学の父」 汐文社
中学校	課題	大切のために大切なこと	岩手県九戸郡洋野町立種市中学校 三年	三浦明燈	濱野京子・作「with you（ウイズ・ユー）」 くもん出版
中学校	課題	「重い」言葉	愛媛県伊予市立港南中学校 三年	向井絢音	濱野京子・作「with you（ウイズ・ユー）」 くもん出版
中学校	課題	私は私	京都府京丹後市立大宮中学校 三年	山中玉実	濱野京子・作「with you（ウイズ・ユー）」 くもん出版

中学校	課題「あなたのそばに」	高知県宿毛市立宿毛中学校 三年	山中寧々	濱野京子・作「with you（ウィズ・ユー）」	くもん出版
中学校	課題 未来の「そうぞう」	岡山県立倉敷天城中学校 三年	山本亜生子	マイケル・モーパーゴ・作 佐藤見果夢・訳「アーニャは、きっと来る」	評論社
高等学校	課題「私の普通」で生きていく	宮崎県立都城商業高等学校 一年	奥 雪乃	寺地はるな・著「水を縫う」	集英社
高等学校	課題 流れゆく水	愛知県立刈谷高等学校 一年	加藤あい	寺地はるな・著「水を縫う」	集英社
高等学校	課題 個を紡ぐ	兵庫県立北摂三田高等学校 一年	金森万由子	寺地はるな・著「水を縫う」	集英社
高等学校	課題 流れる水	高知県立高知小津高等学校 一年	北村芽生	寺地はるな・著「水を縫う」	集英社
高等学校	課題『水を縫う』を読んで	京都府 洛南高等学校 一年	倉橋奏衣	寺地はるな・著「水を縫う」	集英社
高等学校	課題『水を縫う』を読んで	東京都 吉祥女子高等学校 一年	黒川幸乃	寺地はるな・著「水を縫う」	集英社
高等学校	課題「普通」とのつき合い方	山梨県立韮崎高等学校 一年	小宮未裕	寺地はるな・著「水を縫う」	集英社
高等学校	課題「普通」に生きる	新潟県立直江津中等教育学校 四年	御所窪そら	寺地はるな・著「水を縫う」	集英社
高等学校	課題 伝え、繋がる～『水を縫う』を読んで～	富山県立呉羽高等学校 一年	笹谷帆香	寺地はるな・著「水を縫う」	集英社
高等学校	課題「普通」にとらわれない	三重県 皇學館高等学校 一年	シュプリンガチ ユーリア聖那	寺地はるな・著「水を縫う」	集英社
高等学校	課題「水を縫う」を読んで	宮城県仙台第三高等学校 一年	新田カンナ	寺地はるな・著「水を縫う」	集英社
高等学校	課題 人それぞれの「普通」	岡山県立津山高等学校 一年	野亀志織	寺地はるな・著「水を縫う」	集英社
高等学校	課題「〝好き〟を紡ぐ」	佐賀県立唐津東高等学校 一年	福山陽菜乃	寺地はるな・著「水を縫う」	集英社

高等学校	課題	『普通に生きる』とは	青森県立弘前南高等学校 一年	藤田更紗	寺地はるな・著「水を縫う」	集英社
高等学校	課題	『水を縫う』を読んで	大阪府 関西創価高等学校 一年	藤野美紀子	寺地はるな・著「水を縫う」	集英社
高等学校	課題	これからを生きるために	鳥取県立米子東高等学校 一年	桝大希	佐藤勝彦・著「科学者になりたい君へ」	河出書房新社
高等学校	課題	一冊の本から学んだこと	福岡県立伝習館高等学校 一年	吉開真珠	佐藤勝彦・著「科学者になりたい君へ」	河出書房新社
高等学校	課題	家族のカタチ	山口県立小野田高等学校 二年	井上真央	寺地はるな・著「水を縫う」	集英社
高等学校	課題	「受容と拒否のはざまで」	沖縄県立開邦高等学校 二年	上原八重	ジョン・ボイン・著 原田勝・訳「兄の名は、ジェシカ」	あすなろ書房
高等学校	課題	好きなものを好きと言える世の中に	熊本県立八代工業高等学校 二年	久保壱華	寺地はるな・著「水を縫う」	集英社
高等学校	課題	「私の在り方」	和歌山県立新宮高等学校 二年	中浦心馨	寺地はるな・著「水を縫う」	集英社
高等学校	課題	「らしく」生きる	福島県立会津高等学校 二年	星光稀	寺地はるな・著「水を縫う」	集英社
高等学校	課題	「硯の海」	愛媛県立今治西高等学校 二年	村上千浩	寺地はるな・著「水を縫う」	集英社
高等学校	課題	私の「好き」	長崎県立諫早高等学校 二年	吉岡珠卯	寺地はるな・著「水を縫う」	集英社
高等学校	課題	「普通」って何物?	大分県立大分舞鶴高等学校 二年	與那城結菜	寺地はるな・著「水を縫う」	集英社
高等学校	課題	個性	埼玉県 星野高等学校 三年	阿蘊寿杏	ジョン・ボイン・著 原田勝・訳「兄の名は、ジェシカ」	あすなろ書房
高等学校	課題	夢を縫う	北海道帯広柏葉高等学校 三年	宇野天那	寺地はるな・著「水を縫う」	集英社
高等学校	課題	流れる水は淀まない	大阪府大阪市立高等学校 三年	加藤みちる	寺地はるな・著「水を縫う」	集英社

高等学校	課題	「水を縫う」私の読書	岐阜県立多治見北高等学校 三年	小木曽一葉	寺地はるな・著「水を縫う」	集英社
高等学校	課題	「好き」を諦めない	静岡県立浜松北高等学校 三年	中村優衣	寺地はるな・著「水を縫う」	集英社
高等学校	課題	自分らしさと自由	福井県立金津高等学校 三年	原田悠里	寺地はるな・著「水を縫う」	集英社
高等学校	課題	柔らかい心	千葉県立安房高等学校 三年	吉井菜美子	寺地はるな・著「水を縫う」	集英社
高等学校	課題	多様性社会を自分の事として生きる	秋田県聖霊女子短期大学付属高等学校 三年	渡部琴穂	ジョン・ボイン・著 原田勝・訳「兄の名は、ジェシカ」	あすなろ書房
小学校低学年	自由	はじめてのおかいもの	山梨県富士吉田市立吉田小学校 一年	浅沼実莉	筒井頼子・さく 林明子・え「はじめてのおつかい」	福音館書店
小学校低学年	自由	やさしさのもと	鳥取県米子市立車尾小学校 一年	井川歩未	吉富多美・作 小泉晃子・絵「まほうのほうせきばこ」	金の星社
小学校低学年	自由	へいわってなあに	神奈川県相模原市立若松小学校 一年	池田葉奈	浜田桂子・作「へいわってどんなこと？」	童心社
小学校低学年	自由	わたしのけしごむくんへ	愛媛県大洲市立長浜小学校 一年	泉原莉乃	こんのひとみ・作 いもとようこ・絵「けしごむくん」	金の星社
小学校低学年	自由	とべ！ちいさいぷろぺらき	徳島県板野郡北島町立北島南小学校 一年	稲垣とわ	小風さち・作 山本忠敬・絵「とべ！ちいさいプロペラき：こどものとも傑作集」	福音館書店
小学校低学年	自由	「いちにちうんち」をよんで	佐賀県杵島郡白石町立白石小学校 一年	大串昇之介	ふくべあきひろ・さく かわしまななえ・え「いちにちうんち」	PHP研究所
小学校低学年	自由	「じめんのうえとじめんのした」をよんで	長崎県佐世保市立相浦西小学校 一年	川﨑健士郎	アーマ・E・ウェバー・文・絵 藤枝澪子・訳「じめんのうえとじめんのした」	福音館書店
小学校低学年	自由	たいせつないのち	愛知県一宮市立浅井北小学校 一年	清原将仁	及川和男・作 長野ヒデ子・絵「いのちは見えるよ」	岩崎書店
小学校低学年	自由	「宇宙人がいた」をよんで	宮城県加美郡加美町立宮崎小学校 一年	小岩秀輔	やまだともこ・作 いとうみき・絵「宇宙人がいた」	金の星社

小学校低学年	自由	「おまえうまそうだな」をよんで	福岡市立福重小学校 一年	柴田淳平	宮西達也・作・絵「おまえうまそうだな」	ポプラ社
小学校低学年	自由	小さないのち	大分県臼杵市立下ノ江小学校 一年	中西郁翔	今西乃子・文 浜田一男・写真「小さないのち‥まほうをかけられた犬たち」	金の星社
小学校低学年	自由	「わたしのかさぶた」	埼玉県新座市立東北小学校 一年	並木里奈	やぎゅうげんいちろう・さく「かさぶたくん」	福音館書店
小学校低学年	自由	なかよしきょうだい	秋田県湯沢市立稲庭小学校 一年	新山荘輔	あべ弘士・作「かわうそ3きょうだい」	小峰書店
小学校低学年	自由	「それしかないわけないでしょう」っておもしろい	京都府舞鶴市立新舞鶴小学校 一年	福本こころ	ヨシタケシンスケ・著「それしかないわけないでしょう」	白泉社
小学校低学年	自由	「なく」ってふしぎだな	島根県仁多郡奥出雲町立馬木小学校 一年	船木俊佑	中川ひろたか・作 長新太・絵「ないた」	金の星社
小学校低学年	自由	なまえをよんで！	愛知県高浜市立吉浜小学校 一年	松田季子	竹下文子・文 町田尚子・絵「なまえのないねこ」	小峰書店
小学校低学年	自由	だいすきということば	大阪市立中道小学校 一年	宮口楓花	ハンス・ウィルヘルム・えとぶん 久山太市・やく「ずーっとずっとだいすきだよ」	評論社
小学校低学年	自由	あっくんがんばったね	茨城県ひたちなか市立三反田小学校 一年	谷田部菅太	北川チハル・作 吉田奈美・絵「いちねんせいのいたーだきます！」	ポプラ社
小学校低学年	自由	メアリーの強い心	山形県酒田市立亀ケ崎小学校 二年	阿部真央	キース・ネグレー・作 石井睦美・訳「せかいでさいしょにズボンをはいた女の子」	光村教育図書
小学校低学年	自由	わたしは、ふまんがあります	千葉県いすみ市立大原小学校 二年	岩瀬菜緒	ヨシタケシンスケ・作・絵「ふまんがあります」	PHP研究所
小学校低学年	自由	のりこえる力	奈良県香芝市立真美ケ丘東小学校 二年	加苅遥音	宮川ひろ・作 小泉るみ子・絵「ずるやすみにかんぱい！」	童心社
小学校低学年	自由	「ないしょにかんぱい！」を読んで	北海道函館市立湯川小学校 二年	川村奈々未	宮川ひろ・作 小泉るみ子・絵「ないしょにかんぱい！」	童心社

小学校低学年	自由	「ばあばは、だいじょうぶ」を読んで	群馬県高崎市立箕郷東小学校 二年	神戸誠志郎	楠章子・作 いしいつとむ・絵「ばあばは、だいじょうぶ」	童心社
小学校低学年	自由	大切なぼくの名前	熊本県山鹿市立めのだけ小学校 二年	境　真生	竹下文子・文 町田尚子・絵「なまえのないねこ」	小峰書店
小学校低学年	自由	わたしのばあば	静岡県島田市立島田第一小学校 二年	佐藤智花	松田素子・作 石倉欣二・絵「おばあちゃんがいるといいのにな」	ポプラ社
小学校低学年	自由	名前はあたり前じゃない	山口県宇部市立上宇部小学校 二年	篠田希心	竹下文子・文 町田尚子・絵「なまえのないねこ」	小峰書店
小学校低学年	自由	すてきな友達	新潟市立白山小学校 二年	澁谷陽香	薫くみこ・作 大島妙子・絵「しらゆきちりかちっちゃいな」	PHP研究所
小学校低学年	自由	たん生日って、ふしぎだな	滋賀県甲賀市立水口小学校 二年	杉本奈南	服部千春・作 たるいしまこ・絵「おたんじょうび、もらったの」	岩崎書店
小学校低学年	自由	ぼくの「おさがり」はさいこうのたからもの	岡山県倉敷市立薗小学校 二年	諏訪雄大	くすのきしげのり・さく 北村裕花・え「おさがり」	東洋館出版社
小学校低学年	自由	「お元気ですか」	名古屋市立豊治小学校 二年	田上茉結	村中李衣・作 えがしらみちこ・絵「たなばたのねがいごと」	世界文化社
小学校低学年	自由	メガネをかけたら	鹿児島県大島郡知名町立田皆小学校 二年	田中千紗	くすのきしげのり・作 たるいしまこ・絵「メガネをかけたら」	小学館
小学校低学年	自由	心にのこるおじいちゃんのことば	岐阜県海津市立今尾小学校 二年	寺倉　優	西本鶏介・作 長谷川義史・絵「おじいちゃんのごくらくごくらく」	鈴木出版
小学校低学年	自由	「くまさぶろう」を読んで	大阪府箕面市立箕面小学校 二年	中井杏菜	もりひさし・作 ユノセイイチ・絵「くまさぶろう 改訂新版」	こぐま社
小学校低学年	自由	もぐらってすごいんだよ	沖縄県島尻郡与那原町立与那原小学校 二年	仲吉紗耶	アヤ井アキコ・著「もぐらはすごい」	アリス館

小学校低学年	自由	「しっぱいにかんぱい！」を読んで	広島県三原市立西小学校	二年	畑田晟之介	宮川ひろ・作 小泉るみ子・絵「しっぱいにかんぱい！」	童心社
小学校低学年	自由	しっぱいをだいじに	和歌山市立安原小学校	二年	平野碧	宮川ひろ・作 小泉るみ子・絵「しっぱいにかんぱい！」	童心社
小学校低学年	自由	きらきらのみらい	富山県高岡市立下関小学校	二年	前田せり	今西乃子・作 ひろみちいと・絵「かがやけいのち！みらいちゃん」	岩崎書店
小学校低学年	自由	ヘレン・ケラーのゆう気と強さ	東京都足立区立本木小学校	二年	松田花鈴	砂田弘・文「ヘレン・ケラー」	ポプラ社
小学校低学年	自由	うんちってすごい	栃木県那須塩原市立鍋掛小学校	二年	宮﨑向夏	竹田津実・写真・文「うんちとおしっこのひみつ」	国土社
小学校低学年	自由	かっぱが教えてくれたこと	長野県松本市立芳川小学校	二年	宮原芽衣	山本悦子・作 市居みか・絵「がっこうかっぱのおひっこし」	童心社
小学校中学年	自由	目ひょうをたっせいするために大切なもの	名古屋市立極楽小学校	三年	家田寛己	升井純子・作 大島妙子・絵「空をけっとばせ」	講談社
小学校中学年	自由	みんなが知らない犬の気持ち	山口県防府市立華城小学校	三年	石田華夢	今西乃子・著「ゆれるシッポの子犬・きらら」	岩崎書店
小学校中学年	自由	「少女は森からやってきた」を読んで	大阪市立育和小学校	三年	大隅志帆	小手鞠るい・著「少女は森からやってきた」	ＰＨＰ研究所
小学校中学年	自由	わたしだけの風合い	栃木県大田原市立西原小学校	三年	大髙遥	髙森美由紀・作 jyajya・絵「森のクリーニング店シラギクさん」	あかね書房
小学校中学年	自由	八月六日の朝に	鳥取県米子市立義方小学校	三年	岡本和樹	天野夏美・作 はまのゆか・絵「いわたくんちのおばあちゃん」	主婦の友社
小学校中学年	自由	てつやのおかげで気づいたこと	茨城県猿島郡境町立猿島小学校	三年	尾崎智優	いとうみく・作 佐藤真紀子・絵「かあちゃん取扱説明書」	童心社
小学校中学年	自由	ぼくのチャンピオン	石川県珠洲市立飯田小学校	三年	川元大	花田鳩子・作 羽尻利門・絵「わすれものチャンピオン」	ＰＨＰ研究所

小学校中学年	自由	感しゃの気もちをわすれない	沖縄県中頭郡西原町立坂田小学校	三年	金城怜愛	内田美智子・作 魚戸おさむとゆかいななかまたち・絵 坂本義喜・原案「いのちをいただく：みいちゃんがお肉になる日」	講談社
小学校中学年	自由	大切にしていきたいこれからのいのち	京都府宇治市立小倉小学校	三年	小山創士	日野原重明・文 村上康成・絵「いのちのおはなし」	講談社
小学校中学年	自由	「ココロ屋」を読んで	佐賀県杵島郡白石町立白石小学校	三年	坂口駿太	梨屋アリエ・作 菅野由貴子・絵「ココロ屋」	文研出版
小学校中学年	自由	「ぼくの幸せ」	埼玉県新座市立大和田小学校	三年	笹川稜央	ヒュー・ロフティング・著 金原瑞人、藤嶋桂子・共訳「ドリトル先生アフリカへ行く：100周年記念版」	竹書房
小学校中学年	自由	きつつきの商売を読んで	秋田県由利本荘市立新山小学校	三年	佐藤優樹	林原玉枝・文 はらだたけひで・絵「森のお店やさん」	アリス館
小学校中学年	自由	命のねだん	青森県十和田市立三本木小学校	三年	鈴木純平	谷山千華・さく 佐伯ゆう子・絵「78円の命」	78円の命プロジェクト メタ・ブレーン（発売）
小学校中学年	自由	つたえたいことは	鹿児島県大島郡知名町立下平川小学校	三年	盛山健	やまだともこ・作 いとうみき・絵「まほうのゆうびんポスト」	金の星社
小学校中学年	自由	しょうがいがあるからできること	山梨県大月市立初狩小学校	四年	天野愛菜	野田道子・作 太田朋・絵「点子ちゃん」	毎日新聞社
小学校中学年	自由	正しさはひとつではない	東京都江戸川区立小岩小学校	四年	伊藤由芽	魚住直子・著 西村ツチカ・絵「いいたいことがあります！」	偕成社
小学校中学年	自由	自分で守ろう百年後の水	香川県善通寺市立東部小学校	四年	大森木葉	橋本淳司・著「100年後の水を守る：水ジャーナリストの20年」	文研出版
小学校中学年	自由	自分のココロと向き合う	長野県茅野市立永明小学校	四年	川崎空	梨屋アリエ・作 菅野由貴子・絵「ココロ屋」	文研出版

小学校中学年	自由	大切なSDGsについて	福岡県北九州市敬愛小学校 四年	久能蓮史	バウンド・著 秋山宏次郎・監修「こどもSDGs‥なぜSDGsが必要なのかがわかる本」	カンゼン
小学校中学年	自由	「さがしています」を読んで	高知大学教育学部附属小学校 四年	久保莉子	アーサー・ビナード・作 岡倉禎志・写真「さがしています」	童心社
小学校中学年	自由	ぜっ対にわすれてはいけない大切なもの	神奈川県平塚市立中原小学校 四年	熊沢優希那	木暮正夫・文 高田勲・絵「いのちの森を守る‥ハンセン病の差別とたたかった平沢保治」	佼成出版社
小学校中学年	自由	『茶畑のジャヤ』を読んで	東京都足立区立新田小学校 四年	小池侑依	中川なをみ・作「茶畑のジャヤ」	鈴木出版
小学校中学年	自由	大切な命を守りたい	愛知県春日井市立小野小学校 四年	小林真里愛	五十嵐佳子・著 高野きか・絵 平松恵美子・脚本「ひまわりと子犬の7日間」	集英社
小学校中学年	自由	「レンタルロボット」を読んで	岐阜県大垣市立北小学校 四年	後藤悠惺	滝井幸代・作 三木謙次・絵「レンタルロボット」	学研プラス
小学校中学年	自由	ぼくは二番目の悪者	宮崎市立大塚小学校 四年	迫田陽	林木林・作 庄野ナホコ・絵「二番目の悪者」	小さい書房
小学校中学年	自由	在来生物を守れ	山形県鶴岡市立大山小学校 四年	佐藤蒼也	加藤英明・著「加藤英明、カミツキガメを追う！」	学研プラス
小学校中学年	自由	10才のちかい	愛知県豊橋市立玉川小学校 四年	高木小春	日野原重明・文 村上康成・絵「いのちのおはなし」	講談社
小学校中学年	自由	「がんばる」って何だろう	神戸市立谷上小学校 四年	高田梨世	岡田淳・作「びりっかすの神さま」	偕成社
小学校中学年	自由	「預けたくない気持ち」	横浜市立駒岡小学校 四年	田中太貴	廣嶋玲子・作 佐竹美保・絵「〔児童版〕十年屋2 あなたに時をあげましょう」	ほるぷ出版
小学校中学年	自由	命の大切さ	和歌山県田辺市立新庄小学校 四年	谷口瑞季	楠章子・作 松成真理子・絵「ハニーのためにできること」	童心社

小学校中学年	自由	わたしの「さよならのたからばこ」	群馬県伊勢崎市立北小学校 四年	千輝小夏	長崎夏海・作 ミヤハラヨウコ・絵「さよならのたからばこ」	理論社
小学校中学年	自由	広がった私の世界	滋賀県米原市立山東小学校 四年	寺村紗良	蒔田浩平・作 佐藤真紀子・絵「チギータ！」	ポプラ社
小学校中学年	自由	「こども六法」を読んで	三重県松阪市立山室山小学校 四年	名和啓斗	山崎聡一郎・著 伊藤ハムスター・絵「こども六法」	弘文堂
小学校中学年	自由	自信を持って生きる力	広島県豊田郡大崎上島町立木江小学校 四年	波多野百香	梨木香歩・著「西の魔女が死んだ」	新潮社
小学校中学年	自由	きせきのジャンプ！	徳島県名西郡石井町浦庄小学校 四年	平島裕希	真鍋和子・文「とべ！人工尾びれのイルカ『フジ』：世界初のプロジェクトに挑戦した人びと」	佼成出版社
小学校中学年	自由	広い心を持ちたい	大分県速見郡日出町立川崎小学校 四年	房﨑恵都	梨屋アリエ・作 菅野由貴子・絵「ココロ屋」	文研出版
小学校中学年	自由	なぞの言葉は、ま法の言葉	福島市立飯坂小学校 四年	堀切蒼生	藤本四郎・作「サーカスさっちゃん」	文研出版
小学校中学年	自由	じいちゃんの森の命のリレー	富山県下新川郡入善町立上青小学校 四年	松原璃雛	小原麻由美・作 黒井健・絵「じいちゃんの森：森おやじは生きている」	PHP研究所
小学校中学年	自由	0.1秒をちぢめていくど力はかっこいい	熊本県上益城郡嘉島町立嘉島西小学校 四年	吉富永利加	入江陵介・監修「夢に向かって泳ぎきれ：水泳・入江陵介」	あかね書房
小学校中学年	自由	平和への希望がつまったランドセル	新潟市立上山小学校 四年	渡邉海璃	内堀タケシ・写真・文「ランドセルは海を越えて」	ポプラ社
小学校高学年	自由	殺処分を減らすために	大分市立東植田小学校 五年	青山叶怜	今西乃子・著 浜田一男・写真「犬たちをおくる日：この命、灰になるために生まれてきたんじゃない」	金の星社
小学校高学年	自由	いただきますに込めた思い	山梨県北杜市立須玉小学校 五年	小澤花	今西乃子・著 浜田一男・写真「命のものさし：動物の命・人間の命・わたしの命」	合同出版

小学校高学年	自由	変わらない気持ち	兵庫県三田市立狭間小学校 五年	小西志穏	マリ＝エレーヌ・ドルバル・作 おかだよしえ・訳 スーザン・バーレイ・絵「わたしのおとうと、へん‥かなあ」	評論社
小学校高学年	自由	ただ一つの大切な命	鹿児島市立中郡小学校 五年	合田遥音	今西乃子・著 浜田一男・写真「犬たちをおくる日‥この命、灰になるために生まれてきたんじゃない」	金の星社
小学校高学年	自由	私の新しい目標	大阪府阪南市立東鳥取小学校 五年	阪上和奏	甲斐裕美・著「ゆたかな命のために‥ホスピスで出会った生と死」	偕成社
小学校高学年	自由	奇跡を起こす	大阪市立林寺小学校 五年	島内峻	岩貞るみ子・作 加藤文雄・写真「しっぽをなくしたイルカ」	講談社
小学校高学年	自由	心のスロープ	新潟県長岡市立希望が丘小学校 五年	大楽ふくみ	大前光市・著 今井ヨージ・絵「ぼくらしく、おどる‥義足ダンサー大前光市、夢への挑戦」	学研プラス
小学校高学年	自由	幸せってなんだろう	青森県十和田市立藤坂小学校 五年	附田紗奈	くさばよしみ・編 中川学・絵「世界でいちばん貧しい大統領のスピーチ」	汐文社
小学校高学年	自由	自信を持つ事の大切さ	山口県下松市立下松小学校 五年	寺田美宙	つげみさお・作 森川泉・絵「トップラン」	国土社
小学校高学年	自由	動物も大切な家族	和歌山県日高郡由良町立白崎小学校 五年	藤原凌玖	桑原眞二、大野一興・著 ikko・絵「山古志村のマリと三匹の子犬」	文藝春秋
小学校高学年	自由	「人のために、わたしにできること。」	長崎市立城山小学校 五年	船越麗愛	高橋うらら・文 深蔵・絵「『お手伝いしましょうか？』うれしかった、そのひとこと」	講談社
小学校高学年	自由	M・ワタル	佐賀県武雄市立北方小学校 五年	増田羽航	スポーツ伝説研究会・著「U・ボルト＝USAIN BOLT」	汐文社

小学校高学年	自由	大好きな気持ちを力に変えて	神奈川県厚木市立妻田小学校　五年	松木優花	三輪裕子・作　山本祐司・絵「バアちゃんと、とびっきりの三日間」	あかね書房
小学校高学年	自由	望みをかなえる方法	横浜市立洋光台第四小学校　五年	百瀬樹	本田有明・著「願いがかなうふしぎな日記」	PHP研究所
小学校高学年	自由	立ちむかう人・支える人	高松市立香西小学校　五年	山田結	臼井二美男・著「転んでも、大丈夫：ぼくが義足を作る理由」	ポプラ社
小学校高学年	自由	ほんの少しだけ、やさしくなれたら	福岡県北九州市明治学園小学校　六年	荒井青空	R・J・パラシオ・作　中井はるの・訳「Wonder」	ほるぷ出版
小学校高学年	自由	笑顔の架け橋	熊本市立力合西小学校　六年	石田旦陽	藤本美郷・文「笑顔の架け橋：佐野有美～手足のない体に生まれて～」	佼成出版社
小学校高学年	自由	「窓ぎわのトットちゃん」を読んで	富山県砺波市立砺波東部小学校　六年	岩﨑愛	黒柳徹子・作　いわさきちひろ・絵「窓ぎわのトットちゃん」	講談社
小学校高学年	自由	「家族という『宝』」	東京都文京区立関口台町小学校　六年	太田沙綾	大塚篤子・作　こころ美保子・絵「おじいちゃんが、わすれても…」	ポプラ社
小学校高学年	自由	「イクバルの闘い」を読んで	宮城県登米市立登米小学校　六年	大槻丞	フランチェスコ・ダダモ・作　荒瀬ゆみこ・訳「イクバルの闘い：世界一勇気ある少年」	鈴木出版
小学校高学年	自由	夢の実現計画	茨城県石岡市立柿岡小学校　六年	大山結衣	本田有明・著「夢をかなえる未来ノート」	PHP研究所
小学校高学年	自由	ヘアドネーションのその先へ	三重県多気郡明和町立上御糸小学校　六年	奥田多恵	Japan Hair Donation & Charity・監修「31cm：ヘアドネーションの今を伝え、未来につなぐ」	KuLaScip
小学校高学年	自由	未来を守るための生活	高知県宿毛市立宿毛小学校　六年	葛西虹日	廣嶋玲子・作　佐竹美保・絵「作り直し屋：十年屋と魔法街の住人たち」	静山社
小学校高学年	自由	小さな声を大切に	名古屋市立西山小学校　六年	北浦悠登	蒔田浩平・作　佐藤真紀子・絵「チギータ！」	ポプラ社

小学校高学年	自由	「時間とは生きるということ」	前橋市立桃井小学校 六年	小久保 英万	ミヒャエル・エンデ・作 大島かおり・訳「モモ」	岩波書店
小学校高学年	自由	思い出は宝物	滋賀県米原市立息長小学校 六年	児玉 瑞葵	今西乃子・著 浜田一男・写真「心のおくりびと 東日本大震災復元納棺師‥思い出が動きだす日」	金の星社
小学校高学年	自由	だれかの人生にかさをさす	広島県尾道市立西藤小学校 六年	木場 美月	いとうみく・作 こがしわかおり・絵「チキン！」	文研出版
小学校高学年	自由	「一隅を照らす」―あきらめず誠意をつくして生きる―	岩手県八幡平市立大更小学校 六年	塩口 麗羽	ガフワラ・原作 さだまさし他・訳・文「カカ・ムラド‥ナカムラのおじさん」	双葉社
小学校高学年	自由	広がる義足の可能性	徳島県阿南市立平島小学校 六年	嶋尾 桜	臼井二美男・著「転んでも、大丈夫‥ぼくが義足を作る理由」	ポプラ社
小学校高学年	自由	関わり合って支える	静岡県賀茂郡南伊豆町立南伊豆東小学校 六年	鈴木 結優	今西乃子・著 浜田一男・写真「光をくれた犬たち 盲導犬の一生」	金の星社
小学校高学年	自由	あきらめない男になる	石川県河北郡内灘町立清湖小学校 六年	高田 香太朗	ジャン・ジオノ・原作 フレデリック・バック・絵 寺岡襄・訳「木を植えた男」	あすなろ書房
小学校高学年	自由	「夏の庭」を読んで	鳥取県東伯郡北栄町立大栄小学校 六年	帯刀 隆樹	湯本香樹実・著「夏の庭‥The Friends」	新潮社
小学校高学年	自由	一歩ふみ出す勇気	愛知県岡崎市立男川小学校 六年	土井 禅駿	椎野直弥・著「僕は上手にしゃべれない」	ポプラ社
小学校高学年	自由	魔法が使えたら	宮崎県都城市立東小学校 六年	中島 尊琉	J・K・ローリング・作 松岡佑子・訳「ハリー・ポッターと賢者の石」	静山社
小学校高学年	自由	かけがえのない大切な命	京都府南丹市立園部第二小学校 六年	中村 美涼	井上こみち・文 ミヤハラヨウコ・絵「犬やねこが消えた‥戦争で命をうばわれた動物たちの物語」	学習研究社

小学校高学年	自由	「自分らしさ」って何だ	愛媛県大洲市立久米小学校 六年	平田千紗	大前光市・著 今井ヨージ・絵「ぼくらしく、おどる：義足ダンサー大前光市、夢への挑戦」	学研プラス
小学校高学年	自由	本当の姿	島根県仁多郡奥出雲町立三成小学校六年	藤井穂花	黒川裕子・作 宮尾和孝・絵「となりのアブダラくん」	講談社
小学校高学年	自由	「くちぶえ番長」を読んで	福島県須賀川市立柏城小学校 六年	藤原夏希	重松清・著「くちぶえ番長」	新潮社
小学校高学年	自由	村内先生が教えてくれたこと—『青い鳥』を読んで—	岡山県倉敷市立長尾小学校 六年	逸見晋平	重松清・著「青い鳥：my teacher cannot speak well so when he speaks, he says something important」	新潮社
小学校高学年	自由	いのちのおはなし	福井県鯖江市進徳小学校 六年	前田祐成	日野原重明・文 村上康成・絵「いのちのおはなし」	講談社
中学校	自由	私の生き方	静岡県磐田市立豊岡中学校 一年	大城文	吉野源三郎・著「君たちはどう生きるか 漫画版」	マガジンハウス
中学校	自由	本当の意味で生きていくこと	香川大学教育学部附属坂出中学校 一年	小川颯介	ミヒャエル・エンデ・作 大島かおり・訳「モモ」	岩波書店
中学校	自由	時間どろぼうとの共存	宮崎大学教育学部附属中学校 一年	川﨑惺一郎	ミヒャエル・エンデ・作 大島かおり・訳「モモ」	岩波書店
中学校	自由	話すことを諦めない	愛知県知立市立知立中学校 一年	五明拓睦	椎野直弥・著「僕は上手にしゃべれない」	ポプラ社
中学校	自由	世界が私を笑ってきたら	鳥取市立南中学校 一年	葉狩和夏	笹生陽子・著「世界がぼくを笑っても」	講談社
中学校	自由	「あなたがもし奴隷だったら…」	佐賀県杵島郡江北町立江北中学校 一年	水田凛	ジュリアス・レスター・文 ロッド・ブラウン・絵 片岡しのぶ・訳「あなたがもし奴隷だったら…」	あすなろ書房
中学校	自由	受け入れる勇気	長野県上田市立丸子中学校 二年	荻原育	ミヒャエル・エンデ・作 大島かおり・訳「モモ」	岩波書店
中学校	自由	LGBTについて考える	三重県志摩市立文岡中学校 二年	片岡夢悠	ジョン・ボイン・著 原田勝・訳「兄の名は、ジェシカ」	あすなろ書房

中学校	自由	ふつうではない、ふつう	岡山県瀬戸内市立邑久中学校 二年	片山 祐	光丘真理・作「赤毛証明」	くもん出版
中学校	自由	恩の水路	秋田大学教育文化学部附属中学校 二年	鬼怒川 莉子	中村哲・著「天、共に在り‥アフガニスタン三十年の闘い」	NHK出版
中学校	自由	声なき声を聴く	福岡県行橋市立今元中学校 二年	兒島 菜奈	町田そのこ・著「52ヘルツのクジラたち」	中央公論新社
中学校	自由	故きを温ねて	横浜市 横浜雙葉中学校 二年	酒井 鴻	小川糸・著「ツバキ文具店」	幻冬舎
中学校	自由	おいしい人生	京都市 京都府立洛北高等学校附属中学校 二年	佐野 綺奏	小川糸・著「ライオンのおやつ」	ポプラ社
中学校	自由	『舟を編む』を読んで～言葉の持つ価値～	東京都江戸川区立小岩第四中学校 二年	多田 音々	三浦しをん・著「舟を編む」	光文社
中学校	自由	「こどもホスピスの奇跡」を読んで	富山県魚津市立東部中学校 二年	八田 健太郎	石井光太・著「こどもホスピスの奇跡‥短い人生の『最期』をつくる」	新潮社
中学校	自由	信じる	福井市藤島中学校 二年	廣濱 好真	森絵都・著「カラフル」	文藝春秋
中学校	自由	本当の意味の友だち	大阪市立北稜中学校 二年	森岡 果乃	重松清・著「きみの友だち」	新潮社
中学校	自由	二つの祖国	鹿児島県奄美市立芦花部中学校 二年	矢野 琥太郎	山崎豊子・著「二つの祖国 上・中・下」	新潮社
中学校	自由	「僕」という名の先入観	青森県三沢市立堀口中学校 三年	秋林 永遠	伊坂幸太郎・著「逆ソクラテス」	集英社
中学校	自由	「羊と鋼の森」が教えてくれたこと	愛媛県大洲市立大洲北中学校 三年	池田 千華	宮下奈都・著「羊と鋼の森」	文藝春秋
中学校	自由	つなぎたい想い「命ドゥ宝」	横浜国立大学教育学部附属鎌倉中学校 三年	石田 空	宮良ルリ・著「私のひめゆり戦記」	ニライ社
中学校	自由	「ののはな通信」を読んで	熊本学園大学付属中学校 三年	井上 心	三浦しをん・著「ののはな通信」	KADOKAWA

中学校	自由	自分らしく生きる	千葉市立土気南中学校 三年	大隅壮留	芥川龍之介・著「芥川龍之介全集1」より「鼻」	筑摩書房
中学校	自由	折れない心―支えささえあれば―	茨城県筑西市立下館中学校 三年	金澤花帆	小澤竹俊・著「折れない心を育てるいのちの授業：You matter because you are you」	KADOKAWA
中学校	自由	生と死と医療について	群馬大学共同教育学部附属中学校 三年	久保田大翔	南杏子・著「いのちの停車場」	幻冬舎
中学校	自由	『泥流地帯』を読んで	徳島市応神中学校 三年	近藤歩睦	三浦綾子・著「泥流地帯」	新潮社
中学校	自由	そして、バトンは渡された	大分市立大在中学校 三年	佐々木結子	瀬尾まいこ・著「そして、バトンは渡された」	文藝春秋
中学校	自由	私ってナニモノになるのだろう	北海道小樽市立潮見台中学校 三年	澤田実典	村上しいこ・作「イーブン」	小学館
中学校	自由	ひとがひとを想う気持ち	東京都足立区立東綾瀬中学校 三年	下山和花菜	瀬尾まいこ・著「そして、バトンは渡された」	文藝春秋
中学校	自由	「夏の祈りは」を読んで	石川県七尾市立能登香島中学校 三年	寺井珠乃	須賀しのぶ・著「夏の祈りは」	新潮社
中学校	自由	「それぞれの〝封筒〟」	新潟県村上市立荒川中学校 三年	遠山大和	浅倉秋成・著「六人の嘘つきな大学生」	KADOKAWA
中学校	自由	愛の在り方	栃木県河内郡上三川町立上三川中学校 三年	中村双葉	芥川龍之介・著「地獄変・偸盗」より「偸盗」	新潮社
中学校	自由	貧困と楽しみ	広島市 ノートルダム清心中学校 三年	西夏希	安田夏菜・著「むこう岸」	講談社
中学校	自由	欠陥は欠点ではない	大阪府寝屋川市同志社香里中学校 三年	東口莉緒	山中俊治・著「カーボン・アスリート＝Carbon Athlete：美しい義足に描く夢」	白水社
中学校	自由	個性の色を重ねて	盛岡市立厨川中学校 三年	藤澤菜月	アンドレア・ウォーレン・著 もりうちすみこ・訳「十歳、ぼくは突然「敵」とよばれた：日系アメリカ人の政治家ノーマン・ミネタ」	汐文社

中学校	自由	思いをつなぐということ	長崎県五島市立福江中学校 三年	的野心美	瀬尾まいこ・著「あと少し、もう少し」	新潮社
中学校	自由	日野原先生が教えてくれたこと	兵庫県姫路市立大白書中学校 三年	山田翔子	日野原重明・著「いのちのメッセージ」	三笠書房
中学校	自由	自己犠牲の在り方	滋賀県湖南市立石部中学校 三年	山本埜乃	宮沢賢治・著「銀河鉄道の夜」	くもん出版
中学校	自由	幸せは日常の中に	沖縄県宜野湾市立普天間中学校 三年	與那原佳歩	喜多川泰・著「「福」に憑かれた男」	サンマーク出版
中学校	自由	今を生きる	奈良県葛城市立新庄中学校 三年	李素羅	湯本香樹実・著「夏の庭‥The Friends」	新潮社
高等学校	自由	「生き方」の選択	岡山県立倉敷青陵高等学校 一年	金井侑里	宮下洋一・著「安楽死を遂げるまで」	小学館
高等学校	自由	本を読むことの意味	茨城県 茨城高等学校 一年	小室結子	レイ・ブラッドベリ・著 伊藤典夫・訳「華氏451度 新訳版」	早川書房
高等学校	自由	追憶	福島県立小野高等学校 一年	佐藤優妃	村上春樹・著「ノルウェイの森 上・下」	講談社
高等学校	自由	オイラーの等式から考える	新潟県立新潟高等学校 一年	下間千咲	小川洋子・著「博士の愛した数式」	新潮社
高等学校	自由	「推し、燃ゆ」から学ぶ	香川県立高松商業高等学校 一年	高見美羽	宇佐見りん・著「推し、燃ゆ」	河出書房新社
高等学校	自由	最善を尽くして生きる	奈良県 西大和学園高等学校 一年	寺中栞	ヘミングウェイ・著 福田恆存・訳「老人と海 改版」	新潮社
高等学校	自由	信じられる自分	長野県屋代高等学校 一年	長谷川美玖	ヴィクトール・E・フランクル・著 池田香代子・訳「夜と霧 新版」	みすず書房
高等学校	自由	生きる権利と死ぬ権利	徳島県立富岡西高等学校 一年	半瀬愛実	中山七里・著「ドクター・デスの遺産」	KADOKAWA
高等学校	自由	何と運命を共にするか	和歌山県立和歌山商業高等学校 一年	藤井綾音	宇佐美りん・著「推し、燃ゆ」	河出書房新社

高等学校	自由	共感が生む原動力	北海道上士幌高等学校	一年	藤本華梨奈	ペク・セヒ・著　山口ミル・訳「死にたいけどトッポッキは食べたい」	光文社
高等学校	自由	「海と毒薬」を読んで	栃木県立宇都宮高等学校	一年	堀内春希	遠藤周作・著「海と毒薬　新装版」	講談社
高等学校	自由	彼らも同じ学生だった	熊本県立第一高等学校	一年	牧野花太郎	日本戦没学生記念会・編「きけ　わだつみのこえ：日本戦没学生の手記」	岩波書店
高等学校	自由	AIクララが教えてくれた未来	長崎県立長崎西高等学校	一年	水﨑海陽	カズオ・イシグロ・著　土屋政雄・訳「クララとお日さま」	早川書房
高等学校	自由	前を向いて	山梨県　甲斐清和高等学校	一年	望月日菜詩	東田直樹・著　ビッグイシュー日本編集部・編「風になる：自閉症の僕が生きていく風景（増補版）」	ビッグイシュー日本
高等学校	自由	文字にあふれた世界で	石川県立金沢二水高等学校	一年	森川周	中島敦・著「文字禍・牛人」より「文字禍」	KADOKAWA
高等学校	自由	とりこぼすことなく、温かく	千葉県立成東高等学校	一年	山田夢翔	湊かなえ・著「カケラ」	集英社
高等学校	自由	変化し続ける命	群馬県立吉井高等学校	二年	新井遥	下田昌克・恐　谷川俊太郎・詩　藤代冥砂・写真「恐竜人間」	パルコエンタテインメント事業部
高等学校	自由	極小の世界、等身大の発見	愛知県立津島高等学校	二年	石川梨緒	福岡伸一・著「生物と無生物のあいだ」	講談社
高等学校	自由	新しいいのち	三重県立昴学園高等学校	二年	小倉真都香	北条民雄・著「いのちの初夜」	角川書店
高等学校	自由	善悪	神奈川県　横浜雙葉高等学校	二年	小田夏奈香	遠藤周作・著「海と毒薬　89刷改版」	新潮社
高等学校	自由	燃え尽きた後に残るもの	宮崎県立宮崎大宮高等学校	二年	上園実祈	宇佐見りん・著「推し、燃ゆ」	河出書房新社
高等学校	自由	「普通」を考える	宮城県古川黎明高等学校	二年	川村望結	宮沢賢治・著「宮沢賢治全集5」より「よだかの星」	筑摩書房

高等学校	自由	「無常」に揺蕩う。	愛媛県立松山東高等学校	二年	北地鼓太郎	鴨長明・著 武田友宏・編「日本の古典 方丈記：全」角川ソフィア文庫89ビギナーズ・クラシックス	KADOKAWA
高等学校	自由	想いを伝える	山口県立萩商工高等学校	二年	北村夢生	水口文乃・著「知覧からの手紙」	新潮社
高等学校	自由	過去から現在につながる道	秋田県 秋田修英高等学校	二年	小西遼翔	藤原優太郎・著「秋田の峠歩き：歴史の道をアウトドアマンが行く」	無明舎出版
高等学校	自由	安楽死から考える死生観	岐阜県立加茂高等学校	二年	佐伯凜咲	宮下洋一・著「安楽死を遂げた日本人」	小学館
高等学校	自由	一歩踏み込んだ先に	鳥取県立鳥取西高等学校	二年	田村瑛梨	ブレイディみかこ・著「ぼくはイエローでホワイトで、ちょっとブルー」	新潮社
高等学校	自由	凍った声が動き始める	盛岡市立高等学校	二年	千田つむぎ	くどうれいん・著「氷柱の声」	講談社
高等学校	自由	親と子	大阪府立狭山高等学校	二年	中村莉緒	辻村深月・著「朝が来る」	文藝春秋
高等学校	自由	未来を創る	滋賀県立東大津高等学校	二年	名護薫映	チョ・ナムジュ・著 斎藤真理子・訳「82年生まれ、キム・ジヨン」	筑摩書房
高等学校	自由	52ヘルツの私たち	兵庫県西宮市立西宮高等学校	二年	宮崎咲空	町田そのこ・著「52ヘルツのクジラたち」	中央公論新社
高等学校	自由	言葉の海を渡る	福井県立若狭高等学校	二年	森口夏光	三浦しをん・著「舟を編む」	光文社
高等学校	自由	カッコ悪い自分	福岡県立宗像高等学校	二年	力丸夏海	朝井リョウ・著「何者」	新潮社
高等学校	自由	信じること	高知県立中村高等学校	三年	浦田真奈	遠藤周作・著「沈黙」	新潮社
高等学校	自由	カラフルなこの世界で	松江市立皆美が丘女子高等学校	三年	田村彩花	ブレイディみかこ・著「ぼくはイエローでホワイトで、ちょっとブルー」	新潮社

高等学校	自由	「人間失格」	大阪市立咲くやこの花高等学校　三年	細見あやめ	太宰治・著「人間失格」　集英社
高等学校	自由	幸福のありかを探して	東京都　創価高等学校　三年	三木綾華	三木清・著「人生論ノート」　新潮社
高等学校	自由	青い海の向こうで	鹿児島県立国分高等学校　三年	山口璃星	雁部那由多、津田穂乃果、相澤朱音・語り部　佐藤敏郎・案内役「16歳の語り部」　ポプラ社

考える読書
第67回青少年読書感想文
全国コンクール入賞作品集

2022年4月20日　印刷
2022年4月30日　発行

編　者　全国学校図書館協議会
装　丁　黒岩　二三
［Fomalhaut］
装　画　しまざきジョゼ
発行人　小島　明日奈
発行所　毎日新聞出版
〒102-0074
東京都千代田区九段南1-6-17　千代田会館5階
営業本部　03(6265)6941
図書第一編集部　03(6265)6745
印　刷　精文堂印刷
製　本　大口製本印刷

ISBN 978-4-620-52090-2